ADDRESSING UNCERTAINTY

Logic of China's Economic Development
in a Global Context

求解不确定

中国与世界经济发展的逻辑

章玉贵 著

北京大学出版社
PEKING UNIVERSITY PRESS

图书在版编目（CIP）数据

求解不确定：中国与世界经济发展的逻辑/章玉贵著.—北京：北京大学出版社，2023.8

ISBN 978-7-301-34279-4

Ⅰ.①求… Ⅱ.①章… Ⅲ.①中国经济—关系—世界经济—经济发展—研究 Ⅳ.①F124 ②F112

中国国家版本馆 CIP 数据核字（2023）第 145515 号

书　　　名	求解不确定：中国与世界经济发展的逻辑
	QIUJIE BU QUEDING：ZHONGGUO YU SHIJIE JINGJI FAZHAN DE LUOJI
著作责任者	章玉贵　著
责 任 编 辑	杨丽明
标 准 书 号	ISBN 978-7-301-34279-4
出 版 发 行	北京大学出版社
地　　　址	北京市海淀区成府路 205 号　100871
网　　　址	http://www.pup.cn　新浪微博：@北京大学出版社
电 子 信 箱	zpup@pup.cn
电　　　话	邮购部 010-62752015　发行部 010-62750672　编辑部 021-62071998
印 刷 者	北京市科星印刷有限责任公司
经 销 者	新华书店
	730 毫米×1020 毫米　16 开本　19.25 印张　305 千字
	2023 年 8 月第 1 版　2023 年 8 月第 1 次印刷
定　　　价	68.00 元

序言
中国是不确定世界的定盘星

2023 年对中国和世界而言都是具有指标意义的关键之年。

就国内情况而言，2023 年既是全面落实党的二十大精神，以中国式现代化全面推进中华民族伟大复兴的开局之年，也是经济社会生活全面恢复常态化之后加快构建新发展格局、着力推动高质量发展的转型发展之年。

而从更长的时间光谱来看，结合全球主要经济体战略竞争的大背景来分析，2023 年还是中国在"脱钩""去风险"分贝不时升高的复杂形势下稳住对外经贸基本盘，稳住中美极为复杂的双边关系基本盘，进而维护中国在全球价值链中的核心利益的难得时间窗口。

就国际情况而言，2023 年既是被誉为"现代经济学之父"的英国经济学家亚当·斯密诞辰 300 周年，也是联合国 2030 年可持续发展议程的中期评估之年，更是人类在经过新冠病毒感染疫情（以下称"新冠疫情"）、地区动荡等一系列不确定因素冲击之后，寻求经济复苏与和平发展并携手共同推动早日解决贫困这一 2030 年议程提出的全球首要挑战的承上启下之年。

10 年前，中美两国外交与经济团队在华盛顿举行第五轮中美战略与经济对话，达成了广泛共识，对话成果清单多达 91 项，涵盖了从政治、经济、贸易、金融、军事、安全到气候变化、能源、科技、司法、海洋、海关、核安全、林业、反恐、执法等几乎所有重要领域。双方重申，支持多边贸易体制，反对贸易保护主义。美方承诺在出口管制体系改革过程中给予中国公平待遇，认真考虑中方关切。双方将及时与对方讨论重大经济政策。这突显出世界上两个最大的经济体在事关两国和世界和平、发展、安全的全局性、长期性和战略性问题上的坦诚、理性与建设性。事实证明，中美在重大问题上保持战略对话与沟通协调是确保两国关系不爆发系统性风险的重要保证。

对两国领袖而言，决不能让当年的中美战略与经济对话成为历史记忆！

过往这10年，中国致力于推动高水平对外开放与经济高质量发展，经济发展成就举世瞩目，实现了年均6.2%的经济增速，经济规模迈上了120万亿元的台阶，稳居世界第二，对世界经济增长的平均贡献率更是超过30%，超过了七国集团（G7）贡献率的总和，成为世界经济增长的第一动力。

过往这10年，也是中国在愈加不确定的国内外经济环境中统筹本国发展与安全，有效化解各种风险，把握难得战略机遇期的关键10年。不过，当中国经济总量在2014年首次跨过10万亿美元台阶之后，也差不多告别了低风险发展阶段，步入内外约束条件愈加明显、综合挑战多维复杂的中高风险发展阶段。一方面，作为全球第二大经济体、第一大贸易国以及全球最重要的投融资供给主体之一，中国本身面临着经济结构不尽合理、宏观杠杆率较高、全要素生产率与投资效率亟待提升、经济增长动力不稳、增长的边际成本较高等问题，使得国民经济运行面临着国际清算银行相关报告所提出的"风险三角"困境，即增长速度放缓或生产率下降、杠杆率上升和宏观经济政策空间收窄。另一方面，随着人口红利的逐渐消失以及土地和劳动力等要素成本的不断上升，中国制造业的成本也水涨船高，而国际新一轮的产业转移、技术变革与贸易条件的变化，特别是贸易保护主义和技术霸权主义的不时抬头，使得中国必须通过大力推动数字技术革命和关键核心技术的自主供给以及人力资本的提升来推动制造业的整体升级，以应对日趋激烈的国际竞争乃至战略围堵。

制造业和对外贸易是中国参与国际竞争并保持在全球价值链中的中枢地位的两大王牌。而建立在制造业升级和全球价值链提升基础之上的金融竞争力则是衡量中国在国际顶层分工地位的重要标志。近年来，中国在全球产业链上、中、下游三个环节扮演的关键角色以及作为全球供应链的中心，正面临日益严峻的挑战。进一步地，在主要经济体之间的战略竞争越来越集中到对关键核心产业与技术控制权争夺的今天，任何因为内部或外部冲击造成国与国之间产业竞争力的此消彼长趋势，都是各国决策者高度关注的话题。

对七国集团乃至二十国集团（G20）成员的决策者而言，站在本国经济安全的角度"反思"全球供应链依赖中国的现实脆弱性，进而寻求本国在全球经济变局中的最优应对与发展方案，本身并不奇怪。因为从国家竞争的历史视角分析，没有任何一个守成大国真心希望另一个新兴大国成为全球经济的主导性力量，况且中国也无力长期扮演全球产业链和供应链的稳定与韧性的主要维护者。竞争性的合作博弈才是 21 世纪大国关系的常态。

另外，随着国内商务成本的不断提高以及部分新兴经济体的崛起，中国要保持全球制造业中心地位的难度实际上逐年增加。以印度、印尼、越南等为代表的新兴经济体和发展中国家，是中国必须持续关注的现实或潜在竞争者。这些国家，不仅有着充足且年轻的劳动人口，而且基础设施条件正在逐步改善，产业承接与配套能力提升较快，完全有可能在未来一段时期成为中国在全球出口市场和吸引外资等领域的重要竞争对手。

乐观估计，在保持高水平对外开放的红利推动下，从现在起到 2030 年左右，中国在全球产业链和供应链中的中枢地位有望保持相对稳定。但是真实世界的经济发展与产业变迁往往难以兑现一般的静态假定。中国必须在未来一段时期确保不发生系统性重大经济与金融危机，并竭力避免再出现重大公共卫生安全等"黑天鹅"事件，以体现：企业是最聪明的体系性存在，埃隆·马斯克、比尔·盖茨、蒂姆·库克、杰米·戴蒙等当今美国最具影响力的企业家们，今年来纷纷抢在本国政治人物访华之前登陆中国，就是明证。

而当美国财政部长耶伦一再呼吁要深化世界两大经济体之间的经济联系，美国试图与中国脱钩将是一个错误，甚至连美国中央情报局局长伯恩斯也亮出与中国脱钩"将是愚蠢的"的鲜明态度时，世人看到的是美国执政团队中相对冷峻的精英们对极端反华势力鼓吹"脱钩""断链"引致系统性风险的深层次担忧。而基于相对理性的竞合也是避免两大经济体爆发体系性对抗的关键因素之一。

保持定力是新兴大国国际气质与国民心态日渐成熟的重要标志，只要中国能够保持年均 4%—5% 的有效经济增长，则中国经济规模将在 2035 年左右赶上甚至超过美国，届时中国也将稳居全球第一大资本输出国和第一大消费市场国地位。

毋庸置疑，中国是经济全球化的最大受益者之一，同时也是推动全球化在 21 世纪向新的更高阶段发展的最主要力量之一。尽管全球化在今天受到多重挑战，但决不会因此逆转。在可预见的将来，恐怕也没有任何国家或国家利益集团能够承担得起将全球分化为两个科技、产业、贸易乃至金融体系所带来的显性与隐性成本。概言之，就正常的商业逻辑与交易成本而言，无论是美国等西方发达国家，还是苹果、特斯拉、阿斯麦、高盛、摩根大通等国际产业与金融资本集团，都不可能非理性地选择与全球潜在的最大经济体全面脱钩，因为这是不可承受之重。而所谓的"去风险""多元化"的政策逻辑可能在更多时候是"政治正确"旗号下的选项之一。

中美贸易摩擦从 2018 年爆发至今的格局演变态势说明：即便美西方势力不乏强烈的脱钩意愿，但市场和企业多数时候并不买账，人为制造全球产业与科技分工体系的分裂只会造成没有最终赢家的零和博弈。

不过，1945 年以后的全球经济发展与秩序主导权竞争的历史已经证明并将继续证明：大国竞争从来没有浪漫，对新兴大国而言，底线思维不可或缺，做好最坏打算才是真正有打算！

如今，由于全球经济担保人体系正在发生裂变，逆全球化、贸易保护主义以及各种形式的"小院高墙"盛行，"黑天鹅"事件出现的概率较以往更大，而更值得警惕的"灰犀牛"事件又给本就不确定的世界经济增添了新的不确定性。

资本主义深陷体系危机已是不争的事实。资本主义制度的优越感还剩多少？美国人在 21 世纪当真失去自信力了吗？这是包括基辛格、萨默斯、保尔森等顶尖战略家在内的美国精英们格外关切的问题。

毋庸置疑，美国依然是当今世界唯一超级强国，但从奥巴马执政时期的信心喊话"美国还可以领导世界 100 年"，到特朗普执政时期力推的"美国优先"，及至拜登政府精心构筑的"拜登主义"，无一不映射出这个力量使用过度的超级大国在维护既有霸权地位过程中的殚精竭虑。

美国究竟能否再领导世界 100 年？恐怕再有才华的趋势问题专家也不能给出肯定的答案。同样，所谓"让美国再次伟大""美国回来了，准备再次领导世界"等响亮口号的背后蕴含着美国最高领导人内心深处的何种心态，也值得细究。世人感兴趣的是，为什么美国头面人物特别在意领导力的持久性，其内心深处最担忧的是什么？按此逻辑，或许就能理解奥巴马、特朗普和拜登其时的说话心情，毕竟"老大"心态早已固化的美国，无论谁当总统，都不愿在自己手上丢掉帝国王座的尊严。

只是在这个政治家日渐稀贵、政客泛滥的时代，政治领导人的信用尤其是其话语的边际影响力早已大不如前。没有多少人会真正记牢这种喊话式宣传。

准确地说，自从1944年布雷顿森林体系建立以来，美国已经称霸世界近80载，而从近现代史300余年来的帝国演变生命周期来看，能够撑满100年已殊为不易。遥想当年强大到寂寞的大英帝国，是何等的权倾世界，再看看今日退居英伦三岛的二流大国现状，只能说，帝国雄心敌不过趋势变迁。相较之下，美国依然是超级强权，依然握有全球最新的科技创新能力，但毕竟不是天外来客，美国究竟能否在22世纪继续统领世界，这恐怕是比预测谁能在22世纪长期称霸世界足坛难度大得多的命题。

美国最为担心的还是中国全方位的崛起。美国是信奉绝对实力至上的现实主义大国，认为实力成长决定国家行为空间。美国相信，从二战结束的1945年到英国脱欧的2020年这70余年间，美国尽管在经济领域的主导权受到过欧洲和日本的挑战，但整体而言美国凭借其超强的国家综合竞争力还是较为稳固地把持着由其主导设计的国际经济秩序。不过，与近80年前遥遥领先于其他国家的经济地位相比，如今美国的相对经济实力呈下降态势，其在世界经济总量中的比重已从二战刚结束时的占据世界45%的份额下降到25%左右。尽管在资本主义世界里，美国的绝对实力遥遥领先于日本、德国、英国、法国等国，但放在全球竞争格局观察，美国朝野上下近年来几乎一致认定"中国是唯一一个既有意重塑国际秩序，又不断增强经济、外交、军事和技术实力的国家"。

美国认为2008年爆发的国际金融危机是中美战略竞争与实力此消彼长的分水岭，美国在那场危机中内伤严重，仅仅修复金融体系就花了5年时间，直至2015年12月16日启动加息才宣告美国经济迈向常态化增长轨道。而今

15 年过去了，不少经历过那场百年一遇金融危机的美国金融精英层恐怕还心有余悸，脑海里不时会蹦出几个关键词：恐慌、不确定。而在世人看来，美国政府为修复金融体系、提振实体经济而采取的量化宽松、去杠杆、制造业回流以及贸易保护主义等各种措施不可谓不尽力，但是为此付出的绝对实力受损和国际声誉代价却难以估量，这也在一定程度上造就了打着"美国利益优先"旗号的特朗普得以入主白宫。

只是令大多数美国人没有预料到的是，特朗普执政四年，不仅把强烈的个人偏好置于国家政策理性之上，更是把各种"退群"与极端打压手法玩得眼花缭乱，几乎把美国弄成孤家寡人，国际信誉更是一再减值，导致拜登政府上台之后不得不花更多精力来修复双边或多边关系。现实情况是，在宏观经济政策最为关注的四大目标，即经济增长、充分就业、物价稳定以及国际收支平衡方面，美国最近 15 年来的整体表现乏善可陈。至于微观层面则不乏亮点，以苹果、微软、谷歌、亚马逊、英伟达、特斯拉等为代表的美国高科技企业稳居全球高科技行业之巅，一定程度上支撑着美国的超级经济强国地位。

应该说，这些年来，美西方国家的决策者和有关市场人士也在反思金融危机的教训，即若不能深耕实体经济发展，而是放任金融工具创新以至于经济增长主要依靠信贷扩张与债务驱动来支撑，则在实体经济绩效未能得到同步提高的情况下，无异于饮鸩止渴。

经济发展史已经证明，债务安排或曰一定范围内的债务扩张既是一国经济增长的有力推手，也是导致本国系统性经济金融风险不断升高的重要原因。如何在债务扩张与有效增长之间找到均衡点，是衡量一国宏观经济调控水平的关键。新冠疫情大流行已经成为过去，但美联储因开具大额救市与救助支票而造成无节制流动性释放，其溢出效应产生的多重冲击，事实上损害了美元的国际货币声誉。

今年 3 月以来，由美国硅谷银行倒闭掀起的地区性银行破产潮，向金融市场发出了明确的信号：即便强大如美联储，也无法有效控制货币政策调整对本国银行体系产生的负效应。那些抗击打能力较弱的中小银行，如果内控不强，加上缺乏前瞻应对能力，极有可能成为美联储加息的牺牲品。

布热津斯基生前曾告诫：国家间的能力差别，往往体现于他们能否区分以下两种状态：什么是持之以恒的雄心，什么是自以为是的轻佻。这位波兰犹太裔鹰派战略大师在去世前不久还担心，美国可能在某一天失去超级大国地位。显然，在他眼中，美国以前所拥有的持之以恒的雄心尤其是谋定而后动的战略定力正在被自以为是的轻佻与见不得别人强的帝国心态所代替。而金融直觉高度敏感的美国前财长萨默斯则不时警告，如果美国一再犯错，其作为全球体系担保人的角色难免不保。同样，被视为"高盛帮"核心代表人物的前财长保尔森，更是直言不讳地在美国《外交》杂志上发文警告，"华盛顿正面临与经济引力背道而驰的风险"。

在有全球责任感的政治家日渐稀缺的 21 世纪上半叶，"以邻为壑"往往是各国对外经济政策的基调。事实证明，美欧日在金融危机后祭出的"量化宽松"政策，收获的更多是一种假性复苏。所谓主权国家永远不会破产的现代货币理论本质上是美国霸权逻辑在金融学领域的理论延伸。如今，全球金融市场高度联动、现有稳定机制存在功能性缺位、金融体系担保人不时上演国家层面的败德行为、各种力量体系"合成谬误"现象迭出，没有一个单一行为主体或国际经济组织能独立维护全球金融稳定。失业率上升，不少国家负债累增，主权债务评级不时跳水，一些国家民粹主义势力抬头，逆全球化、贸易保护主义及各种形式的孤立主义盛行，给本就不确定的世界经济增添了新的不确定性。

尽人皆知，美国主动挑起的贸易摩擦乃至科技、人才之争，本质而言，是由于中国"入世"以来在经济实力成长和全球格局中的地位提升超出了美国的预期与实际控制边界，美国试图以"大当量的贸易摩擦"（关税）或极端施压等看似非理性实则蕴藏国家竞争策略的超常规手段，来最大限度钳制中国的发展，进而重写全球贸易、投资、技术法则，以确保美国的战略利益。

中国已是美欧眼中的超高价值目标，甚至被美西方定义为唯一既有能力又有意愿重塑国际秩序的系统性战略竞争对手。从战略上围堵中国日趋强大的高端制造业体系，采用"脱钩断链""小院高墙"或"去风险""多元化"等手段将中国的发展态势控制在美西方主导的既有秩序框架内，直至将中国变成美西方的超级经济附庸，是美西方在 21 世纪 20 年代以来对华战略竞争的主要目标。即便他们自身也觉得没底，但也得利用联盟力量来延缓中国发展的步伐。

1949 年以来的中国对外关系史已经证明并将继续证明：世界上没有任何一种单边乃至多边力量可以轻易切割中国的核心利益，即便如超级大国美国也没有这个能力！

2018 年以来中美围绕贸易摩擦已经展开了多轮博弈，中国也在极其复杂的大国博弈中逐渐掌握了与不确定的竞争对手打交道的逻辑：既高度重视以对话和协商机制来化解双边分歧，也适当保留在必要时祭出反制撒手锏为博弈选择；在逐步提高对各种极端情形的早期预警能力的同时，更重视以大国责任感和底线思维来探索构建中美之间有效的合作区间和风险管控机制，展现出独特东方大国特有的国家智慧。

创新是人类不断进步的动力，发展永远是人类的第一要务。摆在中国和世界面前的任务清单多得数不清。如何破解制约人类社会可持续发展的复杂问题，携手求解经济金融领域的诸多不确定，是中国和世界各国的急务。

摆在中国面前的紧迫任务早已不是一般意义上的开放与发展问题，而是在愈加不确定的复杂世界里，如何巩固中国经济来之不易的开放与发展成果，以及如何高水平统筹发展与安全，以确保不发生系统性经济金融风险。

毋庸置疑，当下中国经济早已告别过去那种仅靠一纸批文就能进行热启动的年代了。如今恐怕再没有人敢说，庞大的中国经济系统没有病。其实，任何经济体都是带病运行的，只是病情有轻有重。病情无法控制的时候，系统性经济与金融危机就来了。

拥有复杂经济系统的中国要在完成市场出清的基础上开启新经济周期，几乎是不可能的任务。哪怕是基本出清，包括产能与库存调整基本到位，资产负债基本处理完毕，债权债务基本处理清楚，都是超高难度任务。但这并不等于非要等到上一个阶段结束时才开始下一个发展阶段。因为全球科技发展正发生不完全以政府规划为静态指标参照的变化，中国在推进经济战略转型、构建新发展格局的过程中，在政府的积极推动下，市场上已经诞生出一批专注于技术研发与产业化应用的新型企业，以及现在看起来微小但是紧密对接技术与市场变化趋势的创新型企业，上述企业在跨产业整合方面的延伸能力，其对人类未来消费体验的前瞻性研发和测试，正在改变中国经济与技术版图。

只要全民拼经济，国家就有希望。

唯有深耕实体经济发展和内生性技术进步，始终保持无所不在的风险意识，持续强化经济金融体系的稳健，提高对金融危机的早期预警能力，才能未雨绸缪，储备足够的政策工具，确保中国经济平稳健康发展。

中国的发展离不开世界支持，中国发展起来了更要支持世界发展。

从实践逻辑来看，中国为落实全球发展倡议而打造的减贫脱贫、粮食安全、抗疫和疫苗、发展筹资、气候变化和绿色发展、工业化、数字经济、数字时代互联互通等八大重点领域合作平台，包括32项务实举措，就是以实际行动全力支持新兴经济体和发展中国家推进各自现代化进程的切实体现。这标志着21世纪20年代以来美西方国家之外的新兴力量主动承担起促进全球发展的重任，开始积极引领全球有责任感的经济体携手合作，跨越美西方设定的所谓"金德尔伯格陷阱"。

中国在《全球发展倡议落实进展报告》中还明确提出并呼吁国际社会坚持聚焦发展，加强团结合作，促进各国、各区域、各机制发展进程协同增效，在务实合作中，为各国发展繁荣创造更多机遇，实现所有17项可持续发展目标，不让任何一个国家、任何一个人掉队。这是中国对国际社会的庄严承诺，体现出中国以实际行动推动全球携手发展的坚强决心与国家意志。中国也将以21世纪的发展经济学推动全球共同发展。

中美作为全球最大的两个经济体，各自为了实现战略目标并采取措施维护本国在全球价值链中的核心利益，是非常自然的政策逻辑，两国出现利益碰撞乃至较强烈的贸易摩擦也是难免的。而从两国关系史来看，中美两国军民曾在世界反法西斯战争中并肩战斗并取得伟大胜利，这种史诗般的战略合作是两国在21世纪再度携手共同破解世界难题的历史逻辑与时代呼唤！

全球经济治理目标的实现内生性要求中美两国在合作性博弈的过程中，必须展现出应有的国际责任感与大国担当，全球经济与贸易以及金融稳定呼

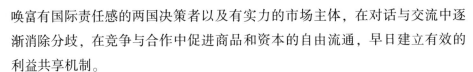

唤富有国际责任感的两国决策者以及有实力的市场主体，在对话与交流中逐渐消除分歧，在竞争与合作中促进商品和资本的自由流通，早日建立有效的利益共享机制。

告别零和博弈，追求繁荣共生，是中国与世界的使命！

2023 年 7 月 7 日于沪上

目录

➤ 第一篇
   "萧条经济学"敲门

第一章　经济达尔文主义的新危害 / 003
　　　　以稳健和弹性应对"萧条经济学"的敲门 / 003
　　　　搞保护主义绝非"新型全球化" / 006
　　　　鼓噪中国"经济胁迫"实乃倒打一耙 / 008
　　　　发达国家复苏不能狠薅别国羊毛 / 011
　　　　石油美元体系正迎来断崖时刻？ / 013

第二章　疫情之下谁在病急乱投医 / 016
　　　　拯救全球经济没有"速效救心丸" / 016
　　　　美国"基建梦"究竟卡在了哪儿？ / 019
　　　　短期刺激难以终结美国"中产停滞" / 022
　　　　"资源民族主义"有抬头之势 / 024

➤ 第二篇

全球发展何以不确定

第三章　宏观视角下的全球经济失衡 / 029

世界银行寄望各国经济内生性增长 / 029

G7 失策，莫再成全球治理负能量 / 032

全球税改或引发新一轮数字产业布局调整 / 034

G7 "全球最低企业税率"不止为钱 / 037

第四章　全球经济体系担保人的缺失 / 040

全球贸易体系深层改革分歧的背后逻辑 / 040

WTO 是否会因上诉机构面临瘫痪而 "脑死"？/ 044

WTO 改革举步维艰，原因何在？/ 049

WTO 改革：在非零和博弈中寻求均衡 / 051

美国对 WTO 改革设障的盘算 / 055

布雷顿森林体系 3.0，拐点将至？/ 057

第五章　美国对华极限施压的负效应 / 061

美国为何越来越不遵守国际贸易规则？/ 061

远图长虑，沉着应对全球 "贸易新边疆" / 063

"美国制造" 现实要让华盛顿失望了 / 066

索罗斯们为何妄想 "打败中国"？/ 068

金融制裁是否会导致中美金融脱钩？/ 071

"造假者" 纳瓦罗注定滑天下之大稽 / 077

第六章　MMT 理论拯救不了美国经济 / 080

美联储应对新冠疫情冲击的救市方案：特征与理论
　　分析 / 080

美国天量刺激无异于 "提油救火" / 094

➤ 第三篇

中国正在填补断层线

第七章　新发展格局与畅通内外双循环 / 099

把准粤港澳在世界经济之极竞争中的定位 / 099

以内外双循环构建全球价值链供求双中心 / 101

专家解读进博会：国内国际双循环的最佳链接器 / 103

进博会让中国成为"网红"，向世界分享开放和发展的

红利 / 108

外贸额创新高彰显中国经济强韧 / 114

第八章　高水平改革开放的经济学逻辑环 / 117

资本市场全方位开放急需提升"金融本领" / 117

中国对外贸易 40 年：稳步迈向全球价值链中高端 / 119

中国高水平对外开放的经济学逻辑 / 127

对标对表，上海国际金融中心建设衔枚疾进 / 130

中企如何跨越国际化新"陷阱" / 133

RCEP：竞合时代的区域自由贸易新范式 / 135

规范外资，安全护航更高水平开放 / 138

中国高水平对外开放的国际政治经济学逻辑 / 139

第九章　经济何以有效增长与协调发展 / 143

把准独特新兴大国的经济增长机理与发展脉搏 / 143

把准全球科技中心变迁与人才流动新趋势 / 147

数字化转型将推动上海建立先导性优势 / 149

第十章　防范化解系统性经济金融风险 / 152

以前瞻性预期管理补齐中国金融监管短板 / 152

以精准审慎管理打赢防范金融风险攻坚战 / 155

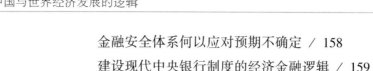

金融安全体系何以应对预期不确定 / 158

建设现代中央银行制度的经济金融逻辑 / 159

防范化解系统性金融风险有了政策基准 / 162

➤ 第四篇

建立更好的发展经济学

第十一章　主流经济学的变革刻不容缓 / 167

非常时期，欧美再启"国有化"药方 / 167

全球何以避免萧条经济学回归？/ 170

供给侧改革为发展经济学提供验证支撑 / 172

瞩望中国成为现代经济思想的创造中心 / 175

瞩望中国在 21 世纪经济学体系中的新坐标 / 177

第十二章　全球经济如何迈向稳健增长 / 180

期待更多创新主体给全球经济注入新动能 / 180

发达国家别忘了"先富"的初衷和责任 / 182

刺激之下，全球经济有效增长路径何在？/ 185

守护 WTO 这个"自由贸易守护者" / 187

经济保守主义会迎来退潮期吗？/ 189

把准绿色金融发展与全球产业变迁的脉搏 / 191

第十三章　中国经济高质量发展的底基 / 195

新发展理念翻开中国经济增长新篇章 / 195

以经济体系升级换代确立国际竞争新坐标 / 198

资本与创新高效对接：上海这一步怎么跨？/ 201

推动金融业高质量发展，锻造中国"金融

资本力"/ 203

以科创板撬动中国经济高质量全面发展 / 206

"碳中和"对银行业提出怎样的范式变革？/ 209

完善央企公司治理，构筑内生竞争优势 / 211

上海浦东打造全球资源配置高地正逢其时 / 214

资本市场新变化或助金融经济学新革命 / 221

以实证研究助推中国证券市场行稳致远 / 223

构建经济高质量发展的人口与人才支撑体系 / 226

从四个维度夯实上海经济发展能级的战略优势 / 229

以前瞻性战略设计破解上海人口与人才瓶颈 / 234

中国经济增长指标内涵正发生积极变化 / 244

算力经济发展的重要功能与战略思考 / 250

第十四章　全球合作逻辑下的繁荣共生 / 261

中国紧握开放主导权，释放长波发展红利 / 261

中国经济深度开放为全球化注入新动力 / 263

"疫情加速中西脱钩论"为何荒谬？/ 265

"1+6"圆桌对话：展望后疫情时代的中国与世界

　　经济 / 268

中国与CPTPP：高标准开放对接与区域繁荣共生 / 270

中国以开放为加入CPTPP清障 / 273

新兴市场"黄金时代"远未结束 / 275

中国以建设高标准市场体系对接CPTPP / 277

"入世"20年，探求全球繁荣共生的经济逻辑 / 280

中国加入CPTPP的障碍在哪？/ 282

RCEP生效：向不确定的世界经济注入稳定预期 / 284

世界经济"双轨"复苏困局并非无解 / 286

后记 / 289

第一篇

"萧条经济学"敲门

第一章
经济达尔文主义的新危害

以稳健和弹性应对"萧条经济学"的敲门

在全球经济信心高度依赖金融市场价格传导的后工业化时代，国际金融市场近年遭遇剧烈震荡，显性的原因是全球资本市场的流动性紧缩；进一步的原因是油价大战刺穿了美国资本市场的非理性繁荣表象，而美欧应对新冠疫情的普遍不力，以及货币当局驾驭复杂金融局面能力的相对不足，又放大了市场对预期不确定的恐慌；深层次的原因则是，全球自 2008 年金融危机以来的实际经济增长与产业技术进步，无法有效对冲金融泡沫与金融风险的不断积累；加上全球经济与金融体系担保人的缺失，使得当"萧条金融学"来敲门时，全球应对失据。

在金融业尤其是股票市场的影响深度浸润到人类经济与社会生活的今天，美欧股市尤其是占全球股市总市值近一半的美国股市，在 2020 年 2 月 20 日至 3 月 20 日这一个月内出现的剧烈震荡，已构成 2020 年全球经济与金融运行生态中最具摧毁性的风险冲击。被普遍视为美国经济繁荣标志的美国三大股指，仅用一个月的时间即从繁荣高点跌入熊市区域，超过 2000 只股票股价腰斩，市值蒸发超过 10 万亿美元，且三大股指在 10 天之内触发四次熔断。（道琼斯工业指数走势如图 1-1 所示）在全球经济信心高度依赖金融市场价格传导的后工业化时代，即便是拥有全球最强大金融体系的美国，在面对超大规模市场风暴时，一样会在某种程度上显得惊慌失措。

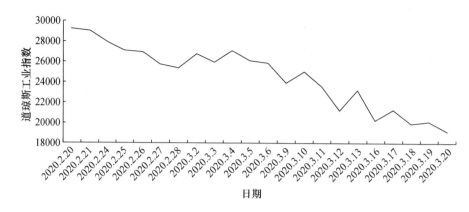

图 1-1 道琼斯工业指数走势图

数据来源：新浪财经。

　　在某种意义上，国际金融市场这一个月内发生的超级震荡，已经具有金融危机的三大特点，即爆发时间的不确定性、传导机制的高度敏感性以及对经济系统的破坏性。但就此判断全球将进入金融危机大爆发的读秒时刻，尚需冷静观察。尽管有市场人士对美联储在美国当地时间 2020 年 3 月 15 日祭出的应对 2008 年国际金融危机时的"零利率+QE"政策组合不以为然，认为这家有着 107 年历史的超级央行可能正面临着本领不够的窘境。

　　但是，笔者认为，尽管美国金融市场的确面临近 10 年来最危险的局面，但客观而言，美国经济基本面依然是西方主要发达国家中最好的，银行业的健康程度也好于 2008 年国际金融危机时期，银行的资本与流动性或曰救助能力也强于 10 年之前。而作为全球事实上的最后贷款人，美联储还掌握着诸如《联邦储备法》第 13 条第 3 款赋予的商业票据融资机制（CPFF）和一级交易商信贷机制（PDCF），即紧急贷款等特权，以及经国会授权可直接购买企业债券等权力。在市场持续动荡并随时可能发生系统性风险的危急时刻，现金为王是各国企业的最优策略。美元作为主要的国际储备货币与流动性资产，已在国际市场出现了付款跳票的苗头，说明美国金融资产尽管出现了天量级的蒸发，但美元的国际地位短期内依然难以撼动，美国仍事实上独家拥有保护本国金融体系免于最终崩溃的资源调配能力。（2020 年第一季度全球外汇储备占比如表 1-1 所示）

表 1-1　2020 年第一季度全球外汇储备占比

货币	美元	欧元	日元	人民币	其他货币
占比	61.9%	20%	5.6%	1.9%	10.6%

数据来源：IMF。

正如"萧条经济学"的回归有其内在逻辑一样，自 2008 年金融危机以来，欧美国家的私人部门整体上加速去杠杆化，但政府为避免需求过度萎缩却在不断加杠杆。全球主要经济体均不同程度地出现大量信贷和货币创造被用于购买存量资产，而非生产型投资，使得全球实际经济增长乏善可陈。以大数据、人工智能等为代表的新兴技术及其产业化应用，尽管前景可期，但由于受到某些国家在技术层面上的割裂而未能产生全球性的规模经济效应。主要工业化国家的长期过度宽松政策导致不良投资遍布全球，一些并非理性的货币政策尽管制造了一些看起来不错的经济数据，但正是这些误导性的数据掩盖了包括美国经济在内的脆弱的一面。及至 2017 年之后，由于全球经济与金融担保人体系发生裂变，逆全球化、贸易保护主义以及各种形式的孤立主义盛行，导致"黑天鹅"事件出现的概率较以往更大，给本就不确定的全球金融市场增添了新的不确定性。

危机从来都是一场没有最终赢家的资产浩劫与信心打击组合。从上世纪 90 年代以来的历次金融危机的风险传导机制来看，在全球经济与金融体系日益联动的开放世界里，每一次大规模的系统性经济与金融风险都伴随着"达尔文主义"式的冲击。由于风险防范能力与对危机的吸损能力普遍较弱，导致危机的策源地无论是发达国家还是发展中国家，受伤最重的往往是新兴经济体和广大发展中国家。自 2020 年 1 月下旬以来，新兴市场资金的外流规模已超过 2008 年国际金融危机时期的水平。另一方面，各国银行和非银行机构对美元融资的需求正在加大，但其通过美元融资获得的资产本质上是包括美国国债在内的美国资产。因此，美联储作为全球事实上的最后贷款人，其在危机时期依然拥有本位币与既得利益优势。

作为全球第二大经济体，中国在更加不确定的外部环境中，尤须保持政策的稳健与理性。未来，中国的金融体系可能将面对如下几个方面的重大考验：一是既有金融体系长期积累的系统性风险对金融防波堤的不断考验；二是未来可能爆发的下一场全球性金融危机对中国经济系统产生的重大冲击；三是人民币高度国际化之后，中国作为全球金融体系重要担保人应尽的全球责任与风险防范能力持续供给之间可能出现的矛盾。

中国在防范系统性经济与金融风险方面，尽管拥有较丰富的经验和较强的财力工具，对货币政策工具的运用也达到了较高的水平，但是中国债务的显性与隐性风险仍不容忽视。

2020年新冠疫情的全球蔓延对中国稳住金融市场尤其是人民币汇率的努力形成新的压力，建议密切跟踪国内外交易主体的相关行动，特别是表外资产和表外交易，以及这些交易涉及的外储资产规模和金融杠杆，切实做好风险管控，保持较为充足的外储流动性头寸。同时，建议在与美国、欧洲、日本以及其他金砖国家等有效协调的基础上，适时牵头召开G20成员首脑在线特别峰会，采取特别行动，以向全球经济与金融体系注入信心，防止系统性金融风险在全球的最终爆发。

搞保护主义绝非"新型全球化"

曾有西方媒体发文，称英国脱欧①、《美墨加协定》（USMCA）等都体现了"新型全球化"的发展方向，说在此过程中旧的贸易规则被改写，新的规则更加重视国家利益，因此全球化并未停滞或逆转，而是以一种新的形式存在和发展。这种仅站在单一国家或特定利益群体立场的评估和裁量，显然偏颇了。

自1985年美国学者西奥多·莱维特首次提出"全球化"以来，这个概念从理念到现实，成为过去30多年来促进世界全球化的力量始终占据主导地位。

无论世贸组织（WTO）、世界银行和国际货币基金组织（IMF）等国际组织，还是相关参与主体和有影响力的学者、市场人士，这些年来均十分重

---

① 据统计，英国最支持留欧的人群就是年轻人。而65岁以上的英国人中，只有39%的人选择留欧，这些人经历过欧洲最黑暗的岁月，对欧盟怀有深深的疑虑。

视全球化在促进全球经济增长和人类可持续发展中的作用。就国家层面而言，尽管保护主义、单边主义思潮或行动不时泛起，但至少在 2016 年之前，主要发达国家还是倾向于支持全球化的。至于新兴经济体和广大发展中国家，则一直扮演着全球化推动者或捍卫者的角色。

而今，促进商品、服务、资本和技术在全球范围内自由流通，尽管在更多时候被视作"黑板经济学"里才有的场景，但大多数世人仍认为，这应是全球化的终极目标。而全球化之所以在近年来遭遇保护主义干扰，相当程度上是因为作为全球化最大推动者和最大受益者的主要西方发达国家促进全球化的动力和偏好显著衰减。他们认为，全球化趋势及其导致的显性和隐性收益越来越超出本国能力控制边界，在其为全球化埋单的意愿和能力也呈边际递减趋势时，逐渐抛弃多边主义便成为一些国家对外政策的逻辑。

当 USMCA 即将取代已有 26 年历史的《北美自由贸易协定》（NAFTA）时，美国国际贸易委员会（ITC）发布报告说，与 NAFTA 相比，USMCA 将使美国实际 GDP 每年增长 0.35%，并在增加美国出口的同时增加 17.6 万个工作岗位。美国贸易代表更是强调，该协议"将成为美国未来贸易协定的模式"。至于墨西哥国内诸多团体担心这份协议的主要受益者是美国，根本不在美国主流民意的关切之列。

而英国脱欧，这在上世纪 80 年代简直是不可想象的事，如今却是 6000 多万英国人必须面对的现实。遥想撒切尔夫人时代的英国，尽管不乏"光荣孤立"思潮，但无论精英还是普通民众，都有着较强的国家优越感与全球责任感。在偏好用数据说话的经济学家看来，1973 年加入欧共体后的相当长时期，英国人均 GDP 位居欧洲几大国增长最快之列，而在之前 20 年则一直徘徊在增长最慢的大型经济体之列。（加入欧共体前后英国人均 GDP 变化如图 1-2 所示）一系列证据表明，英国与欧盟较为紧密的贸易联系促进了竞争和生产率增长，欧盟的繁文缛节并没有给英国造成太多负担，而且也没有足够的证据表明每年数以万计的移民抢走了英国本土居民的工作机会，移民对原有福利的损害也不大。因此，如今的英国走上脱欧之路，究竟是"另类全球化"的现象性表达，还是精致的国家利己主义逻辑的延伸，时间将是最好的裁判。

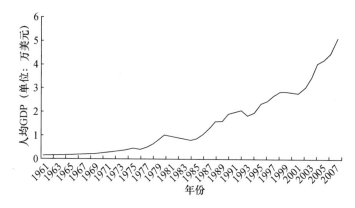

图 1-2　加入欧共体（1973 年）前后英国人均 GDP 变化

数据来源：世界银行。

　　当下的全球化退潮，显然与发达国家面对新兴经济体实力成长和参与全球经济治理变革能力增强时的不适应有关。而自工业革命以来长期居于全球产业与金融分工之巅的欧美资本，在发现来自新兴经济体的跨国资本越来越成为全球资源配置的重要参与主体时，同样表现出某种程度的不适应。但无论如何，在科技进步不可逆转、技术交流与合作不可能被人为阻断的背景下，基于科技进步、要素自由流动和交易成本节约等因素的全球化内生动力很难被长期遏制。

　　在全球经济与贸易体系面临结构性的担保人缺位、国家层面的利己主义明显抬头、自由贸易和多边主义发展不时"缺氧"的今天，各国尤需合力推动资本、技术与相关要素的自由流动，构建有效的利益分享机制。历史已经证明并将继续证明，现在的全球化尽管并不完美，却是避免"以邻为壑"、促进全球经济与贸易增长进而分享发展红利的有效路径。

鼓噪中国"经济胁迫"实乃倒打一耙

　　西方政客和舆论近年来频繁指责和炒作中国搞所谓"经济胁迫"。前期的炒作主要聚焦于中国借抗疫物资搞"胁迫外交",还把中澳关系变冷解读为中国对澳执行"经济胁迫"所致。近期更是将全球供应链的局部断裂归结为中国"经济胁迫",声称要确保全球经济稳定和秩序正常化就必须合力应对中国"经济胁迫"问题。例如,在2021年12月12日结束的利物浦外长会上,七国集团又对所谓中国"经济胁迫"进行大肆鼓噪。

就连经典资本主义国家最为集中且制度优越感十足的欧盟,也试图将自己塑造成深受中国欺负的"弱势群体"。世人注意到,欧美在第二次"中国议题对话"会后发表的联合声明中,将中国描绘成国际经济秩序的破坏者,声称要丰富和加强供应链以及解决"经济胁迫"问题。一向以"理性"与"稳健"著称的欧盟委员会,也在部分政客的唆使下酝酿出台一项针对中国的政策工具,核心议题就是所谓"应对经济胁迫"。①

充分的信息、准确的数据和科学的分析框架是理性判断与决策的前提。仔细分析西方近期密集炒作中国"经济胁迫"话题背后的原因,不外乎以下几个方面:

一是中国自改革开放以来尤其是2001年加入世贸组织(WTO)以来的经济发展成就大大超出西方预期,以美国为首的一些西方国家越来越表现出对中国崛起的巨大不适应。众所周知,17世纪以来,国际经济秩序长期由西方资本主义国家把持,进入21世纪以来,美国作为唯一超级大国,依然通过机制化霸权较为稳固地控制着国际经济贸易与金融秩序。但长期精于算计的西方国家没有料到:中国加入WTO之后不断适应国际贸易规则、扩大贸易规模、提升产品竞争力、稳步构筑双边与多边贸易体系,在不到20年时间里即成为全球最重要的出口国以及全球产业链与供应链的核心枢纽。

按照亚当·斯密(Adam Smith)和大卫·李嘉图等古典经济学家的逻辑,全球经济发展、投资与贸易便利化以及金融稳定,特别需要中国这样的国家发挥比较优势,以促进商品和资本的自由流通,让各国从共享中获

① "反中国经济胁迫法"于2021年10月15日在美国国会众议院公开,其提案人包括阿米·贝拉(Ami Bera)、安·瓦格纳(Ann Wagner)以及其他跨党派议员。事实上,"经济胁迫"一词已成为一些美国和外国政客频繁操弄反华议题的工具。

取利益。但在不少西方政客看来，中国入世20年间，在经济实力和全球贸易版图中的地位提升都大大超出他们的预期与实际控制边界。前些年，西方国家还动辄以"市场经济地位"来钳制中国经济发展，但在中国近年来以高水平开放主动对接国际高标准经贸规则的一系列举措出台之后，显然这张牌不管用了。

二是以美国对华贸易霸凌为代表的"经济胁迫"外交遭遇重大挫折后，西方国家试图通过大打"经济胁迫"牌形成对华经济围堵统一战线，将本国治理失败的祸水引向中国。美国在2018年单边挑起对华经贸摩擦近两年后与中国达成第一阶段经贸协议，这既是由于受到来自企业和市场等诸多方面的压力，也是其面临国内外政治经济形势变化的结果。随着中美经贸摩擦在过去几年陷入胶着状态，美国原先预估的"速战速决"幻想宣告破灭。美国企图通过关税壁垒迫使中国在核心关键利益乃至根本制度方面作出重大让步的可能性也不存在。而一旦中美经贸关系持续恶化乃至发生体系性的全方位对抗，极有可能对全球政治、经济以及金融体系造成海啸式的冲击。美国显然没有做好相关准备，于是选择局部休歇或阶段性妥协，并在战术层面不时升高中美紧张关系，意图通过"脱钩"等来逼迫中国在重大核心利益上让步，但这招对中国同样不灵。

三是试图通过妖魔化中国经济形象来颠覆国际认知、转移国际矛盾，实现以最小代价撬动集体利益最大化的战略意图。世人不应忘却，新冠疫情暴发之初，一些西方媒体大肆抹黑并放言，称西方反华政客们没能让中国和西方脱钩，大自然和病毒却正在帮助实现这一目标。它们预言这将加速中国与美国等发达国家的产业链"脱钩"进程，促使更多跨国公司重新思考依赖中国供应链的脆弱性，进而预测新冠疫情可能引发亚洲乃至全球范围的产业链大洗牌。遗憾的是，迄今为止西方舆论的上述预言均告失败。恰恰相反，正是由于中国发挥着全球产业链和供应链中枢与稳定器的作用，才确保了全球经济在遭遇疫情持续冲击时还能保持相对稳定与韧性。

在全球化遭遇逆流的时代，国家间的经济竞争越来越集中到对核心技术和重要产业布局的掌控上。来自内部或外部的各种冲击已经导致国与国之间的互信受损，在如此严峻的形势下，一些西方国家如果再无视本国治理的失当，反而试图把炒作中国"经济胁迫"当作转移国内矛盾的灵丹妙药，那它们到头来只会吞下自己种下的苦果。

发达国家复苏不能狠薅别国羊毛

2022 年 2 月 17 日起，为期两天的 G20 财长和央行行长会议于在印尼首都雅加达举行。一份事先披露的文件显示，G20 欧洲成员尤其关注通胀问题，认为主要央行之间的货币政策沟通对全球经济、物价和金融稳定至关重要。这在一定程度上为本次会议定下基调，即欧美正在收紧货币政策，新兴市场国家应当为此做好准备，以免市场突然波动产生难以控制的外溢效应。一句话，发达国家可能又要为自身经济复苏而薅新兴市场国家的羊毛。

作为全球经济治理中最具行动能力的沟通协调机制，G20 与 IMF、世界银行等在 2008 年国际金融危机后，共同构成全球经济金融体系的主要担保人。近年来，在协调应对新冠疫情对全球金融市场和产业链与供应链的冲击、气候变化以及全球最低税等重大国际问题上，G20 往往能以一致行动发挥关键核心作用，也由此成为当今全球经济治理的主要力量。

但一个显而易见的事实是：在 G20 成员中，以 G7 为代表的发达国家和欧盟一道，在议题设计和话语体系中长期占据主导地位，致使新兴市场国家的弱势地位短期内难以根本改变。特别是权利和义务上的不对等问题亟待解决，全球经济治理回归真正的多边主义说易行难。

以国际社会近期特别关注的欧美收紧货币政策的外溢效应为例，首先需要正本清源的是，以欧美为代表的发达国家在过去两年采取极为宽松的货币政策，出发点是什么？最终受益主体都有哪些？而在全球经济金融一体化的逻辑框架下，世界何以避免合成谬误和以邻为壑？特别是，当备受争议的现代货币理论在新冠疫情背景下大行其道，成为欧美执政当局货币政策工具箱中的主打工具乃至泛滥成灾后，其在全球留下的一地鸡毛，是否就该由新兴市场来承受？

新冠疫情暴发后，发达国家为缓解本国金融市场和实体经济遭受的冲击，纷纷祭出量化宽松（QE）货币政策。IMF 跟踪了 190 多个国家应对疫情冲击的财政政策、货币与宏观金融政策、汇率和进出口政策，其中影响最大的当数美国的货币与财政政策。根据 2021 年 10 月 IMF 的财政监测报告，2020 年 1 月至报告发布时，全球对冲新冠疫情的财政支出高达 10.79 万亿美元，其中仅美国一家就占 5.5 万亿美元。

而量化宽松货币政策面临的一个最大困境，就是易放难收。美国尽管依靠释放天量流动性换来金融市场的表面繁荣，也在一定程度上稳住了美国经济基本面，但美联储协调能力再强也无法规避现代货币理论创始人米尔顿·弗里德曼（Milton Friedman）警告的通货膨胀后果。当前美国的通胀已经逼近失控，这当然令拜登政府揪心，也显著提升了美联储很快加息的预期。（新冠疫情暴发以来美国的通货膨胀率如图 1-3 所示）而就在 2020 年，不少主流经济学家还声称，美国经济的主要风险不是通胀。

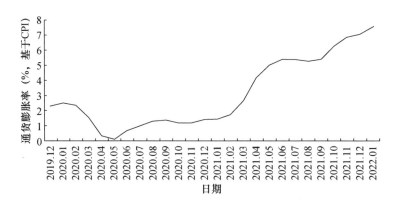

图 1-3　新冠疫情暴发以来美国的通货膨胀率

数据来源：OECD。

这不禁使人想起 2008 年，当贝尔斯登倒闭后小布什（George Walker Bush）总统围绕美国金融体系的安全性问计于经济顾问们，那些掌握核心信息的财经官员和大牌经济学家居然普遍认为美国金融体系是坚固且有足够弹性的。甚至美国证券交易委员会（SEC）的内部监察报告早在 2006 年就准确识别出了导致金融危机爆发的诸多风险因素，但过于自信的 SEC 并未运用监管权力引导金融机构降低风险，最终导致那场百年一遇的金融危机彻底爆发。

只不过，在全球经济金融体系仍然相当大程度上受美元控制的背景下，美国及其在资本主义世界的主要盟友基本可以做到货币政策的收放自如。当然，它们会在放或收之前大做国际舆论，即经济学意义上的风险提示，意在向新兴市场和广大发展中国家传递如下信息：我们会在作出重大决策之前发出风险提醒或所谓"善意提醒"，你们需要早做准备，否则后果自负。正如2022年G20财长和央行行长会议之前欧洲人所警告的，发达国家央行会尽量降低其行动可能给新兴市场和发展中国家造成的溢出效应，但新兴市场决策者们必须努力提高本国金融市场的韧性。

正所谓站着说话不腰疼，让经济与货币政策空间相对脆弱、本国经济表现较多依赖国际市场稳定的新兴市场，去承担欧美货币政策转向的成本或代价，这本身就是当今世界不平等经济秩序下的霸道逻辑。

石油美元体系正迎来断崖时刻？

2022年3月，据外媒报道，沙特正考虑在对中国的石油交易中使用人民币结算，并将人民币计价的期货合约纳入沙特石油公司计价体系。另一方面，全球第三大石油进口国印度趁乌拉尔原油价格大幅下跌之际，抢购原本主要面向欧洲市场的俄罗斯原油。与此同时，印度央行也在与俄罗斯央行探索建立"卢比—卢布"贸易支付机制。西方舆论普遍认为，这些可能导致美元在全球石油市场的主导地位被削弱。

从技术层面来看，有关沙特以人民币计价向中国出口石油，本身并无太大障碍，伊朗、委内瑞拉等重要产油国此前都已作出相关安排。至于其他币种，如欧元，早已成为部分石油出口国的结算货币，只是份额无法与美元相提并论。[1] 但对2021年收入超过3500亿美元、净利润约1100亿美元的超级巨无霸沙特阿美而言，假如在和中国的大当量石油贸易中使用人民币替换美元，则对全球大宗商品交易市场带来的冲击将是爆炸性的。因此，西方媒体

---

① 2016年，人民币成为SDR篮子货币，标志着人民币跻身全球主要货币。2022年5月11日，IMF定值审查后篮子货币的构成如图1-4所示。

的猜测性报道更像是一种预设的信号测试。

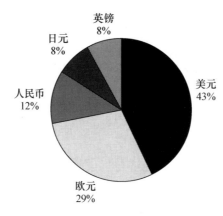

图 1-4　篮子货币构成

数据来源：中国政府网。

　　姑且不论上述猜测是否最终兑现，仅从趋势变迁来看，中国作为全球最大的石油进口国和全球货币与金融市场中最重要的参与主体之一，在双边或多边贸易体系中使用或扩大使用人民币本身是十分自然的逻辑。只是从全球货币与金融变迁史来看，一种货币一旦渗透到全球实体经济和虚拟经济的交易与结算体系，占据储备货币的主导地位，则其对普通市场主体、企业乃至各国央行而言都具有很强的持有与使用偏好引力，进而形成该种货币的国际声望机制。

　　至于支撑体系，一般不外乎强大的实体经济竞争力（制造业）、全球贸易价值链延伸、柔性的商业规则与金融定价权以及密布全球的海上力量投送与打击体系，以确保该国作为全球经贸与金融体系担保人地位的稳固。19 世纪以来，英镑和美元先后扮演过上述角色，英美作为各个时期的超级大国，在维护本币的霸权地位方面可谓殚精竭虑。

　　有研究认为，一国货币充当国际主导货币的周期一般为 100 年左右。如果该观点的预见性成立，则自 1944 年布雷顿森林体系建立以来，美元的霸权红利周期所剩不多。这大概也是包括布热津斯基（Zbigniew Brzezinski）、萨缪尔森（Paul Samuelson）在内的美国战略界人士或经济学权威对美元地位大厦将倾忧心忡忡的部分原因所在。

当然，就石油美元而言似乎还有较长时间的红利。严格意义上说，石油美元的构想始于 1973 年，是在第四次中东战争引致全球再度爆发石油危机的背景下，由时任美国商务部长彼得森（Peter Peterson）与美国经济学家奥维斯（Ibrahim Oweiss）共同提出的。经过美国时任国务卿基辛格（Henry Kissinger）的游说，沙特作为头号产油国决定以美元作为石油出口的唯一定价货币，进而促成石油输出国组织 1975 年一致同意以美元定价石油产品，并将石油收益投资于美国政府债券，以换取美国的军事安全保护，"石油美元"体系也自此形成。

表面看来，美国和石油输出国各取所需，互利共赢。但从国际政治经济学的角度来看，美国通过提供军事安全保护成功地将美元嵌入石油这一全球最重要大宗商品的中枢神经中，由此握有了经济学意义上的"占优策略"，得以从政治、经济、金融以及安全等方面形成对中东主要产油国的战略锁定，进而在全球范围内形成以石油美元和资本资产定价权为战略支撑的机制化金融霸权体系。美国由此获得的显性与隐性收益究竟有多少，恐怕只有美国核心官僚才清楚。

只是任何一种霸权货币体系都有崩溃的一天，所谓"一种货币只会死在自己的床上"，说的就是货币本身的力量使用过度，最终将导致全球货币体系迎来难以抗拒的新陈代谢与再平衡周期。

对石油美元而言，其短期面临的主要挑战是美国维护现存体系的成本日益升高，而美国由于国力相对衰落很难做到一次性绑定中东主要产油国的选择偏好。中期面临的主要挑战是石油本身作为化石能源将在"双碳"背景下逐渐失去支配地位，导致石油美元体系要么换一个马甲继续存在，要么接受被局部替代的命运，当然这个周期可能会比较长。长期来看，随着美国在 21 世纪中叶很有可能不再是全球最重要的经济体，随着 G20 多个成员经济规模占全球总量比重超过 10%，必定会有新的货币力量中心崛起，届时，全球最有可能出现的是三边甚至多边货币均势格局。

第二章
疫情之下谁在病急乱投医

拯救全球经济没有"速效救心丸"①

2020 年暴发的新冠疫情，对世界各国极为倚重且成熟的生产、生活与交易体系的破坏，不仅大大超出了以往绝大多数"黑天鹅"事件所带来的相关后果，也是对人类集体智慧、科技进步和经济体系弹性或吸损能力的一次代价高昂的较长周期测试。疫情对全球贸易和增长带来的缺口尽管量级巨大，但未必是构成全球经济大萧条的先导性因素。进一步地说，全球经济能否避免迈向新一轮衰退，关键在于美欧国家的行动能力。

疫情在全球的迅速蔓延，对资本市场和实体经济造成的显性与隐性损失究竟有多大，包括各国统计部门和相关国际经济组织都未能给出精准的分析数据。世人可能更关心的是：拥有全球最先进医疗手段和医疗技术、最发达经济与金融体系的美国，其自 2008 年国际金融危机之后取得的复苏成果与相当不错的经济走势，是否会因为受到本次疫情的严重冲击而陷入新一轮的深度衰退？

美联储 2020 年 4 月 15 日发布的褐皮书报告显示，由于受到新冠疫情的冲击，美国所有地区的经济活动在最近数周急剧萎缩。而美国劳工部 4 月 9 日发布的每周失业救济申请报告显示，在 2020 年 3 月 29 日至 4 月 4 日这一

---

① 本节内容原载于《上海证券报》2020 年 4 月 18 日。

周，大约有 660 万人首次申请失业救济，过去三周大约有 1660 万人首次申请失业救济。美联社据此评论，这一数字意味着过去三周全美大约每 10 名劳动者中就有 1 人失去工作。另一方面，国际货币基金组织（IMF）在 2020 年 4 月发布的《世界经济展望报告》中警告：全球经济很可能迎来"大萧条"以来最严重的衰退，且衰退程度远超 2008 年国际金融危机引发的经济下滑。忧心忡忡的 IMF 首席经济学家吉塔·戈皮纳特当时预计，疫情将使 2020 年和 2021 年两年的全球 GDP 累计损失约 9 万亿美元，超过日本和德国经济之和，而作为全球头号经济强国的美国将迎来一张最糟糕的成绩单：经济萎缩 5.9%；此外，欧元区 2020 年全年经济将负增长 7.5%，日本经济也将萎缩 5.2%。

不过，尽管 2020 年 3 月份美国和全球的实际经济数据、金融市场指标和经济信心指数等均出现了超预期下降，并且随后到来的企业破产和失业潮也将给世界经济造成重创，但是笔者相信，这在相当大程度上是由于疫情这个重大外部变量造成的，而疫情不可能无休止肆虐全球。另一方面，美国经济的急剧萎缩和民众申请失业救济人数的暴增是经济运行系统和普通民众对疫情的短期反应。由于人类迄今为止在技术与认知领域取得的突破不足以应对疫情带来的风险，经济运行系统直接进入瞬时衰退轨道是非常正常的市场逻辑。但若就此判断全球经济将迎来自上世纪"大萧条"以来最严重的大萧条、大崩溃，尚需观察三个关键指标：一是主要经济体尤其是美国经济与金融体系的短期吸损与自我修复能力；二是全球主要经济体是否能在沟通与协调的基础上收起"以邻为壑"的对外政策并向市场注入信心；三是全球金融市场是否能尽快"止血"并稳住基本盘。

就第一个指标而言，美国从先前面对疫情冲击时所表现出的重大应对失误和某种程度上的本领不足，到疫情蔓延之后迅速采取超常规货币与财政政策，说明美国依然拥有较为成熟的自我纠错机制和相应的货币政策工具与强大的财力基础，依然具有不容忽视的吸损与自我修复能力。美国面临的最重大挑战是，能否尽快控制疫情，消除市场恐慌之源。

就第二个指标而言，随着 G20 成员领导人应对疫情特别峰会的成功召开以及相关部长会议在落实《G20 关于应对新冠肺炎疫情的行动计划》方面的

积极进展，说明各国向全球发出了一致同意共同采取各类政策工具应对疫情对经济的冲击，维护金融稳定，同时为全球经济有力复苏创造积极条件的重大信号。

至于第三个指标，是最难预判的。因为这主要取决于各国和全球在应对疫情方面的能力与协作成效。而疫情的反复，以及全球在集体维护供应链与产业链完整方面的合作意愿等，都是重要的不确定因素。如果主要国家能够秉持底线思维，切实采取最严格的防控措施，并在全球联防联控方面展开实质性合作，则全球金融市场在 2020 年年底之前真正企稳还是有可能的。

令人忧心的是，随着欧美等主要经济体一定程度上的停摆，产出大幅下降，财政收入超预期下滑将无法避免。说白了，钱从哪儿来？IMF 在 2020 年 4 月发布的《财政监测报告》中提醒各国：疫情及其对金融和经济的影响将导致财政赤字和公共债务比率相对于之前的预测大幅上升。在 2020 年的基线情景中，财政收入占全球 GDP 的比例将比 2019 年 10 月的预测低 2.5%。财政状况的恶化将大大约束政府的救助能力。但 IMF 开出的以广泛的财政刺激促进经济复苏的同时还要确保债务可持续的药方，在真实世界里是越来越难以实现的超高难度命题。

上一轮金融危机以来，欧美国家私人部门整体上在加速去杠杆化，但政府为避免需求过度萎缩却不断加杠杆，全球主要经济体均不同程度地出现了大量信贷和货币创造被用于购买存量资产而非生产性投资的现象。经济发展史已经证明，债务安排既是一国经济增长的重要推手，更是导致新一轮危机的渊薮。疫情作为重大公共卫生事件终将过去，但美联储因开具大额救市与救助方案而超发的货币却很难快速收回。美联储无节制的流动性释放，最终也将反噬美国金融体系，损害美元的全球储备货币地位。

新兴经济体要从美联储的货币政策中吸取教训，必须将经济增长与金融稳定建立在深耕实体经济发展和构建弹性且坚固的金融体系基础之上。如果没有对实体经济始终如一的关注并采取真正意义上的呵护措施，是谈不上构建弹性且坚固的金融体系的。唯有以知识为基础，以技术创新为原动力的经济增长，才是持续有效的经济增长。新兴经济体决不能引入美国的债务推动型增长模式，必须避免陷入信贷扩张支撑经济信心的怪圈。

美国 "基建梦" 究竟卡在了哪儿?

加强美国国内基础设施建设，扩大基建支出以提振美国经济，成为拜登（Joseph Robinette Biden）就任后着力推动的施政事项之一。美国交通部长布蒂吉格（Pete Buttigieg）早在国会提名听证会上就呼吁朝野共同支持改善美国的基础设施，并将其形容为"世代的机遇"。他甚至将推动基建升级到战略性高度，说如果错失这样的机会，美国国内种族及经济不平等状况可能加剧，造成社会分裂，削弱美国民众繁荣发展的权利。

早在2020年8月当选民主党总统候选人时，拜登本人对基建的政策偏好即已显现。他当时就承诺一旦当选，基建将是优先推动的几大重要事项之一。而后，拜登再度表示他会要求国会"对基础设施和制造业、创新研发及清洁能源领域进行历史性投资"。

作为美国第46任总统，拜登有关扩大基础设施建设的政策构想，与同为民主党出身的第32任美国总统富兰克林·罗斯福（Franklin Roosevelt）1933年施行的罗斯福新政似乎有一定的逻辑联系：今天的美国经济与90年前的美国经济有相似之处，尽管仍处于世界头号地位，但在超大规模危机冲击下可谓千疮百孔，昔日的繁荣景象不再，民众与市场士气低落，急需政府这只"看得见的手"发挥有为政府的作用。

而从美国基础设施建设的现状来看，美国虽然身为全球唯一超级强国，但基础设施的老旧与残破早已是不争的事实，甚至不及一些新兴经济体。美国外交关系协会在2018年发表的《美国基础设施现状》报告中，就详细披露了美国大坝、桥梁、机场、城市饮用水管道、电力设施的落后现状，比如指出美国不少城市的饮用水管道始建于"罗斯福新政"实施之前的上世纪20年代，早已年久失修。笔者前几年曾实地走访过美国中西部地区的部分城市与乡村，对美国在基础设施领域的局部落后面貌有一定的体察。（见图2-1和图2-2）

图 2-1　美国纽约老旧的列车停车场

图 2-2　美国迈阿密一处公寓楼倒塌

　　因此，无论从需求侧还是就"罗斯福新政"在复兴美国经济过程中曾发挥的巨大价值而言，拜登政府重温前辈的"基建梦"都有一定的现实意义甚至历史的正当性，何况今天所说的基建还包括清洁能源、5G 网络等"新基建"，美国急需加大在这些领域的投资以免被其他主要经济体甩在身后。

　　只是真实世界的经济现实向来很难兑现静态的政策假定。进入 21 世纪以来，无论小布什政府还是奥巴马政府，都曾试图在改变美国基建现状方面有所作为；前总统特朗普（Donald Trump）2019 年时扬言要在未来 10 年内投入 2 万亿美元用于基础设施建设。但三位前总统均未能在基建领域有实质性作为。

　　现在中国被网友戏称为"基建狂魔"，但很多人不知道，美国在 20 世纪上半叶也曾是名副其实的全球"基建狂魔"，当时美国在高速公路、机场与桥梁建设领域创下诸多世界纪录，一批超级工程直到今天依然支撑着美国经济的繁荣。但今天的美国要重温昔日的"基建梦"，进而引领美国经济旧貌换新颜，至少面临如下三大约束条件：

　　一是缺钱。基建是投资当量大、周期长、收益率低甚至需要接受中长期亏损的行业。一般需要政府主导或牵头，通过项目合作建立有效的利益分享机制，以吸引民间投资，但政府首先必须"舍得并有能力"出钱，这是基建项目落地的必要前提。

　　即便按照美国基础设施协会 2014 年的评估，基础设施评级为 D+ 的美国至少需要投资 3.6 万亿美元，才能显著改变落后面貌，而且每年还需要额外投资 2000 亿美元才能跟上全球基建发展趋势。但问题是，早已债台高筑的美国政府根本拿不出这笔钱。拜登接手的是一个政府债务总额高达 27.55 万亿美元（截至 2020 年 12 月 31 日）的烂摊子，其前任在过去 4 年平均每年新增债务 1.89 万亿美元，这使新政府在扩张性财政支出方面很难有足够的行为空间来满足基建投入需求。（2001—2020 年美国联邦政府债务总额如图 2-3 所示）面对美国国库空虚的窘状，即便被认为是二战之后美国"财政管理能力最强"的前总统克林顿出山，恐怕也束手无策。

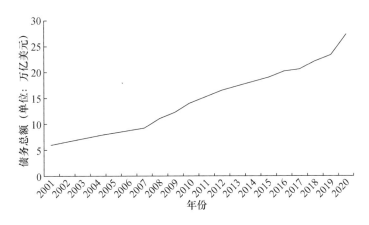

图 2-3　2001—2020 年美国联邦政府债务总额

数据来源：美国财政部。

二是缺人。当前的基础设施建设也是一个蕴含传统与前沿科技的行业，需要熟练掌握设计与施工技术的人员队伍支撑。欧美之所以率先完成近代化乃至全面实现现代化，很大程度上就是得益于工业化进程中包括基础设施建设在内的一系列需求拉动，以及基于人口红利的基建产业大军的有力支撑。

换句话说，传统基建以及今天所讲的"新基建"，尽管随着技术的发展以及替代性施工占比的提高，已经大大节省了用工基数，但仍然离不开一大批"干中学"且能吃苦耐劳的基建产业工人。遗憾的是，美国在这方面已经随着基建的断代、断层而出现产业工人的大批流失或转岗。年轻人在进行职业选择时往往看重那些能够带来快钱的行业，导致"工匠"在美国日渐稀缺。

三是"缺策"。拜登政府希望通过基础设施现代化来提振美国经济的政策构想是积极的，也是一种放眼长远的战略设计，但在今天的美国政府应急清单上，排在第一位甚至前三位的肯定不是基建。拜登于2021年3月11日签署的1.9万亿美元一揽子救助计划中，包括对美国居民的直接救济、延长失业保险，以及对州政府和地方政府的补助等，都是拜登政府认为应急纾困的必要之举，但该计划在国会参众两院过关殊为不易，何况是缓不济急的基建方案了。

因此，美国要圆"基建梦"，既需合适的时间窗口，也需相关匹配条件的支撑，更需国家智慧的适时展现。但它现在偏偏又卡在这些因素和环节上，难以迈出前进的步伐。

短期刺激难以终结美国"中产停滞"

拜登在上任后的首场记者会上说，美国政府将加大对技术和实体基础设施等领域的投资。这被广泛认为是在呼应美媒之前爆出的"3万亿美元刺激计划"。其中一部分资金将用于对5G、绿色电网、普及宽带互联网接入、半导体生产和无碳交通等基础设施的投入；另一部分用于对全民学前教育、免费社区大学、儿童税收抵免以及为中低收入家庭参加医保提供补贴等。2021年3月11日，拜登签署了总额1.9万亿美元的一揽子救助计划，接连推出或制定如此大规模的经济刺激计划，除了希望推动美国经济尽快复苏和提高劳动生产率外，拜登也在以此践行自己的竞选承诺，即确保美国中产阶层能够提高工资和福利，以帮助实现他所谓"重建更美好未来"的目标。

这些经济刺激方案实际也是拜登政府"百日计划"的组成部分，其对中产阶层利益高度关注并采取切实措施的行动，容易使人想起罗斯福1933年时的举措。罗斯福被认为是美国20世纪最伟大的总统之一，当年他所实施的新政取得巨大成功，甚至成为经济史上有为政府在市场失灵后启动经济复苏的经典案例，即在外围经济环境急剧恶化、厂商及消费者等市场主体信心严重不足的关键时期，扩大政府公共支出对提振经济信心、复苏经济具有关键作用。

看好拜登新政的西方舆论认为，拜登政府的一揽子救助计划有可能赋予其"重置美国资本主义"的机会，使其能够领导美国结束"中产停滞"困境。包括笔者在内的不少中国经济学者，也愿意看到美国迎来新一轮经济增长，希望美国中产阶层能够尽早告别不确定预期下的彷徨状态。因为从理性角度讲，美国毕竟是当今世界经济规模最大的国家，如果美国经济长期低迷，全球经济要实现复苏继而迈向强劲增长将会耗费更多时间和力气。而在美国经济和社会生活中占据重要地位的中产阶层，他们的收入与生活状态直接关乎美国经济和社会秩序的稳定。

美国很多经济指标都是以家庭为单位计算的，包括中产阶层、税收和福利政策等。根据皮尤研究中心的定义，美国中产阶层是指收入在全美收入中位值的 2/3 到两倍这个区间内的家庭。皮尤 2019 年的调查数据显示，美国居民家庭收入的中位数为 6.87 万美元，户均人口 2.52 人。当年美国中产阶层的家庭收入为 4.58 万美元到 13.74 万美元。但新冠疫情暴发后，美国有超过 1000 万中产阶层人口返贫，估计目前中产收入以下的人口在 3500 万人左右。

笔者近期询问长期在美国工作和生活的中产人士，得到的相关信息是，一旦家庭成员中的一方失去工作，则生活很快陷入窘境，日常支出捉襟见肘。对于拜登政府的经济复兴计划以及民主党政府通过给富人加税或者说某种意义上的"劫富济贫"措施，他们认为效果可能并不乐观。这些美国中产早已听腻了政客们的各种叙事脚本，何况他们本身的经济学素养和直觉能力就不低，对各种哪怕再高级别的"忽悠"也都有一些自己独立的判断。

就美国经济当前的情况而言，任何经济振兴或复兴计划要想达到预期效果，既需真金白银的投入，更需建立在实体经济有效增长的基础上。问题是，美国过去几轮经济刺激计划所需的资金均非所谓的真金白银，而是寅吃卯粮的"直升机撒钱"。美国早已债台高筑，财政赤字屡屡突破国际公认的 3% 基准。在 2022 财年末，美国国债规模达到 31 万亿美元，相当于 GDP 总额的 122%；美国财政赤字规模高达 1.375 万亿美元，占 GDP 的 5.5%。

因此，如果美国不能正视其虚拟经济和实体经济严重倒挂后导致的经济风险，不反思"饮鸩止渴"的经济发展模式，不尽早收回损人并且实际也不利己的财政和货币政策，则任何依靠短期刺激计划录得的经济繁荣，都终归是一种幻象。在经济真正步入良性发展轨道之前，拜登政府要结束长期以来的"中产停滞"状态，就注定是黄粱一梦。

"资源民族主义"有抬头之势

新冠疫情与俄乌冲突深刻影响着国际格局，在此背景下，一些拥有关键和优势资源的新兴经济体日益重视对自身具有战略意义的资源的管控，并逐渐掌握国家层面的"交易艺术"。而以美国、澳大利亚、加拿大等为代表的发达国家则陆续发布关键矿产清单，在运用资源杠杆实现国家利益最大化方面早已驾轻就熟。

概言之，即便是在全球经济一体化大趋势保持不变的背景下，只要国家利益仍然存在且在未来相当长时期内继续刚性存在，掌握资源禀赋优势的国家就会不时表现出"资源民族主义"的偏好。

在二战后的全球经济变迁史上，上世纪 70 年代爆发的两次石油危机是"资源民族主义"的典型表现。从危机的起源来看，两次石油危机的爆发有着深刻的民族冲突与地缘政治背景，阿拉伯国家以石油为武器对抗以色列和西方国家实属无奈之举，由此造成的全球"大通胀"（great inflation）与 20世纪 30 年代的全球"大萧条"（great depression），堪称 20 世纪全球经济的两大"至暗时刻"。因此，那场持续将近十年的大对抗，对全球经济发展而言只是一场没有最终赢家的双输格局。

数十年后，"资源民族主义"又有明显抬头之势，这给本就面临多重冲击的世界经济增加了新的不确定性。一方面是全球关键资源供给由于民族主义和保护主义抬头而面临短期缺口，在推高资源价格的同时还可能造成供应链的局部断裂或调整。另一方面是美国在面临 40 年来最严重通胀情势下有可能祭出超预期、高烈度的货币政策，尽管可能由此稳住通胀预期，但对其他国家尤其是新兴经济体和发展中国家造成的经济冲击将很难避免。因为从过往的政策实践来看，在今天这样一个经济达尔文主义盛行的时代，吸损能力较低或缺乏经济免疫力的发展中国家，更多时候扮演着美国经济政策调整的牺牲品角色。

令人担忧的是，无论是边际影响力日渐式微的 G7，还是在全球经济治理中承担着日渐吃重角色的 G20，在面对包括"资源民族主义"在内的保护主义倾向时，一时都很难找到"最优解"哪怕是"次优解"。2022 年 4 月 20 日在华盛顿召开的 G20 财长和央行行长会议原本应该聚焦全球经济和风险、全球卫生、国际金融架构和可持续金融等关键紧迫性议题，但在当时俄乌冲突的背景下，全球经济治理的块状化与非合作性博弈加剧，严重影响着有实力主体在关键议题上的一致行动。而肩负着规范全球贸易关系和秩序、促进全球贸易自由化和便利化重任的世贸组织，也面临着问题清单太长且行动能力不足的现实瓶颈。

保护主义向来是全球经济稳定与持续发展的毒瘤，尽管"合成谬误"是各国对外经济与贸易政策的常态化现象，但历史已经证明并将继续证明：在全球经济一体化的今天，"资源民族主义""零和博弈"有害无益。200 年前，英国古典经济学家大卫·李嘉图（David Ricardo）就已提出：在充分自由贸易的制度下，各国自然会将资本和劳动力投入那些对它最有利可图的行业。而通过共同的利益和相互交换，有可能把个人与社会、各个国家与整个文明世界联系在一起。

值此关键时刻，作为全球最主要的两大经济体，中美两国尽管存在诸多待解的复杂问题，但同时也承担着维护全球经济增长和金融稳定的重要责任。不管彼此矛盾如何错综复杂，都不应妨碍两国共同应对日益棘手的区域和全球经济问题。

第二篇

全球发展何以不确定

第三章

宏观视角下的全球经济失衡

世界银行寄望各国经济内生性增长

2016 年 7 月 18 日，世界银行委任纽约大学斯特恩商学院经济学教授、新增长理论代表人物保罗·罗默（Paul M. Romer）（见图 3-1）为新一任首席经济学家。这被认为是近 20 年来世界银行在遴选研究主管方面最具轰动效应，也是最具建设性的举措之一，如果罗默能不辱使命的话。

图 3-1　经济学家保罗·罗默

作为享誉世界的经济学家，罗默大名鼎鼎的内生增长模型尽管不免受熊彼特（Joseph Schumpeter）创新思想的影响，但其将知识完整纳入经济和技术体系之中，并将其作为经济增长的内生变量，不仅弥补了新古典经济增长模型的一些局限性，而且系统论述了人力资本在经济增长中扮演的重要角色。概言之，罗默的研究表明：驱动经济增长的最重要因素是知识创新、科技进步和提升人力资本；而真实世界的经济实践已证明：罗默的新增长理论不仅能解释诸多经济增长现象，而且能促进不少国家和地区的经济增长转型。

如果说2008年，时任世界银行行长佐利克（Robert B. Zoellick）任命来自中国的经济学家林毅夫为高级副行长兼首席经济学家，是希望林毅夫的研究积累与中国的扶贫经验能有利于发展中国家脱困的话，那么，拥有哈佛大学人类学博士学位的时任世界银行行长金墉，在试图带领世界银行转型为"知识银行"的过程中，显然是想借用罗默的研究经验帮助落后经济体摆脱贫困，并刺激经济增长与经济改革。

尽管今天已是全球化时代，但经济发展却严重失衡，经济与金融分工差距持续拉大。在笔者看来，就经济和社会发展水平而言，今日世界大致可分为六个层级：位于金字塔顶层的是握有最多经济与金融资源且掌握顶层分工主导权的美国；第二层是欧洲经典资本主义国家和日本、加拿大、澳大利亚等发达国家；第三层是经合组织（OECD）中经济社会发展水平相对较弱的国家；第四层是以中国、俄罗斯、印度、巴西为代表的新兴经济体；第五层是一般发展中国家；最后一层是46个最不发达国家。

根据联合国贸发会议发布的《2021年最不发达国家发展报告》，处于全球经济边缘的46个最不发达国家在新冠疫情带来的卫生、经济和社会危机的冲击下，经济体系的韧性与消化损失能力显著下降，2020年的经济增长创下了30年来的最低纪录，疫苗接种率更是远远低于发达国家；仅在2020年就导致约3200万人陷入极端贫困（即每天收入低于1.90美元），约2.44亿人营养不良，4.66亿人没有供电，6.65亿人无法获得安全管理的饮用水，8.74亿人无法获得清洁燃料和烹饪技术。

联合国贸发会议给出的建议是发展和提高生产能力，而提高生产能力的前提是发展资金的有效供给。例如，仅仅是消除最不发达国家的极端贫困问题，平均每年就需要投资4850亿美元；而要实现经济结构转型，则平均每年需要的固定投资将超过1万亿美元，这相当于2019年最不发达国家固定投资的3倍多。显然，如果没有国际社会有实力的投融资与援助主体的参与，巨大的资金缺口是很难填补的。另一方面，近来出现的粮食和能源安全危机，又使得最不发达国家备受煎熬。

　　根据联合国贸发会议发布的《2015 年最不发达国家报告》，在 48 个最不发达国家中，位于非洲一些国家的农村地区的最低收入低至每天 0.10—0.20美元。如要根除上述国家的贫困，需要在未来 15 年使其收入提高到原来的6—14 倍，并为约 6 亿人供水，为约 9 亿人提供电力和卫生设施，并大幅提高农村儿童的小学与中学入学率。而要实现上述目标，有赖于主要捐助国将其国民收入的 0.35% 用于对口的官方援助。预计到 2030 年，这一援助金额至少要达到 2500 亿美元。

　　但是，发达国家对包括最不发达国家在内的欠发达国家的援助，尽管在教育和卫生领域乃至气候变化方面取得了一定成绩，但总体而言援助热情呈递减趋势。另一方面，由于西方主导的援助体系存在结构性缺陷和带有明显的政治因素，使全球在消除贫困和促进经济增长方面的成效并不显著。2005年，西方国家在巴黎提出了援助有效性议程，但这些概念和相关措施并未深入反思援助失败的根源，而局限在改善援助管理上。不仅如此，相关改革措施反而强化了"制度变革"因素，使援助附加条件更苛刻，从而削弱了发展中国家的自我发展能力。尽管在 2011 年召开的韩国釜山援助有效性高级别会议上，提出要提高"发展有效性"，但相关建设性措施乏善可陈。

　　而今，随着发达国家经济增长放缓、需求疲软、大宗商品价格低迷、债务水平上升及经济增长不确定性增加，发展中国家经济增长面临的外部约束条件日益苛刻，即便过去保持较快增速的新兴经济体，增速也显著放缓了。而根据世界银行的报告，经济增长低迷使得上述国家要赶上美国的人均 GDP至少需要 30—70 年。至于最不发达国家，摆在他们面前的不是追赶，而是如何摆脱极端贫困。

　　世界银行任命保罗·罗默为首席经济学家，既反映出这个致力于消除贫困的全球最重要发展机构对南北差距继续扩大的担忧并试图采取新措施，更在相当程度上向发达国家及中国等新兴经济体发出内生性增长的期待：经济增长从长期来看一定要依靠技术内生性进步和人力资本的显著提升。而经济金融化从来都是双刃剑，并非经济增长的动力。

　　笔者曾说过，全球经济自 2008 年金融危机以来取得的所谓阶段性复苏，本质而言是内含巨大不确定性的假性复苏，因为主要发达国家并未将新一轮经济增长的逻辑起点放在检讨既有增长模式的缺点，并加大技术研发的投入与人力资本提升方面，而是不时启动不负责任的货币政策，在试图对外辐射本国经济发展成本的同时，以全球财富的重新配置来刺激本国经济增长。尤其在英国脱欧公投之后，尽管负利率大行其道，债务市场跌入负收益的恶性循环之中，但各国央行若再依靠"直升机撒钱"，恐怕也不能对经济"热启动"，如果没有实体经济的真正复苏，又怎么能指望全球经济踏上有效增长轨道？

在此微妙时刻，世界银行起用向来主张"内生性增长"的罗默为首席经济学家，其战略考量之一便是，向包括美国、欧洲和中国在内的主要经济体发出强烈信号：全球经济在过去 10 年里的增长探索与复苏努力基本上是不成功的，各国必须让经济增长回归其内生性轨道，才有可能形成合力。

G7 失策，莫再成全球治理负能量

七国集团 2019 年法国比亚里茨峰会于 8 月 26 日闭幕，与会各方没能发表联合公报。作为东道主，一心想当欧洲领袖的马克龙总统当然希望避免这种情形发生。但在个别领导人的偏好深度影响乃至绑架全球经济走势的今天，既有沟通与协调机制的有效性很难保证，即便雄心犹在的 G7 峰会也不例外。

世人应当记得，2018 年 G7 加拿大峰会，因美国与其他成员在关税问题上存在严重分歧，会议气氛一度高度紧张。尽管峰会结束时发表了联合公报，但心高气傲的美国前总统特朗普不仅提前离场，还在公报发表后直接拒绝承认。足见 7 个主要工业化国家在关乎各自国家核心利益的问题上，非合作性博弈有多激烈。

G7 峰会今日之现状折射出在国际格局动荡的大背景下，作为既有政经体系主导者的西方主要国家，在复杂系数不断增大的贸易、金融、能源、气候、环保、教育、不平等、安全等经年积累的世界性难题面前力有不逮，以及成员作为单一主体在相关问题与政策主张上的"合成谬误"。

诞生于 1975 年的 G7 峰会在 2008 年国际金融危机前，一直被视为主要发达国家因应全球化及维护自身利益而搭建的磋商与协调机制。同时在 1975 年至 2008 年的 33 年间，G7 事实上扮演着全球经济治理的主角。在每年峰会上，把持着全球经济话语权的各成员领袖与相关官员，除了"指导"世界经济发展，"关心"世界局势之外，还展现出前所未有的经济和制度优越感以及文化上的异常自信。那段时期，欧美和日本的经济政策走向就是他国经济政策的风向标。而 G7 确实在相当大程度上扮演着全球经济发展的主要推动力，也经由 IMF，一定程度上承担着稳定全球金融体系的重任。

但剧烈的 2008 年国际金融危机彻底暴露了美国经济和金融模式的巨大漏洞：无休止的金融创新乃至经济增长主要依靠信贷扩张来支撑，在实体经济绩效未能得到同步提高的情况下，无异于饮鸩止渴。金融深化可以把美国经济推上云端，也可以成为美国经济走火入魔的重要推手。如果虚拟经济和实体经济严重倒挂，即使是一个看起来很普通的金融衍生工具也能制造一场金融瘟疫。

在 G7 束手无策的情况下，最初作为应对这场危机的救市机制，G20 峰会很快走向前台，在金融危机爆发的短短一年内，G20 相继召开华盛顿峰会、匹兹堡峰会、伦敦峰会，并取得一系列积极成果。作为 G7 的带头大哥，深陷危机的美国当时对 G20 的作用格外看重，因其既能覆盖 G7 的功能，又增添了以中国为代表的新兴经济体元素。而当时手握全球 1/3 外汇储备的中国，是关键时刻能给美国经济提供助力的最重要外部力量。以至于 2009 年 3 月，时任世界银行行长、曾担任美国常务副国务卿的佐利克撰文表示，中美两国必须成为二十国集团的引擎，"没有 G2 强劲发展，二十国集团就会令人失望"。随后，时任英国外交大臣米利班德（David Wright Miliband）也表示支持佐利克的主张。

只是在有全球责任感的政治家日渐稀缺的 21 世纪，以邻为壑成了一些国家对外经济政策的基调，工具化的借用日渐成为发达国家针对新兴经济体的政策常态。尽管 G20 在过去 10 余年里逐渐成为促进国际经济合作和全球经济治理的关键性角色，但在美国看来，随着新兴经济体在 G20 中作用日益突显，美国的主导地位势必下降，以中国为代表的新兴经济体势必寻求更大话语权，这是"富人俱乐部"决不会轻易答应的。这种情况下，只有将 G20 建成一种建设性机制，使其对世界经济稳定与繁荣的边际促进效应呈递增态势，后续才能赋予 G20 强劲的生命力。

遗憾的是，真实世界的趋势演变往往难以兑现一般的静态假定。当一些发达国家金融体系得到一定程度修复后，其国家层面的自私本质立即暴露出来，全球治理体系改革在取得一定进展后很快停滞不前。如今，逆全球化、贸易保护主义以及各种形式的孤立主义盛行，"黑天鹅"出现的概率较以往更大，而更值得警惕的"灰犀牛"又给本就不确定的世界经济增添新的不确定性。

全球经济担保人体系正在发生裂变，美国事实上放弃了二战以来作为全球经济体系担保人的角色。虽然法德欲重塑 G7 昔日风采，但都面临国家力量无法支撑政策雄心的尴尬局面。比如，2018 年 GDP 只有 2.78 万亿美元的法国，要撬动经济规模是自己 7.3 倍的美国，进而引领美国政府在 G7 层面与诸位"小兄弟"携手合作，几无可能。另外，法国在 2019 年 7 月已通过数字税法案，美国的谷歌、苹果、Meta、亚马逊等科技企业都将面临被征税，这种情况下指望美国政府在欧美合作上心平气和，更不现实，何况还有汽车关税这个火药桶随时可能被引爆。被"脱欧"折磨得身心俱疲且经济实力尚不及法国的英国，在全球事务中的行为空间也在日渐缩小。至于德国和日本，当前更在乎的可能是如何稳住国内经济基本面。

总的来说，大多数 G7 成员今不如昔，他们的全球任务清单实在太长，而且似乎很难一一完成。越来越有点"不思进取"的 G7 峰会，或许将逐渐蜕化为没有太多实质存在意义的高级别空谈场所。G7 不再能为国际经济秩序分忧，部分发达国家又通过多边或双边机制阻挠 G20 内的新兴经济体充分发挥作用。这样下去，全球经济治理就真的堪忧了。

全球税改或引发新一轮数字产业布局调整

G20 财长和央行行长于 2021 年 7 月 10 日在意大利威尼斯召开会议并发表公告，支持全球税收改革的"双支柱"计划，支持跨国企业利润重新分配，同意将全球最低企业税率定为 15%，并呼吁更多国家加入磋商。本次会议已就更稳定、更公平的国际税收框架达成历史性协议。

所谓全球税改"双支柱"计划，是 OECD 于 2020 年 10 月发布的旨在推进全球税制改革的《第一和第二支柱蓝图报告》中所确定的包容性框架。该框架的第一支柱是将跨国企业的一些税收权利重新分配到其有业务活动和赚取利润的市场；第二支柱则是市场最为关注的全球最低企业税率。例如，在 15% 的全球最低税率基准下，如果一家跨国公司在母国之外的国家或地区获取利润，且东道国或地区的企业税率低于 15%，则该公司不仅要在东道国或地区缴纳企业税，还要根据两国或地区间的税率差额向母国缴税。当然，对纳入相关征税范围的跨国公司有严格的范围界定，即利润率不低于 10% 的规模巨大、利润超高的跨国公司。其市场国，即跨国公司业务运营所在国，有权对企业获得的剩余利润（即超过 10% 的利润部分）的 20% 或以上部分进行征税。允许各国在不使用数字服务税的情况下，增加来自大型跨国公司的税收收入，一方面有望结束部分国家或地区竞相压低企业税率，以吸引跨国公司的局面；另一方面也打击了跨国企业利润转移和税基侵蚀行为。OECD 先前的一项测算显示，如果全球执行 15% 的最低税率，那么预计每年将为全球带来 1500 亿美元的额外税收收入。

人们注意到，全球最低企业税并未作为独立议题进入 OECD 的改革进程，而是作为"应对数字经济税收挑战改革方案"的一部分被纳入"包容性框架"。事实上，在 2021 年 G20 财长和央行行长会议达成的协议中，几乎将所有领域的大型跨国企业都纳入征税范围，而非仅仅限于数字经济领域。

值得注意的是，欧盟在此次 G20 财长和央行行长会议之后已暂缓推出原定于 2021 年 7 月底出台的数字税征收计划，以免妨碍达成更公平的全球税收协议，显示美欧在全球税改这一重大问题上采取了合作性博弈的策略，不过双方围绕数字技术与数字产业主导权的争夺不会停止。

欧盟近年来为应对经济数字化的加速转型，于 2018 年 3 月率先提出了"数字服务税提案"，以推动税收改革。2020 年 12 月，欧盟提出了《数字服务法案》及《数字市场法案》草案。针对科技巨头的违规行为，法案提出了严厉的惩罚措施，罚金最高可达年营业额的 10%。同时，对于有"系统性不合规行为"的平台，法案建议采取针对公司"结构层面"的整治措施，不遵守欧盟新规的科技巨头的欧洲业务可能被分拆。

此外，欧洲还通过调整税收等方式规范数字市场的秩序。欧洲传统行业企业需要缴纳的有效税率为 23.3%，但大型科技企业在欧盟缴纳的平均税率只有 9.5%。2019 年 7 月，法国参议院通过了征收数字税的法案，根据该法案，法国将对全球年收入超过 7.5 亿欧元且法国境内收入超过 2500 万欧元的互联网企业征收数字税，其税率为法国市场收入的 3%。2020 年 4 月 1 日，英国开始对 Meta、谷歌、亚马逊等企业征收 2% 的新数字服务税。此后，西班牙等欧盟成员也纷纷跟进。

Meta、谷歌、亚马逊等美国大型科技企业是科技发展和商业模式革命性变迁的产物，已成为最具全球影响力的互联网科技企业，大幅领先于欧洲同行，并早已将触角渗透到欧洲经济与社会生活的方方面面，赢家通吃的格局愈发明显，如果不采取有效举措，极易触发区域系统性经济与技术风险。欧洲各国针对美国大型科技企业的征税行动，意在确立数字经济与数字产业服务的边界，防止来自美国超大型科技平台以科技和数据为支撑，控制市场和掌握消费者信息，进而构建以获取超额利润为目标的垄断性生态圈，最终形成非开放型的商业帝国甚至是"独立王国"。

因此，在全球产业与技术变迁的趋势下，这场酝酿已久的全球性税制改革，反映出欧洲对 21 世纪以来本区域在培育和造就超级数字企业方面的焦虑和紧迫感，由此可能会增加全球跨国企业调整区域运营的相关成本和产生经营的不确定性。例如，收缩在原税收洼地的投资等。预计部分低税投资中心将综合运用包括财政补贴、所得税减免等在内的措施稳住既有数字企业的投资预期。

当然，决定全球 100 家最大跨国公司调整投资与布局的关键因素，还在于它们对投资目的地国家或地区营商环境、商务成本以及综合配套能力的评估，但税率是无法回避的重要变量。可以预计，全球最低税率制的推行，或将促使全球 100 家最大的跨国公司尤其是数字科技企业基于现有的转让定价规则，对其在全球市场的利润分布格局进行适应性调整与优化，并因此引发全球产业布局的新一轮调整。

G7 "全球最低企业税率" 不止为钱

2021 年 6 月 4 日，G7 财长在英国伦敦就税务改革进行谈判并发表声明，支持把全球最低企业税率设为 15%，以结束数十年来的低税率竞争；另一方面，允许各国向没有实体业务但有数字业务的超级企业所获利润征税，但相关国家将废除单方面的数字服务税。

细观本次 G7 财长会议的核心议题，其关键点在于：主要经济体意在形成统一战线，对在全球规模最大、收入最多的 100 家跨国公司的海外利润征收 15% 的税率，以防止苹果、谷歌、Meta、亚马逊等超级企业通过将大部分利润登记在低税收辖区来逃避纳税，同时也避免 "避税天堂" 利用低税率吸引商业活动或利润。①

乍一看，还以为欧盟和英国等要对美国的王牌企业 "动手"，而美国似乎乐观其成，实则不然。在笔者看来，这场酝酿已久的区域乃至全球性税制改革，是美国在财政开支清单越来越长的情况下，利用本轮全球税改的良机进行 "补血"，再次试图主导国际经济规则的重大国际行动。实际上这是全球实力 "玩家" 围绕规则修订和财富再分配进行讨价还价的多回合长周期合作性博弈。当然，这也从另一方面折射出当今世界一些具有超越国家和国际组织能力边界的全球公司强大的规则套利与政府俘获能力。

欧盟内的 G7 成员和英国的算盘可谓打得很精，根据相关测算，如果最低税率确定为 15%，则带来的中长期税收红利远不止 500 亿欧元。爱尔兰、卢森堡、荷兰等欧盟成员目前都是低税率国家，吸引了 Meta 和谷歌的母公司 Alphabet 等设立地区或国家总部，但只需缴纳很少的税。另一方面，OECD 成员长期以来一直在为跨国公司的征税地点，即所有营收是在母国还是在投资目的地征税争论不休，因为这涉及真金白银究竟落到谁家口袋的问题。在新冠疫情冲击下，西方各国普遍缺钱。而税收显然是无法通过印钞来获得的，必须有生产与经营活动。特别是承接了一大堆烂摊子的拜登政府，

① 2021 年 3 月 9 日，英国非政府组织 "税收正义联盟" 公布了最新的全球避税天堂排名，英国下属的三个海外领土（英属维尔京群岛、开曼群岛、百慕大群岛）占据了这份榜单的前三名。荷兰紧随其后排名第四，瑞士排名第五，中国香港排名第七，阿联酋进入前十。

上任不足半年，其开出的基建与经济振兴计划所需资金就是天量的，除了复制前任政府的无上限货币政策之外，还试图通过启动全球税改与增税计划，加速回笼超级企业收益以充实国家财政。相关研究显示，过去10余年，亚马逊、谷歌、苹果等美国科技巨头应纳税额和实纳税额的差值超过1500亿美元，这还是相对保守的估计。看看苹果公司富可敌国的财务状况，各国财长要思考的是：为什么国家越来越穷而超级企业越来越富？

众所周知，税收是国民财富再分配的最重要杠杆之一，从节约交易成本和激活市场主体创新禀赋的角度看，全球平均企业税率降低是大势所趋，但普遍存在的企业税率"逐底竞争"往往会导致合成谬误的效果。因此，自2013年以来，OECD一直借助G20平台推动全球税改行动，呼吁各国共同打击不合理的跨境避税。2019年，OECD提出税收改革的第二阶段倡议，就包括设定全球最低企业税率等，但当时并未引起各国的足够重视，只是到了受新冠疫情冲击，各国普遍"贫血"的今天才引起高度重视。（2021年部分发达国家企业税率见图3-2）说白了，钱是第一位的。

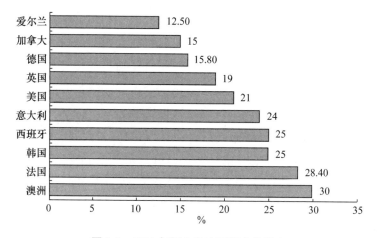

图3-2　2021年部分发达国家企业税率

数据来源：OECD。

当然，还有税收规则国际主导权的争夺。欧盟近年来一直试图构建基于OECD框架的国际税收新规则，公布了多项发展战略试图夺回"数字主权"。2020年12月，欧盟委员会提出《数字服务法案》和《数字市场法案》草案，旨在规范数字市场秩序，限制科技巨头的不正当竞争行为。此外，欧洲通过调整税收等方式规范数字市场的秩序。欧洲传统行业企业需要缴纳的有效税率为 23.3%，而大型科技公司往往跨国运营，在欧盟缴纳的平均税率只有 9.5%。美欧围绕大型科技企业的数字税征收之争，实际上关乎产业主导权的争夺。

本轮全球税改在短期内不会对我国造成太大冲击，因为中国现行企业所得税税率高于全球拟定的 15% 底线。另外，在征收对象方面，OECD 倡导的全球最低企业税率只适用于营收超过 7.5 亿欧元的大型跨国公司，而中国绝大多数中小企业不在其列。但从中长期来看，中国作为数字产业高度发达的国家，一批互联网科技企业已产生世界性影响，随着企业全球化资源配置能力的提升，将会遇到包括数字税等在内的各种约束。因此，建议在全球对大型科技平台监管合作的背景下，结合中国实际情况构建高标准金融体系，在 G20 框架下积极推动平台类科技企业反垄断信息的共享，强化前瞻性预期监管，加强与美国、欧盟、英国、日本等成员的协调，推出平台类企业权利与义务更加平衡的数字规则标准，确立全球数字规则新基准。

全球贸易体系深层改革分歧的背后逻辑

2019 年，在全球贸易秩序充满着不确定性的时间当口，参加 G20 大阪峰会的各国领导人暂时为其注入了一针稳定剂。

宣言避开对"贸易保护主义"的直接批评

G20 领导人在峰会发表的宣言中指出："G20 致力于实现自由、公平、非歧视性、透明、可预见、稳定的贸易和投资环境，并保持市场开放。"G20 领导人警告称，在贸易和地缘政治局势越来越紧张的背景下，全球经济增长依然疲弱，同时正面对下行风险，并就贸易体制确认了自由、公平和无歧视的基本原则。

但是，一如 2018 年的 G20 布宜诺斯艾利斯峰会，美国仍不接受宣言中出现抵制贸易保护主义的措辞，而其他成员领导人则寻求针对贸易紧张局势发出更明确的警告。最终在宣言中避开了对贸易保护主义的直接批评。

众所周知，宣言只是一种辞令，本身没有太大的约束力，最多只是记录了各国能够达成共识的内容，以及所有人都愿意接受的立场。

全球爆发新的贸易冲突的警报同样没有解除，忧心忡忡的新加坡总理李显龙更是发出了"G20 未能就核心课题取得进展令人担忧"的警告。

至于备受关注的 WTO 改革，G20 领导人承诺采取更强烈的行动改善 WTO 的纠纷和解体系，强烈赞成改革 WTO，以推动该组织朝正确的方向发展，但少数国家依然对多边贸易体制持保留态度，而这种阻力对 WTO 的存续和发展往往是致命的。

WTO 改革正处于异常微妙的时间窗口

自由贸易，究其本质而言，往往是假命题，因为绝对的自由贸易是不存在的，促进贸易便利化才是各国追求的现实目标。但全球经济与贸易发展史已经证明并将继续证明：促进贸易与投资便利化，巩固和发展多边贸易体系，不仅是各层级市场主体节约交易成本的最有效制度安排，也是作为全球经济三大支柱之一的 WTO 的"灵魂"，更由于其在国别与区域关系方面所扮演的核心变量角色而成为全球经济稳定的基石。

只是随着全球经济与贸易体系的日趋一体化，原先牢牢控制全球贸易秩序变迁主导权的美国越来越发现，在上世纪基本处于全球贸易边缘地位的中国、印度和其他新兴经济体，进入 21 世纪以来，通过不断适应国际贸易规则、扩大贸易规模、提升产品竞争力、稳步构筑双边与多边贸易体系，不仅贸易规模越做越大，而且出口商品的附加值也在不断提高，出口制造业在产业链中的位置逐渐上升。新兴经济体取得的上述成就，显然是美国难以适应的。

如今，业已步入深水区的 WTO 改革，正处于异常微妙的时间窗口。表面看来，维护还是削减发展中成员在 WTO 框架下享有的"特殊与差别待遇"（SDT）是以美国为代表的发达成员和以中国为代表的发展中成员的主要分歧；但深层次的分歧则是，中国自 2001 年加入 WTO 以来，在经济实力与影响力以及全球贸易价值链中的地位提升方面显著超出了美国的预期与实际控制边界，且中国坚决捍卫的全球化以及奉行的自由贸易和多边主义与美国政府推行的"美国优先"①的贸易保护主义形成了鲜明反差，中国有望引领新一轮全球化和自由贸易秩序变迁，使得美国有可能失去对全球贸易体系与规

---

① "美国优先"是第 45 任美国总统唐纳德·特朗普的外交政策，强调美国的民族主义和不干涉主义。

则变迁的主导权。美国试图以"市场经济地位""发达国家身份"等来钳制中国发展，将中国的发展路径纳入美国控制的秩序框架内。

从美国贸易代表办公室 2019 年 2 月向国会递交的《2018 年度中国履行 WTO 承诺情况报告》（简称《2018 年度报告》）来看，与态度相对积极的《2016 年度报告》及负面评价渐渐增多的《2017 年度报告》相比，《2018 年度报告》通篇充斥着对中国的负面评价。对于中国等发展中成员支持赋予 WTO 上诉机构更多权力的建议，美国认为这样做的目的，在于保护其本国的"非市场经济"体系。

美国判断，绝大多数发展中成员比发达成员更需要 WTO，而美国近年来通过以退为进、高级别恐吓等手段，部分实现了按照美国的意旨修改双边或多边贸易协定的战略目标。美国在 WTO 的关键议题改革上，完全有可能如法炮制，通过让 WTO 争端解决机制停摆或者干脆休克，分化支持多边贸易体制的力量，并以巴西等为突破口，诱使一些新兴经济体追随美国的脚步，进而实现改造 WTO 的目标。

美国主张 WTO 改革的方向是构建一个所谓无差别的 WTO，并于 2019 年 1 月 15 日向 WTO 提交了题为《一个无差别的 WTO：自我认定的发展地位威胁体制相关性》的文件；之后又提出一份总理事会决定草案，要求取消一大批发展中成员享受的特殊和差别待遇的权利。

根据美国的建议标准，WTO 成员若满足下列要件之一：被世界银行列为高收入经济体，是 OECD 成员，是 G20 成员，占全球贸易份额为 0.5% 以上等，就不能算是发展中成员。该建议意在剥夺发展中成员在 WTO 享有的最惠国待遇原则、非歧视原则、制定规则的多边框架、特殊与差别待遇等，理所当然遭到了中国、印度、南非等成员的坚决反对。

但是作为金砖国家成员的巴西却被美国成功策反，盖因巴西为了加入 OECD，以承诺放弃在 WTO 享有的发展中成员的"特殊与差别待遇"为交换条件。美国据此判断，新兴经济体和发展中成员在 WTO 改革中并非铁板一块，美国完全有可能各个击破。

美国试图使全球贸易治理秩序重新洗牌

美国对中国自加入 WTO 之后在贸易规模、规则适应与全球价值链提升、产业竞争力和综合国力方面的发展成就十分警惕。自加入 WTO 以来，中国在不到 20 年的时间里迅速成长为全球仅有的两个 GDP 超过 10 万亿美元的超级经济体之一，而美国长期以来的经济对手日本，其 GDP 规模则在过去 20 年的时间里一直徘徊在 5 万亿美元。

按照美国的逻辑，中国的发展大大超出了美国的预期，是美国"一手"引领中国走向全球经贸舞台中心。如今，全球财富中心正从美国转移到中国，将来有可能全球财富的配置与资产定价中心也会转移到中国，况且中国正在积极主导重构区域乃至全球贸易规则，这是美国不能容忍的。

至于市场经济标准，全球从未有统一的基准。事实上，从美欧在反倾销实际中确立的市场经济衡量标准来看，关于市场经济标准的理解不完全相同。例如，美国商务部判断市场经济有六方面的标准：货币的可兑换程度，劳资双方进行工资谈判的自由程度，设立合资企业或外资企业的自由程度，政府对资源分配、企业的产出和价格决定的控制程度，政府对生产方式的所有和控制程度，以及其他判断因素。

欧盟规定的判断市场经济的标准主要有五条内容：价格是否由市场决定，企业是否具有符合国际财会标准的基础会计账簿，企业的生产成本与财务状况是否受非市场因素扭曲，企业是否有向国外转移利润和资本的自由、自主决定出口及其他商业活动的自由，企业是否受破产法和资产法的约束以及汇率是否由市场决定等。

但从美欧的实际经济运行情况看，即便他们自己，也是有选择性地执行上述这些所谓的市场经济标准。事实上，美国对本国市场和产业的保护强度甚至在某些方面远远超过中国等新兴经济体，美国从未放弃对农业的补贴，且长期密切关注主要（潜在）竞争对手在工业领域的技术进步与产业发展，一旦发现对美国形成竞争挤压，随即采取打压措施，美国《1974 年贸易法》中的 201 条款和 301 条款即是明证。

事实上，自中美发生贸易摩擦以来，美国动辄举起关税大棒，毫不掩饰地将封杀个别中国企业作为贸易谈判筹码，这本身就说明市场经济这个标签的虚伪性。

如果中国按照美国关于市场经济的标准来改造本国经济体系和运行机制，放弃做大做强国有企业，放弃支持国有企业提升全球资源配置能力的努力，甚至让国有企业逐步退出市场，全面放开国内市场，那么，即便中国能够获得对美国出口市场的扩大与次新技术的增量引进，但本质上中国将逐步沦为美国的超级经济附庸。

在备受关注的 WTO 争端机制改革方面，美国竭力阻挠 WTO 争端解决机制下的上诉机构开启新法官候选人甄选程序，拒绝了所有的提议。这只能说明：美国试图以使 WTO 争端解决机制瘫痪为要挟，使全球贸易治理秩序重新洗牌，胁迫中国等成员事实上承认美国的国内法可以凌驾于 WTO 法律，进而否定多边规则与多边机制。

而美国事实上正绕开 WTO 多边体制，以《美墨加协定》为蓝本，强推基于美国偏好的国际经贸新规则、新标准，包括贸易政策、产业政策、环境标准、劳工标准等，以此替换国际多边贸易规则，重塑 21 世纪贸易协定的美国范式，实现继续控制全球贸易与产业发展主导权的目标。

WTO 是否会因上诉机构面临瘫痪而 "脑死"？

有着 "经济联合国" 之称的 WTO，正面临成立 1/4 个世纪以来最严重的存续危机。

起因不仅在于各国之间无休止的贸易争端正在削弱乃至摧毁既有自由贸易与多边主义体系的核心价值，更在于 WTO 中负责裁决贸易争端的解决机制——上诉机构，由于美国的干预，可能陷入无人负责状态，导致功能性瘫痪。美国曾威胁对 WTO 断炊，更直接导致该组织面临关门危险。

上诉机构是 WTO 的复杂运营体系中负责裁决贸易争端的 "最高法院"，也是 WTO 相较于其前身——关税与贸易总协定（GATT）的机制创新行为。其最重要的特点便是独立性。

根据 WTO 争端解决机制的基础性文件——《关于争端解决规则与程序的谅解》第 17 条的规定，上诉机构常设七名法官，每项裁决最少由三名法官作出；法官任期四年，可连任一次；遇有上诉机构成员空缺时，由所有 WTO 成员组成的争端解决机构通过协商一致的方式及时任命新成员。

但是，这个攸关 WTO 前途命运的争端解决机制，由于美方持续阻挠上诉机构大法官遴选而陷入瘫痪：从 2018 年 1 月起，仅剩三位法官，分别是美国籍法官格雷厄姆、印度籍法官巴提亚，以及中国籍法官赵宏，其中，美国籍和印度籍法官的任期于 2019 年 12 月到期。其结果是，自 2019 年 12 月 11 日起，本应由 7 名成员组成的 WTO 上诉机构仅剩 1 人，无法审理案件。2020 年 11 月 30 日，随着上诉机构最后一名成员，即中国籍法官赵宏正式期满卸任，上诉机构成员全部离任。而美国随后又多次否决重启上诉机构甄选程序的相关提案，致使 WTO "大脑" 无法正常运转，全球多边贸易体制面临严重危机。

WTO 正在阻止美国再次伟大？

根据 WTO 争端解决机制相关规则，上诉机构法官的任命需要 WTO 所有成员达成共识，而美国迄今尚未有任何立场松动的迹象。美国为何决意阻挠 WTO 争端解决机制的有效运转？因为根据美国的评估，WTO 的现有机制令国际贸易陷入市场失灵疲态。美国认为上诉机构法官在解释 WTO 法律的过程中经常 "越界"，事实上滥用了 WTO 法律并未赋予他们的权力。

例如，WTO 在 2018 年裁定美国对华一起 73 亿美元的反补贴制度属违规，要求美国修改制度以符合 WTO 规定。然而美国未完全改正违规做法，并认为 WTO 判决不公。中国继续向 WTO 上诉，2019 年 11 月初 WTO 判决中国胜利，允许中国向美国价值 36 亿美元的产品征税。此举再次加深了时任美国总统特朗普对 WTO 的不满，认为 WTO 是阻止美国再次伟大的绊脚石之一。

假如 WTO 的上诉机构最终瘫痪，真有可能导致 WTO 面临 "脑死" 的危险。因为一旦上诉机构无法有效开展工作，则大部分的 WTO 上诉案件将无法处理，乃至死循环。

通常，败诉方都会选择对专家组的报告提出上诉，而在上诉机构陷于瘫痪的情况下，就会出现该申诉永远无法得到终审的极端情形；败诉方也可以根据本国利益偏好，随意否决专家组的报告，而不会受到任何追责。果真如此，一盘散沙的 WTO 将成为 21 世纪全球贸易变迁史上单边主义的直接牺牲品。

美欧同床异梦

另一方面，作为 WTO 里最有权势的两大经济体，美欧贸易摩擦与相互报复向来不断。2019 年 10 月 14 日，WTO 正式授权美国根据 WTO 对"空客补贴案"的最新裁决，对欧盟采取贸易报复措施。根据 WTO 的相关裁决，由于欧盟及其部分成员未能完全执行 WTO 争端解决机制之前的相关裁决，仍对空客公司违规补贴，美国有权对每年约 75 亿美元的欧盟输美商品和服务采取加征关税等措施。

尽管 75 亿美元只占 2018 年欧盟向美国出口总额的 1/50，但指标意义十分明显，因为这场旷日持久的贸易纷争，主要反映的是法国、德国、英国和西班牙联合创立的空中客车与波音之间的明争暗斗。

早在 2004 年，当空客取代波音成为全球最大民用飞机制造商之后，美国即以欧盟及其 4 个成员包括法国、德国、英国和西班牙向空客提供违规补贴为由，向 WTO 提起诉讼；欧盟旋即以牙还牙，以波音接受非法补贴为由，把美国政府告上了 WTO 争端解决机制。

WTO 曾于 2011 年作出裁决，判定美欧双方都违反了 WTO 规则，均需补偿对方的损失。但这种妥协式的裁决，反而埋下了更大冲突的种子。此后，波音和空客继续获得各自政府的巨额补贴，在不公平竞争的道路上越走越远，官司也越打越大，直至此次 WTO 重新作出裁决。

从美国政府对 WTO 裁决的反应来看，除了欢呼胜利之外，美国在加税清单上可谓煞费苦心：既针对法国、德国、英国、西班牙的王牌产业精准打击，又把欧盟极具竞争力的酒类及农产品列为打击对象，同时还把针对空客的加税限定在整机范围，分包商和供货商则排除在外，以保护为空客提供重要零部件的美国相关企业，确保 27.5 万个就业岗位的稳定性。不过，对同样是贸易高手的欧盟来说，当然不缺反制美国的力量与手段。

欧盟随即恫言，将采取对等甚至超级报复措施。欧盟还于 2019 年 11 月 4 日向 WTO 提出申诉，要求美国取消对进口金属征收的关税，这是 WTO 面临的最棘手案件之一。因为此案的焦点在于"国家安全例外"条款，即 WTO 允许其成员以"国家安全"为由违反 WTO 义务。美国坚持认为，国家安全应由各国自己判断，绝不是 WTO 授权成立的三人小组所能评估的。预计双方争执将旷日持久。

种种迹象显示，美国政府对 WTO 愈来愈显得不耐烦，不仅多次扬言要退出 WTO，而且准备单方面对主要贸易竞争对手采取行动。

美国在 WTO 改革问题上，完全有可能如法炮制，通过让 WTO 争端解决机制停摆或者干脆休克，分化支持多边贸易体制的力量，并以巴西等国为突破口，诱使一些新兴经济体追随美国的脚步，进而实现改造 WTO 的目标。

美国逼迫 WTO 进行改革的另一撒手锏是直接给 WTO 断炊。例如，美国驻 WTO 代表曾于 2019 年 11 月 12 日暗示，可能阻挠 WTO 今后两年的预算。理由是，WTO 的年度预算资金可能被部分挪作他用。2019 年 WTO 的预算为 1.97 亿美元，而美国是最大出资方，出资额达 2280 万美元。依据相关规则，事关 WTO 的决定必须由全部 164 个成员达成共识。如果全体成员不能在 2019 年 12 月 31 日之前，通过该组织的 2020 年和 2021 年的预算，则直接导致 WTO 停摆。（2019 年 WTO 预算出资额前十成员如图 4-1 所示）

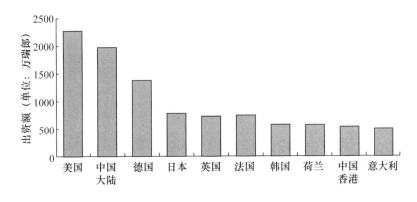

图 4-1　2019 年 WTO 预算出资额前十成员

数据来源：WTO 年报。

拯救 WTO，各成员在行动

为了拯救危机重重的 WTO，各成员也在加快采取行动，例如，欧盟和加拿大已在商讨基于 WTO 法律，建立临时上诉仲裁程序，以适用于欧盟与加拿大之间的争端。但这种临时机制无法替代整体性的争端解决机制，且费时耗力。

2019 年 10 月 28 日的一次 WTO 争端解决机制例会上，有 116 个成员要求尽快开启上诉机构的法官纳新和甄选程序，但美国再次拒绝了这一建议。

此外，在 2019 年 11 月上旬于上海举行的第二届中国国际进口博览会期间，中国牵头举办了一场 WTO 小型部长会议。欧盟、俄罗斯、印度等 33 个 WTO 成员部长或部长代表，以及 WTO 前总干事阿泽维多（Roberto Azevedo）等 200 多名代表应邀与会，不过成效似乎并不显著。2023 年 2 月 27 日，127 个 WTO 成员在 WTO 争端解决机构例会上共同提出了启动上诉机构新法官遴选程序的提案，但美国再度动用其一票否决权。此举意味着业已停摆 3 年多的 WTO 争端解决机制短期内"复活"的希望渺茫，美国也借此向全世界发出了只有他才是重塑国际贸易秩序的最终决定力量的信号。

若 WTO "脑死" 将是全世界悲哀

美国政府一再公开质疑多边规则和多边机制的合理性，批评 WTO "对美国不公"，要求 WTO 启动全面改革，甚至口头上多次威胁"退出 WTO"，但又没有提出为 WTO 大多数成员所能接受的建设性改革方案。这只能说明：美国试图以瘫痪 WTO 争端解决机制为要挟，使全球贸易治理秩序重新洗牌。

美国胁迫中国等成员，事实上承认美国的国内法可以凌驾于 WTO 法律，进而否定多边规则与多边机制。这也在某种程度上印证自由贸易本质上必须服务于国家或集团根本利益的现实残酷性，更使得斯密和李嘉图当年设想的自由贸易与自由竞争图景在真实世界里只能是经济学家的梦想。

假如 WTO 作为推进贸易领域的公平竞争，确保多边机制有效性的最重要国际组织，将来有一天面临"脑死"，显然是全世界的悲哀。

WTO 当然需要改革，如果 WTO 改革停滞不前，或不能因应全球贸易发展的新趋势，则贸易规则的块状化与集团化博弈趋势将严重阻碍全球经济一体化进程，显著增加贸易摩擦与交易成本，全球经济治理将严重倒退。改革的目标是使得每位成员都能在平等竞争的环境中，相互提供便利化的贸易与服务。随着数字经济的迅速发展，亟待建立数字贸易的国际标准。

只是在政治家日渐稀缺、政治泛滥的今天，无论是国际组织、国家还是企业及其他市场参与主体，都必须为可能到来的最糟糕的情况做好相应准备。

WTO 改革举步维艰，原因何在？

WTO 新总干事人选的最后一轮磋商于 2020 年 10 月 27 日结束。国际舆论普遍期待最终确定的新总干事能为困境中的 WTO 带来改革和前进的动力。但至少从目前情况看，现实依然骨感，尤其美国的阻挠和破坏依然没有停下来的意思。就在 2020 年 10 月的 WTO 总理事会上，美方提交两份提案，一份是关于取消中国等发展中成员享受的"特殊与差别待遇"，另一份则与"市场导向条件"有关，目的是推动将美国国内歧视性的贸易救济规则多边化，矛头同样直指中国。

对美方陈词滥调的挑衅，中方当场严厉回击，除了重申成员就发展中国家的分类标准进行无休止的辩论毫无意义，更对美国一贯高举高打的"特殊与差别待遇"条款进行彻底剖析：在现行 16 个 WTO 协定的 155 个"特殊与差别待遇"条款中，至少 105 条过于宽泛且不具可操作性；剩余 50 条中，还有至少 25 条为过渡期或技术援助条款。换句话说，现有协定中直接关乎成员权利和义务的"特殊与差别待遇"条款只有 25 条。就中国的情况而言，实际能享受的"特殊与差别待遇"条款更只有 8 个。因此，美国动辄拿上述条款说事，实则是滥用规则解释力霸权。

在 WTO 改革的困局中，为何美国一直盯住"特殊与差别待遇"议题不放？美方认为，中国自加入 WTO 之后在贸易规模、规则适应与全球价值链提升、产业竞争力和综合国力方面发展成就突出，大大超出美国预期。如今，中国成为全球供应链、产业链的核心和首屈一指的出口大国，将来有可能全

球财富的配置与资产定价中心也会转移到中国，况且中国正在积极推动区域乃至全球贸易规则的改革。按照美国的逻辑，正是美国给予了中国"特殊和差别待遇"，才使中国获得不对称的贸易竞争优势。因此，美国现在要求中国放弃发展中成员身份，以发达成员身份参与 WTO，并将制造业的关税水平削减至发达成员水平，消除在服务业、商品和农业等领域的非关税壁垒。中国只有做到这些，才是对美国长期以来"无私帮助"的基本回报。

另一方面，美国认为中国加入 WTO 以后，在最大限度受益于"特殊与差别待遇"的同时，并未采用具有美国范式特征的市场经济体制，尽管美国在实际经济运行中对自己订立的市场经济标准也是选择性地执行。事实上，美国对本国市场和产业的保护强度甚至在某些方面远超中国。以农业为例，2016 年美国的人均农业补贴分别是中国、巴西、印度的 70 倍、176 倍和 267 倍。在工业和技术领域，美国不仅长期密切关注主要或潜在竞争对手在工业领域的技术进步与产业发展，而且一旦发现竞争对手出现能对美国形成威胁的市场实体，立即启动各种打压。例如，美国以中国在美投资与发展的高科技企业对其国家安全构成威胁为由，已对多家中企进行事先无预警的打压或发布最后通牒，使其瘫痪乃至定点清除在美国市场有一定影响并对美国同业构成重大挑战的企业。目的在于通过制造全球化时代的超级白色恐怖，消除任何现实或潜在竞争对手对美国的威胁，确保美国始终保持对竞争对手的代际优势。

如果中国按照美国关于市场经济的标准改造本国经济体系和运行机制，放弃做大做强本国企业，放弃支持本国企业提升全球资源配置力的努力，那么中企的下场只有一个，就是迟早沦为同行业美企的附庸。

WTO 当然亟待改革，这也是国际社会对新总干事寄予厚望的原因。但其改革方向应当是在增强组织的有效性、权威性和争端解决能力的前提下，最大限度争取国际力量共同维护以规则为基础、以 WTO 为核心的多边贸易体制。

在接下来的 WTO 改革进程中，中美作为最具实力的参与主体，需要彼此拿出高度的智慧来解决分歧。中国当然会坚持底线与原则，比如要求美国取消在投资安全审查和反垄断审查中对特定国家企业的歧视，要求美国减少乃至杜绝滥用出口管制措施，但同时也在展现适当的灵活性，目的在于防止WTO 运行机制"休克"，防止中美经济与贸易联系全面"脱轨"，探讨中美在 WTO 改革方面可能的合作区间。

另一方面，在 WTO 改革问题上，中国既与欧盟、日本、加拿大、澳大利亚等发达成员存在分歧，也在反对美国单边主义问题上有一定共识。这是中国与上述经济体开展建设性合作的重要基础。此外，中国同印度、巴西、俄罗斯以及广大新兴经济体与发展中成员在 WTO 改革议题上的合作大于分歧。中国既要最大限度团结新兴经济体与发展中成员，坚定维护发展中成员应有的合法权益，也要在条件允许时主动降低关税税率，尤其通过对消费领域进行结构性降关税，实现中国与 WTO 成员的互赢，展现东方大国在处理复杂问题上特有的智慧。

WTO 改革：在非零和博弈中寻求均衡

历经上诉机构停摆、总干事缺位以及单边主义与贸易保护主义等多重折磨的 WTO，在新任总干事恩戈齐·奥孔乔—伊韦阿拉（Ngozi Okonjo-Iweala）于 2021 年 3 月 1 日正式履职后，其常态化运行终于有了可以掌舵之人。

不过，对拥有 25 年世界银行工作经验的伊韦阿拉而言，要领导已有 25 年历史的 WTO 在极其复杂的国际环境中有效发挥多边贸易体系的裁判者功能，进而推进多边贸易治理迈向非歧视、可预测、公平与包容有序的良性发展轨道，可谓说易行难。

有着"经济联合国"之称的 WTO 及其前身 GATT，是二战之后建立全球最重要的多边贸易组织。在促进投资和贸易便利化，削减关税和非关税壁垒，消除国际贸易中的差别待遇以促进贸易自由化，优化全球资源配置，扩大商品生产和流动等方面发挥着不可替代的作用。即便是在自由贸易区密布全球的 21 世纪 20 年代，WTO 依然有着广阔的行为空间。拜登政府上台之后很快采取针对前任政府的纠偏行动并支持伊韦阿拉担任 WTO 总干事，即是明证。

WTO：全球贸易领域最重要的公共产品

从历史缘起和本质属性来看，WTO 是以美国为首的发达资本主义国家在贸易领域建立的全球公共产品，其主要规则的制定和争端机制解决的主导权长期掌握在主要发达国家的手中。但是，最近十年来，随着新兴经济体不断融入全球贸易体系并基于实力成长积极参与 WTO 的治理与改革，以及发达国家之间的贸易争端日趋激烈，原先力挺自由贸易和多边贸易体系的主要发达国家开始改变对 WTO 的态度。尤其是作为 WTO 主要机制设计者的美国，在特朗普执政时期，不仅多次要求 WTO 按照美国的意志进行改革，而且对 WTO 中负责裁决贸易争端的解决机制——上诉机构下狠手，导致该机构陷入功能性瘫痪，甚至多次扬言退出 WTO，使得该组织面临前所未有的存续与发展困境。

毋庸置疑，在全球贸易形态、贸易格局以及技术与产业发生重大变化的今天，WTO 必须改革，否则，如果改革停滞不前，或不能因应全球经济技术和贸易发展的新趋势，则贸易规则的块状化与集团化博弈趋势将严重阻碍全球经济一体化进程，显著增加摩擦与交易成本，全球经济治理也将严重倒退。尤其在全球应对新冠疫情冲击的过程中，各国数字经济和数字贸易突飞猛进，不少国家或地区已提出全面推进数字化转型，催生了数字贸易的新业态、新模式、新应用场景等，大大加快了全球贸易的数字化进程，甚至可以说在一定程度上确立了数字贸易的主导性地位。亟待建立数字贸易的国际标准，这是 WTO 需要自我变革以适应技术进步与贸易发展的原动力和迫切性之所在。

WTO 改革难以找到一致行动人区间

尽管伊韦阿拉在参加 WTO 总干事竞选时就表示，"世界比以往任何时候都更需要一个重新焕发活力的世贸组织"，并呼吁加强多边贸易体制，以符合所有国家，尤其是最不发达国家和非洲国家的利益。但是，WTO 改革与 IMF 改革一样，是一项极为复杂的系统工程。各国都主张改革，但如何改革，则很难找到一致行动人区间。

欧盟曾于 2018 年率先提出 WTO 改革方案，主张强化对"扭曲市场"行为的监督；对"发展中国家"重新分类；实行"灵活的多边主义"，推进多边谈判；提高争端解决机制的效率和透明度等。当年 9 月，欧盟还和美国、日本就 WTO 改革联合提案达成一致，且针对性极强。但欧盟和美国作为 WTO 里最有话语权的两大经济体，相互之间的贸易摩擦和报复向来不断，早已同床异梦，并在 WTO 改革的优先顺序问题上存在着较大分歧。2021 年 2 月，欧盟宣布将 WTO 改革列为其未来 10 年贸易战略的核心，包括敦促 WTO 各成员在贸易和气候变化领域作出更大承诺，为数字贸易制定新规则，加大应对不公平竞争力度，恢复 WTO 争端解决机制，等等。欧盟的改革主张，尽管有一定的现实针对性与前瞻性，但基于自身利益出发考虑的较多，且欧盟一向存在政策宣示与行动执行之间的偏差。

在特朗普执政时期，美国成为由其主导创设的 WTO 的最大反对者，除了与美方判断中国是 21 世纪以来全球自由贸易最大受益者有关之外，与美方无法像在世界银行和 IMF 中拥有关键否决权也不无关系。

众所周知，美国是 WTO 及其前身 GATT 的主要创立者之一，也是国际贸易和投资最主要的推动者之一。美国曾在二战之后的很长时间里倡导和推动贸易自由化和投资便利化，扮演着自由贸易主要守护者的角色。

尽管美国在建国之初即在理论和实践层面奠定了贸易保护主义的传统，例如，翻开美国第一任财政部长亚历山大·汉密尔顿（Alexander Hamilton）1791 年所著的《关于制造业的报告》，可以发现，美国今天祭出的一系列具有浓厚保护主义色彩的产业补贴政策，其核心思想与 200 余年前的所谓美国建国先贤们的政策设计可谓一脉相承。但美国长期位居全球第一大进口国的事实，说明美国仍是国际贸易最重要的参与主体之一。

最近 10 年来，随着新兴经济体不断融入全球贸易体系并基于实力成长积极参与 WTO 的治理与改革，以及美欧之间的贸易争端日趋激烈，原先力挺自由贸易和多边贸易体系的美国开始改变对 WTO 的态度，特别是中国在加入 WTO 后不到 10 年时间里即成为世界第二大经济体和货物贸易第一大出口国，在全球贸易价值链中的地位提升显著超出了美国的预期与实际控制边界，而且近年来积极推动新一轮全球化和自由贸易秩序变迁，使得美国的心态愈发焦躁，担心有朝一日失去对全球贸易体系与规则变迁的主导权。

美国要求 WTO 启动全面改革，甚至在特朗普执政时期多次威胁要退出 WTO，屡次三番对自己亲手打造的"经济联合国"掀桌子，致使该组织中负责裁决贸易争端的"最高法院"长期处于无人负责状态，导致陷入功能性瘫痪，甚至不惜以损害国家声望体系为代价来摧毁既有自由贸易与多边主义体系的核心价值，最终目的不外乎将"一意孤行"变成其他国家必须接受的客观事实。

中国自 2001 年"入世"以来，在受益于全球经济贸易一体化的同时，坚决捍卫经济全球化、自由贸易和多边主义，并致力于推进新一轮全球化和贸易治理体系改革。中国曾于 2018 年 11 月提出了 WTO 改革的三大原则和五点主张，强调 WTO 改革要维护和加强多边贸易体制核心价值，即非歧视和开放性，强调 WTO 改革要保障发展中成员的利益，应该遵循协商一致的决策机制，特别是要保证广大成员特别是发展中成员共同参与改革进程，不能搞"小圈子"。

中国在 WTO 争端解决机制的上诉机构瘫痪之后，与欧盟等其他成员共同建立了"多方临时上诉仲裁安排"。在 WTO 选出新的总干事之后，中国主张 WTO 改革首先要恢复上诉机构的正常运行。

在 WTO 迎来改革时间窗口的关键时刻，作为负责任的新兴经济体，中国一方面与亚太地区经济社会发展水平存在较大差距的《区域全面经济伙伴关系协定》（RCEP）成员，通过达成高水平自由贸易协定，不仅有效回击了近年来盛行的贸易碎片化、块状化以及国家层面的利己主义，而且有望通过后续的落地实施为全球新型多边投资贸易协定的可复制与推广提供新的发展范式；另一方面，中国通过结构性改革，尤其是加快实施准入前国民待遇加负面清单管理制度，以及切实加强保护外商在华合法权益特别是知识产权的保护等一系列制度性安排，已使中国市场经济的运行环境与美欧通行的对市场经济的认知具有相当强的共通性。中国还与欧盟就 WTO 改革达成了重要共识，这也是两大经济体在 2020 年末能够达成高水平投资协定谈判的重要原因。

WTO 改革并非零和博弈

总之，WTO 改革尽管是蕴含合作性与非合作性博弈的多重战略博弈，但本质上并不构成零和博弈。拜登政府上台之后，已经展现出某种意义上的多边主义合作意愿并在应对气候变化与恢复 WTO 正常机能上展现出了一定的灵活性。

中国在坚持 WTO 须进行必要改革以增强有效性、权威性和争端解决能力的前提下，应最大限度争取国际力量共同维护以规则为基础、以 WTO 为核心的多边贸易体制；建设性地将中国对 WTO 改革的三大原则和五点主张与其他成员的改革主张或诉求有机结合起来，并以落实 RCEP 为契机，坚决维护经济生产链和贸易价值链的全球联通，通过建设高标准市场体系，全力争取主要发达国家落实本应兑现的承认中国"市场经济地位"的承诺。在与美国就 WTO 改革展开多轮博弈的过程中，既要坚持底线与原则，也要展现适当的灵活性，探讨中美在 WTO 改革方面可能的合作区间，例如，关税和非关税壁垒、技术转让、市场准入、反倾销、反补贴等，都可以展开进一步对话。因为在全球经济一体化的今天，零和博弈有害无益，对有远见的中美两国政治家和商业领袖而言，无论是全球层面的经济增长、金融市场稳定、贸易新规则重构、气候变化应对，还是中美各自复杂经济金融与贸易等问题的有效解决，都离不开两国的密切合作。

美国对 WTO 改革设障的盘算

2021 年 10 月，美国贸易代表戴琪（Katherine Tai）在访问 WTO 时释放美国意欲解冻与 WTO 关系的所谓"积极信号"。作为 2015 年来首次造访 WTO 总部的美国贸易代表，戴琪此行确有一定指标意义。当天她还与中国常驻 WTO 代表李成钢举行会谈，就 WTO 工作特别是第十二届部长级会议相关问题交换意见。这说明尽管在 WTO 改革以及双边贸易的重大核心议题上存在分歧，但全球第一、第二大经济体面对现实探讨解决分歧的路径仍被认为是

理性选择。

当然，戴琪的言行只是表明拜登政府意欲改变特朗普时期的单边蛮干做法，戴琪本人也不希望给世人留下与前任莱特希泽（Robert Lighthizer）对待WTO 咄咄逼人的态度一脉相承的印象，更想通过合作性博弈恢复美国在WTO 中的领导地位。

戴琪的讲话再怎么高明或尽量显得优雅，也无法掩盖美国对 WTO 的敌视乃至要挟的态度。例如，在备受关注的 WTO 争端解决机制问题上，戴琪不仅没有提出让该机制走出"脑死"陷阱的明确路径，还呼应了特朗普时期关于该机制的批评声浪，指责它已成为"诉讼的同义词"，既漫长又昂贵，俨然成为各国提起贸易诉讼以求获得让步的平台而非谈判的场所。

众所周知，WTO 的上诉机构是该组织复杂运营体系中负责裁决贸易争端的"最高法院"，也是 WTO 相较于其前身 GATT 的机制创新行为，其最重要的特点便是独立性。根据 WTO 争端解决机制的基础性文件《关于争端解决规则和程序的谅解》第 17 条规定，上诉机构常设七名法官，每项裁决最少由三名法官作出；法官任期四年，可连任一次；遇有上诉机构成员空缺时，由所有 WTO 成员组成的争端解决机构通过协商一致的方式及时任命新成员。

这个争端解决机制攸关 WTO 前途命运，但特朗普政府却百般阻挠其启动法官纳新和按时完成连任程序，导致该机制自 2019 年 12 月至今一直处于瘫痪状态，无法对贸易争端作出裁决。尽管 2021 年 5 月 WTO 任命美国贸易专家安杰拉·埃拉德（Angela Ellard）担任副总干事，表明拜登政府正在兑现"美国回来了"的国际承诺，但从技术层面而言，这只是 WTO 的常态化操作。因为根据该组织传统，WTO 副总干事一般来自美国、欧盟、亚洲和某个发展中成员。在中国代表张向晨当时基本确定将出任副总干事的背景下，美国显然不希望其在 WTO 中的行为空间被其他成员占据。

从美国国家利益与拜登政府的对外政策逻辑而言，美国当然明白 WTO 争端解决机制长期停摆不利于美国与世界贸易的发展，因为美国本身就是 WTO 争端解决机制的最大受益者之一。但拜登政府之所以在上台 10 个月后依然维持特朗普时期的某些做法，主要有三个政策考量：

一是美国意图积极主导对 WTO 重大棘手问题的话语权。最近几年，美国在事关 WTO 改革以及发展问题上经常发出自相矛盾的错误信息，即一方面批评该组织对美国不公，一再公开质疑 WTO 秉持的多边规则和多边机制的合理性，要求 WTO 启动全面改革；另一方面又没有提出为 WTO 大多数成员所能接受的建设性改革方案，在对待中美贸易争端问题上直接采用简单粗暴的制裁与关税手段。但冰冷的经济数据表明，美国以往的政策逻辑根本行不通。拜登政府在权衡利弊之后决定以回归传统与合作性博弈的态度，以实力与国际协调力重新赢得对业已陷入困境的 WTO 的领导权。

二是在 WTO 框架下孵化美国对新一轮国际贸易规则的制定权与解释权。美国深知，WTO 必须改革，否则将无法因应全球贸易发展的新趋势，尤其随着数字经济迅速发展，全球亟待建立数字贸易的国际标准。值此关键时刻，美国当然不能缺席缺位，否则将意味着主动让出规则制定权与解释权。

三是以制度阵营为基础形成美国对中国的"规则新边疆"。美国近几年一直试图用国内法或总统行政令来解决与主要贸易伙伴的分歧，直接导致全球贸易或国家间的双边贸易争端呈现块状化、单边化乃至白热化状态。即便如此，美国本身也未成为赢家，而中国又在应对新冠疫情的重大外部冲击中表现出强大的国家治理能力与制度韧性，这使美国等西方国家数百年来的制度优越感更呈现出边际消退之势。

在反复权衡之后，美国决定回归传统，回归机制化贸易体系，一方面谋求积极修复与欧盟的贸易关系，以 USMCA 为蓝本，打造区域乃至全球贸易新范式；另一方面则向 WTO 释放出强烈改革预期，试图在领导推进 WTO 改革进程中使用"一切可用的工具"来提升美国经济利益，最终形成针对主要贸易伙伴的战略新优势。

布雷顿森林体系 3.0，拐点将至？

当今世界的重大金融问题本质上往往都是一定程度的政治问题。俄乌冲突爆发以来，以美欧为代表的西方世界对俄罗斯展开轮番金融制裁，意在切断俄对外金融通道，绞杀俄罗斯经济。禁止俄罗斯用美元还债等举措实际等

于宣告：一旦一国被定义为美国在政治上的敌人，该国合法持有的美元资产就会阶段性地成为美国控制下的资产。如果该国因此债务违约，还不排除被债权人索取天价违约金。

在现行国际货币秩序框架下，无论以美元还是以其他货币计价的资产，本质上都是具有国家信用的主权财富，其所有权、使用权都有明确边界。特别是美元，作为完全意义上的国际货币，同时具备价值尺度、流通手段、支付手段、贮藏手段和世界货币五大职能。即便面临欧元的竞争挤压，美元仍是当今世界占据绝对主导地位的储备货币、大宗商品的计价和结算货币。

根据 IMF 发布的 2021 年第四季度全球官方外汇储备货币构成情况，在全球总计超过 12 万亿美元的外汇储备中，美元储备占比 58.86%，高达 7.06 万亿美元。排名第二的欧元占比 20.58%，只及美元比重的 35%，差距明显。至于以石油、天然气等为代表的大宗商品，尽管欧元、人民币和卢布业已渗透到交易体系中，美元的主导地位短期内依然难以撼动。（各货币在全球外汇储备中的占比如表 4-1 所示）

表 4-1　各货币在全球外汇储备中的占比　（单位:%)

货币	2021 年第四季度	2022 年第一季度
美元	58.86	58.88
人民币	2.79	2.88
英镑	4.8	4.97
日元	5.51	5.35
欧元	20.58	20.05

数据来源：IMF。

因此，现今的国际货币体系相当程度上仍是美元主导下的"后布雷顿森林体系"或曰"布雷顿森林体系 2.0"。该体系之所以保持相对稳定，支撑力量主要来自两个层面：一是美国经济占全球经济总量比重多年来保持相对稳定，同时美元作为储备货币在全球金融市场的信用依然相对稳健；二是最近20 年来全球产业和金融分工格局保持相对稳定，特别是美国和中国这两大最重要经济体在制造业、贸易和金融等领域形成相对稳定有序的分工合作，其稳定性与韧性事实上也经受住了近两年中美经贸摩擦的严峻考验。

从历史坐标系来看，今天的国际货币体系与一百年前相比有着某种相似之处：按照凯恩斯（John Keynes）当年对英镑本位制合法性所作的解释，尽管英国当时已不再是全球最主要工业国，但英镑本位制还能顺利运转，主要得益于英国在全球金融体系中的主导地位，以及作为最大资本市场和贸易中心的伦敦为合作者供给黄金的中枢角色。英格兰银行作为"国际交响乐队的指挥"成功调节国际黄金流动，并通过浮动贴现率保持相对较少的黄金储备。英国在国际金融市场上的优势地位，使英格兰银行通过调整贴现率实现资本净流入。伦敦市场国际结算方式的集中等便利条件使英镑取代先前的贵金属货币。

依照类似逻辑，虽然美国现已失去全球最大工业国地位，但由美元、纽约国际金融中心、美联储、美国财政部以及依然强大的产业和金融资本等组成的美元支撑体系，在信用货币与浮动汇率时代将美国的国家信用张力发挥到极致。加上美国拥有较为成熟的自我纠错机制和强大的吸收损失与自我修复能力，即便在美国遭遇重大危机的关键时刻，也很少有国家、企业和居民选择主动抛弃美元。

但俄乌冲突爆发以来，美国及其主要盟国对俄实施极限金融制裁，包括将部分俄罗斯银行排除在国际支付结算体系 SWIFT 之外，冻结俄罗斯央行资产并禁止与其交易，直至阻止俄罗斯使用美元支付到期债务等，倒逼俄罗斯不得不将卢布与石油天然气等出口商品挂钩，形成与"石油美元"并行甚至冲突的"天然气卢布"概念。这促使形成了全球货币体系变迁史上奇特的"主动脱钩"现象，即储备货币发行国与特定使用主体切割，造成原本较为顺畅的国际货币结算体系出现大范围断裂，并衍生出一定量的"天然气卢布"。

而从经济后果来看，这显然是杀敌一千自损八百的非明智之举。换句话说，美国不惜损害美元作为国际信用货币基石的声誉，通过启动极端金融制裁实现政治目标，破坏了二战以来国际货币体系的信用基础，"布雷顿森林体系 2.0"也由此被炸开一个巨大裂口。

于是，市场上出现了以美元为代表的内部货币信用体系面临崩塌而以

"外部货币"（黄金和大宗商品）为支撑的"商品货币"再度兴起的"布雷顿森林体系3.0"之说，并经由美欧金融分析师和国际舆论传播，营造出国际货币体系即将迎来大变革的话语现象。

早已处于进程中的国际货币体系变革肯定会受俄乌冲突的影响，这场有着复杂历史经纬与现实动因的地缘政治冲突可能发挥相当大的"助攻"作用。但从理性角度分析，国际货币体系发生根本性变革的动力，并不最终取决于储备货币发行国与次重量级参与主体之间的非合作性博弈，而是要看现有储备货币的主要发行国与其他储备货币发行国在绝对经济实力、金融市场影响力特别是资本的资产定价权、国际协调与动员力等方面此消彼长的演变趋势。

而参照英镑和美元先后作为国际主导货币的发展逻辑，当代表新兴力量的货币作为既有国际货币体系重要参与者逐渐承担日益重要的角色之后，国际货币体系将在某一个时间窗口迎来关键性拐点。这个拐点的到来当然需要较长时间等待，但肯定不会太过遥远。

第五章
美国对华极限施压的负效应

美国为何越来越不遵守国际贸易规则？

特朗普政府于 2018 年 7 月 6 日掀起对华贸易争端，迫使中国对等反击，引爆当今全球两个最大经济体间的贸易体系对抗。而在此前稍早，面对强邻美国的保护主义行为，忍无可忍的加拿大启动二战以来最猛烈的贸易行动，特鲁多（Justin Trudeau）总理声言加拿大别无选择，必须报复，并呼吁加拿大各界支持政府对美开征报复性关税。接下来，更具震撼意义的美欧贸易大战最终无法避免，美国之外的几乎任何国家都须做好迎击特朗普政府的准备，以尽量减少这个当今世界政经秩序最大变量对本国造成的冲击与危害。

按照特朗普政府的逻辑，作为全球贸易体系担保人，美国自二战以来尤其 21 世纪以来对其他国家提供了天量贸易机会、市场空间与福利效应，但美国却忍受着被包括中国在内的主要贸易伙伴长期"掠夺"的痛苦，因而美国被迫启动"301"调查，以关税手段来惩罚不遵守贸易规则的竞争对手。（美国贸易代表办公室（USTR）发布的《2017 年特别 301 报告》如表 5-1 所示）但这个逻辑显然经不起推敲。

表 5-1　USTR 发布的《2017 年特别 301 报告》

重点观察国家名单	观察国家名单
中国、印度尼西亚、泰国、印度、阿尔及利亚、科威特、俄罗斯、乌克兰、阿根廷、智利、委内瑞拉	越南、巴基斯坦、土库曼斯坦、乌兹别克斯坦、埃及、黎巴嫩、保加利亚、希腊、罗马尼亚、瑞士、土耳其、加拿大、墨西哥、哥斯达黎加、多米尼加、危地马拉、巴巴多斯、牙买加、玻利维亚、巴西、哥伦比亚、厄瓜多尔、秘鲁

注：美国把中国、印度等 11 个国家列入重点观察国家名单。

众所周知，美国是自由贸易的最大受益者，也是 GATT 及后来 WTO 的主要设计者与体系维护者。美国人不会忘记他们尊崇的古典经济学家李嘉图对自由贸易的推崇，也深知曾扮演美国国运拯救者角色的凯恩斯爵士如何反对贸易保护主义。而由美国在 1944 年主导成立的布雷顿森林体系，尽管本身已然瓦解，但基于该体系形成的全球经济金融与贸易规则、惯例，迄今仍在发挥支柱作用。其中的核心理念与现实表达包括：以各国公认和签订的规则为基础，扩大货物和服务的生产与贸易，采取一体化的多边贸易体制，逐步消除关税与非关税贸易壁垒等，直至以双边或多边自贸区为基础，通过大幅降低贸易伙伴间的交易成本，消除贸易歧视，满足各国有效需求，促进全球经济增长。而美国在这套贸易体系中长期扮演体系建构者与变革驱动者角色，并由此获得显性与隐性收益。

熟悉经济史的人都知道，工业革命以来，以美欧为代表的西方资本主义国家打着自由贸易旗号攫取的财富难以统计，南北鸿沟是怎么造成的？想必这个问题由他们来回答一定会非常尴尬。甚至直到现在，美国政府还认为，全球贸易体系和规则必须能让美国舒舒服服地大捞特捞，否则就是对美国的不公。只可惜，真实世界的国际经贸格局变迁，并不完全以美国的意志为转移。2001 年之前基本处于全球贸易价值链边缘的中国，通过加入 WTO，不断学习与适应国际贸易规则，通过技术和服务品质提升不断提高出口竞争力，一跃成为国际市场中高贸易价值链的重要参与者，并以规则为基础，稳步构筑双边与多边自由贸易体系。这些成就，显然是让美国难以适应了。

笔者在与美国商界和政界人士的交流中发现，尽管美国对与中国发生体系性贸易碰撞的结果没有十足的把握，但是他们大都认为中国的发展大大超出美国预期，全球财富中心有从美国转移到中国的趋势，全球财富的配置与资产定价中心将来也有可能转移到中国，况且中国正推动区域乃至全球贸易规则的重构，这是美国绝不能容忍的。美国必须采取"超常规举措"，遏制中国出口竞争力的提升，乃至切割中国贸易核心价值链，迫使中国按照美国的意志第二次"入世"，进而实现对中国的战略围堵，使美国在全球新一轮财富配置进程中继续把握主导权。

美国肆意践踏国际贸易规则，表面来看是通过贸易摩擦这种"超常规手段"实现阶段性的国家目标，深层次的战略考量，则是通过调动美国在高端产业、柔性商业规则与机制化霸权方面的综合竞争实力，确保美国保持对主要竞争对手的代际优势。

远图长虑，沉着应对全球"贸易新边疆"

在全球价值链关系早已盘根错节、中国经济迈入深度开放区的今天，无论是美国、欧盟还是美国、欧盟与日本，其构筑某种意义上针对中国的"贸易新边疆"，既是试图切割中国核心价值链的工具性安排，也是最终与中国建立适度利益分享机制的另类探索。

在中美贸易争端处于胶着状态时，作为全球经济与贸易重要一极的欧盟，派出最高级代表团先后访问中国、日本和美国，达成了一系列访问成果。其中，欧盟 2018 年 7 月 17 日同日本在东京正式签署经济伙伴关系协定（EPA），着力打造一个覆盖 6 亿人口、占全球 GDP 近 1/3 的"超级自由贸易区"。根据这份协定，欧盟将取消 99% 日本进口商品的关税；日本将取消 94% 欧盟进口商品的关税，包括 82% 的农产品和水产品，此后数年内，日本将逐步取消 99% 欧盟进口商品的关税。随后，欧盟与美国在 7 月 25 日发表联合声明，就化解贸易紧张达成协议。双方同意致力于消除关税和贸易壁垒，美国同意不向欧洲汽车加征关税，欧盟则同意进口更多美国大豆和天然气。随后，特朗普政府趁热打铁，派出莱特希泽在国会参议院拨款委员会上表示，将与日本方面在未来 30 天内展开磋商，力争与日本签署双边自由贸易协定

（FTA）。

美国、欧盟与日本作为当今世界最为发达的三大经济体，不仅拥有全球最雄厚的研发基础与最先进的技术水平，而且在制造业（含高端制造业）、贸易价值链和金融顶层分工领域长期位居世界前三位；更重要的是，美欧作为当今世界经济秩序的主要设计者和利益维护者，长期扮演着全球经济、金融和贸易体系的担保人角色。日本则通过参与 G7、世界银行、IMF、亚洲开发银行等一系列国际组织以及密布全球的跨国公司来实现国家目标。客观而言，美国、欧盟与日本近年来在经贸以及部分金融领域受到了来自新兴经济体的挑战，但既有秩序的主导权依然较为牢固地掌握在他们手中。

只是对极为看重趋势变迁的美国战略家来说，今天的世界已不能简单用"盎格鲁—撒克逊体系""新维多利亚时代"等来概括，而是一个老牌经济和贸易与金融俱乐部加速折旧、既有秩序影响力渐趋衰减的世界，也是一个内涵改革因子、新公共产品工具不断呈现的时代。美国人发现，自 2008 年全球金融危机以来，代表全球变革力量的新兴经济体不仅有意愿而且逐渐有能力向全球提供金融和贸易领域的新兴公共产品。例如，金融直觉一向极为敏感，也是美国财经领袖中深具战略眼光的美国前财长劳伦斯·萨默斯（Lawrence Summers），前几年即撰文指出：由于华盛顿未能以积极和开放的姿态应对中国主导的亚投行项目，特别是未能说服其十几个传统盟友参与该机构，导致美国有丧失作为全球经济体系担保人角色的危险。一些西方观察家则忧心忡忡，预言全球公地（global commons）保护职责将由一国扩散到多国，竞争和动荡将成为另一种常态。

其实，美国最担心的还是美元功能被替代，尽管美国依然独有一项特殊优势，即密布全球的海上力量投送与打击体系、柔性商业干预和无形的金融控制体系。但美中经济实力的此消彼长趋势令美国战略家和华尔街金融寡头们不时感到如芒在背。已经成为历史人物的布热津斯基生前就曾特别担心：美国是否会在某一天失去超级大国地位？而被视为"高盛帮"核心代表人物的前财长保尔森（Hank Paulson），这些年来为了保住美国的首席金融强国地位，可谓殚精竭虑。因为现代金融被广泛视为强大制造业、全球贸易高边疆和金融定价权的有效整合，是对一国科技、产出、交易、创意以及国际协调力与领导力的全面萃取。而自布雷顿森林体系以来，无论是日本还是欧洲，都由于在上述综合竞争领域存在某些软肋，加上地缘政治的约束，最终无法取代美国成为全球经济体系的担保人。偏偏在全球迄今为止的经济发展史上，只有中国继美国之后将经济规模做到 10 万亿美元以上。美国认定，一旦中国完成工业化和建成相对完善的金融服务体系，迟早会挑战其霸主地位。因此，西方必须在中国实力不够强大之前，动用各种力量钳制中国发展，或者将中国的影响力控制在美国主导的秩序框架之内。

因此，从最近十年的全球经济金融竞争与贸易格局变迁来看，无论是奥巴马政府的"一体两翼"战略（即以北美自由贸易区为一体，以《全面与进步跨太平洋伙伴关系协定（CPTPP）》和《跨大西洋贸易与投资伙伴关系协定》（TTIP）为两翼），还是美国政府先后祭出的一系列美国优先政策，以及欧盟与日本和美国达成的相关经贸协议，尽管表现形式不同，但本质上都是试图通过达成多边或双边自由贸易协定，借助美国在金融领域难以撼动的主导地位，在巩固以美欧范式为基础的全球贸易体系的同时，最大限度打压新兴经济体提升贸易价值链的行为空间，加上高技术领域的对华技术锁定，最终目标是构筑主要针对中国的"技术、金融与贸易新边疆"，继续最大限度收割机制化霸权红利。

但是，美日之间以及欧日之间的结构性矛盾很难找到最优解，即便三家联手对付中国，在全球经济早已一体化的今天，也是超高难度命题，何况中国早已具备相当强的反制能力。深谙全球经济竞争与产业变迁之道的美国其实非常清楚：中国由制造和贸易大国向产业、贸易和资本强国迈进的趋势是不可能被完全遏制的，人民币迟早要成为全球主要的计价与储备货币之一，上海也会在某一天成为全球财富配置与资产定价中心。美国能做的只能是在中国的经济雄心与具体要素暂时不匹配时，尽可能利用其对现有经济、金融与贸易规则的主导地位，最大限度压缩中国的实力成长空间与国际影响力。

因此，在全球贸易格局面临大洗牌的关键时刻，中国必须远图长虑，总结以往对外贸易发展的经验教训，既要适度摒弃一些不符合当下全球形态的政策思维，更要以深层次的对内开放与关键领域的改革进展来释放经济发展红利，着力提升经济增长的福利效应对民众的覆盖度。另外，基于驱动经济增长的最重要因素是知识创新、科技进步和提升人力资本，未来一段时期，中国在加大对人力资本投资的同时，理应以前瞻性的技术投入和高质量的技术改造引领产业结构整体升级，推动经济战略转型，净化弥漫整个社会的浮躁财富观念；加大前瞻性技术研发和自主创新力度，力求在战略性新兴产业领域取得关键性突破，使之成为引领中国经济可持续增长的新引擎。最后，必须前瞻性地分析全球贸易发展与规则变迁趋势，在切实提高应对贸易摩擦博弈水准的同时，深耕核心技术的研发与自主品牌的国际化推广，积极探索建立与主要贸易伙伴之间的有效利益分享机制，掌握与不确定竞争对手的合作性博弈之道。

"美国制造" 现实要让华盛顿失望了

特朗普上台以后一直力推联邦政府加大采购"美国制造"产品的力度，以兑现其"买美国货、雇美国人"的竞选承诺。2019 年 7 月，他又签署一份"升级版"的行政令，要求美国联邦政府采购监管委员会在 180 天内草拟一项新规，规定联邦政府采购的美国货中本土材料的使用成本需占产品总成本 55% 以上，高于当时生效的《购买美国货法》中规定的 50% 以上。行政令还特别提出要将联邦政府采购的钢铝产品中本土材料使用成本占比提升至 95% 以上，以促进制造业回流美国。

在全球经济早已高度一体化的今天，上述行政令根本不像被广泛视为二战以来全球最大，也是最成熟的市场经济国家所为。对美国政府而言，其角色定位似乎更应接近于主张自由放任资本主义的弗里德曼所言的"积极不干预"。美国主流经济学家认为，只有这样才有可能达到资源的最优配置。

只是，真实世界的经济实践或经济政策从来不会呆板地兑现一般的静态假定。早在 1894 年，美国即取代英国成为全球第一大工业国。之后，美国在历史机遇和多重有利因素的作用下，不断整固自己全球首席制造业大国的地位，1944 年的布雷顿森林会议正式宣告美国登上全球产业与金融分工之巅。当年美国的工业产值占到世界 40% 以上。《1974 年贸易法》中的"201"条款和"301"条款即是明证。

众所周知，制造业的规模和水平是衡量一个国家或地区综合实力和现代化水平的重要标志，没有强大的制造业作为基础，根本谈不上贸易价值链的提升乃至标志最高分工水平的金融定价权。但美国曾在上世纪80年代之后的将近30年时间里过度重视发展金融业和房地产等服务业，使制造业的国际竞争力一定程度上遭到削弱，直至2008年国际金融危机的惨痛教训唤醒美国人对实体经济的重视。在经济繁荣年代，处于经济分工顶端的金融业即便出现严重的生态异化，其外部负效应也容易被忽视。但当支撑金融业发展的实体经济因受金融危机冲击而跳水的时候，金融业的自私面目及对促进广泛就业无能为力的弱点便暴露无遗。而以制造业为代表的实体产业的发展，则可以在较长产业链上实现财富的合理分配，尤其对提高政府极为关注的就业率大有裨益。

正是看到金融业的上述弱点，美国决定正视本国经济发展的沉疴。早在2008年，担任前总统奥巴马（Barack Hussein Obama）经济顾问的劳拉·泰森（Laura Tyson）就表示：中国不可能永远是供应链中心，"美国消费—中国生产"的模式将会失效。而萨默斯则呼吁奥巴马政府："美国必须成为以出口为导向而不是以消费为基础的经济体，必须依靠真正的工程技术，而不是金融巫术。"奥巴马政府上台后，开始将经济政策着力点调整到重视实体产业和出口导向的轨道上来，力推"制造业回流"和"出口倍增计划"，以便在修复经济失衡的同时，扭转美国在国际经济竞争中的颓势。这一政策在特朗普政府上台后不仅被有效继承，而且被发扬光大，成为"美国优先"政策的重要组成部分。

只是全球制造业发展、产业变迁与分工格局早已发生不以美国意志为转移的根本性变化，以中国为代表的一些国家成为最重要的制成品中心和全球供应链的核心环节，不仅是发挥要素禀赋优势和适应市场竞争的结果，更构成了全球制造业分工和良序生态的最重要基础。这一相对稳固的分工格局，不是美国政府通过采取鼓励给予来美国建厂的企业优惠政策，或以关税为杠杆引导"制造业回流"等扭曲市场经济规律的措施所能打破的。

对产业分工有着透彻理解的苹果公司，2017年曾回应特朗普政府的要求，承诺向美国一支新的先进制造业基金注资 10 亿美元，从而创造更多就业机会。亚马逊和英特尔也曾做过类似尝试。但事实却是，苹果公司在 2019 年 6 月决定将在美国组装的唯一主要设备——台式电脑转移到中国生产。正如强扭的瓜不甜，"强扭"企业回流美国或高举"国货"大旗贩卖"美国优先"，违背市场选择和产业分工规律的蹩脚计划和经济思维，注定竹篮打水一场空。"美国制造"的现实，也还根本支撑不起华盛顿的迫不及待。

索罗斯们为何妄想"打败中国"？

在国际金融界声名狼藉的美国投机家乔治·索罗斯 2019 年 9 月 9 日在《华尔街日报》中放言："我对打败当下中国的兴趣，胜过关心美国的国家利益。"与此同时，中国香港媒体曝光他当时频繁调动手中的做空基金和"开放社会基金会"等工具，配合在中国香港制造"颜色革命"，趁乱打劫，顺势洗掉当年狙击港币铩羽而归之恨。索罗斯为何如此执着于"打败"中国，这是值得深究的命题。

索罗斯出生于布达佩斯一个犹太家庭，年少时举家逃离被纳粹统治的匈牙利，先后辗转伯尔尼、伦敦等地，求学于伦敦政治经济学院。他没有像自己的同胞，同样出生于布达佩斯且受到纳粹迫害的安迪·格鲁夫那样，走向技术创新之路，通过参与创办英特尔公司成为一代硅谷领袖，而是从英国迁居美国从事股票交易。在金钱永不眠的华尔街，索罗斯学会了尔虞我诈与巧取豪夺，发家后又不忘给自己披上"慈善家"的外衣，一步步成为深谙弱肉强食与火中取栗之道的超级投机家。

纵观索罗斯的人生轨迹，尤其他在金融市场与变革社会中扮演的投机与极端不稳定角色，可以发现这位深受自由哲学思想和市场达尔文主义影响的金融大鳄，既不乏华尔街金融资本家普遍共有的贪婪基因，更因曲折的人生经历和感念美式资本主义赋予自己实现人生梦想的机会，扮演着执着的意识形态维护者角色。

一方面，他是资本市场上的投机大鳄：狙击英镑打得英格兰银行满地找牙，打劫泰铢引爆亚洲金融危机，做空日元大赚特赚等。

另一方面，他又是一个内心极其复杂的另类资本主义梦想家。他以雄厚的资本为基础，试图通过自己创办的"开放社会基金会"等工具，向全世界输出美国的意识形态和价值观念，格鲁吉亚、乌克兰、吉尔吉斯斯坦等国的"变天"，都有该基金会的参与和策动。索罗斯的基金会试图在众多国家挑动"颜色革命"，同时也尽可能放大其个人在全球政治格局中的作用。

索罗斯有时也看不惯自己信奉的美式资本主义，例如，他在 2009 年达沃斯世界经济论坛上曾高喊"有效市场假设"理论已寿终正寝。但本质上是国际金融资本利益代表的索罗斯，内心最难容忍的，还是那些不遵守西方世界制定的游戏规则的国家和力量。在此背景下，不断发展壮大的中国，恰是索罗斯心中最不愿意看到的超级样本。

早在 1997 年香港回归祖国前，索罗斯就想在香港制造大规模金融恐慌，但苦于没有机会。随着 1997 年 10 月至 1998 年 6 月，国际炒家三次狙击港币获利，1997 年 10 月 28 日，恒生指数跌破 9000 点，香港一度沦为华尔街的"超级提款机"，索罗斯遂于 1998 年 8 月疯狂砸盘，致使香港股市与汇市一度风雨飘摇。但在中国政府强力支持下，香港特区政府果断进场干预，与以索罗斯为首的国际炒家展开大当量对决，最终赢得那场没有硝烟的金融保卫战。

如今 25 年过去，中国不仅度过了全面融入世界贸易与金融体系的不确定阶段，而且在 2001 年入世以来的 10 多年时间里，迅速成长为 GDP 超过 10 万亿美元的超级经济体，成为"10 万亿俱乐部"仅有的两名成员之一。相对而言，美国过去长期以来的主要经济竞争对手日本，其 GDP 规模则在过去 20 余年时间里一直徘徊在 5 万亿美元左右。（2001 年以来中国、美国、日本的 GDP 变化如图 5-1 所示）中国与主要资本主义大国在经济发展与力量成长方面的此消彼长，大大超出以索罗斯为代表的一些华尔街金融资本家的预期。

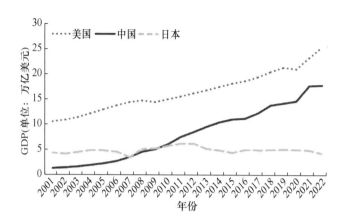

图 5-1　2001 年以来中国、美国、日本的 GDP 变化

数据来源：世界银行。

在他们看来，是美国一手引领中国走向全球经贸舞台，是他们一手教中国金融业者投资。但这些年来，全球经济和财富中心一步步从美国转移到亚洲，经济活力的重心也转向中国，将来全球财富的配置与资产定价中心也有可能从美国华尔街转移到中国上海和深圳等地。

况且中国正积极倡导建构或改善区域乃至全球投资贸易规则，"一带一路"、亚投行、金砖国家新开发银行等国际公共产品不断发育成长，这显然不仅是对美国主导的机制化经济金融与贸易体系的挑战，也是制度与心理优越感浓烈的索罗斯们无法容忍的所谓非"盎格鲁—撒克逊"模式。索罗斯们对中国自加入 WTO 之后在贸易规模、规则适应与全球价值链提升、产业竞争力和综合国力方面取得的成就非常吃惊，认为如果不加以遏制、分化与综合打击，植根于中国历史文化与制度范式的"中国道路"将以更快速度成为推动全球秩序变迁的重要变量。对西方资本主义世界而言，这岂不是如鲠在喉？

通过搞乱中国香港甚至通过策动"颜色革命"等手段来迟滞中国复兴步伐，已经成为索罗斯们的目标。但 21 世纪以来的全球经济金融发展与产业变迁史已经证明并将继续证明：这个世界上没有任何一种力量可以"做空"中国，没有任何一种力量可以阻挡中华民族伟大复兴的步伐。

金融制裁是否会导致中美金融脱钩？

特朗普曾恫言的"美国迄今为止只是动用了很少的工具来对付中国"，这句话绝非戏言。美国完全有可能在无预警的情况下，对中国采取包括更高层级的金融制裁等在内的一系列极端措施。中美当年构建的战略与经济对话机制或将成为历史。

据路透社 2019 年 9 月 26 日报道，美国前国务卿蓬佩奥（Michael Richard Pompeo）在当地时间 25 日表示，美国正对某些中国公司和个人实施新的制裁，原因是后者"故意从伊朗转移石油，违反了华盛顿对伊朗的制裁禁令"。

此前，美国财政部在其官网上公布了本次制裁的对象，包括五名中国公民和六家中国实体。其中六家被制裁的中国实体是中远海运（大连）有限公司、大连中远海运油运船员船舶管理有限公司、中和石油有限公司、昆仑航运有限公司、昆仑控股有限公司和飞马 88 有限公司。

据披露，此次制裁将禁止美国公民和公司与上述中国公司打交道，实际上相当于把它们排除在处于全球金融体系核心的美国银行业之外。同时还将冻结这些公司或个人在美国拥有的任何财产或利益，并禁止向他们支付或转让任何美国资产。

金融制裁是美国独门撒手锏

根据相关统计，自 2001 年美国财政部海外资产控制办公室（OFAC）发布制裁信息，截至 2019 年 6 月 30 日，已有多达 152 个中国个人或实体（含企业）先后被 OFAC 纳入制裁名单，是被纳入制裁名单最多的国家之一。其中包括 68 名中国人、83 个中国企业和一个军事部门，有 150 个被纳入"特殊指定国民"（specially designated nationals，SDN）名单，一个被纳入 561 名单（指 OFAC 针对伊朗进行金融制裁的特殊名单），还有一个被纳入涉伊朗制裁法案名单。美国对中国的金融制裁主要集中在个人和企业层面。

近年来，OFAC 对中国的制裁力度不断加强，2017 年至今高达 110 个中国个人和实体被制裁，占比超过 70%。

随着中美贸易摩擦呈现一定程度上的胶着状态，特朗普政府原先预估的速战速决越来越不可能。美国通过关税壁垒迫使中国在核心关键利益，乃至根本制度方面作出重大让步的可能性也不存在。但"老大"意识早已刚性化的美国，既已主动挑起中美贸易摩擦，并不时升级对抗烈度，且迄今为止的目标达成度与原先预期相去甚远，则这场贸易摩擦的演变与影响将不以中国的意志为转移。

2019 年 8 月 6 日，美国财政部将中国列为"汇率操纵国"。美国选择在此时对人民币发难，并非一时心血来潮，而是以美国前贸易代表莱特希泽、前白宫国家贸易委员会主任纳瓦罗（Peter Navarro）等为代表的极端鹰派人物蓄谋已久的策略选择。由于中国应对得当，且美国的主要盟友和 IMF 并未跟风，使得美国此举未能收到预期效果，象征意义大于实际意义。

但美国并未因此收手。美国政府认为，尽管其在实体经济领域与高科技领域的优势正被中国逐渐蚕食，但金融依然是中国的短板，必要时对中国的特定企业或个人采取不同级别、不同烈度的金融制裁，或许能收到意想不到的效果。

实际上，美国对华实施金融制裁已是锋芒渐露：早在 2012 年，美国就以涉及伊朗业务为由，对中国昆仑银行进行制裁，威胁切断中国昆仑银行和美国金融系统的联系，导致中国昆仑银行被迫严守美国的制裁规定；类似的情形还发生在中国丹东银行身上，2017 年，美国指责中国丹东银行为朝鲜的所谓非法金融活动提供渠道，由此切断了中国丹东银行与美国金融系统的联系。

2019 年 3 月，美国有法官在调查朝鲜违反制裁案过程中，指责中国交通银行、招商银行和上海浦东发展银行三家银行存在不合规行为，一度传出要切断三家银行与美金融系统的联系。但由于并无直接证据，三家银行未因涉嫌违反任何制裁法律而受到美国司法部门调查。2019 年 7 月，蓬佩奥在一次演讲中透露，中国国有能源企业珠海振戎被美国制裁。

此前，美国借口伊朗袭击沙特油田，加大了对伊朗的金融制裁，切断了伊朗的绝大部分资金来源，导致伊朗银行与国际金融界几乎隔绝，只有俄罗斯等极少数国家的银行还与伊朗银行保持联系。

美国对伊朗采取的金融制裁，是美国对敌对国家采取的除战争手段之外的极端措施表现。由于伊朗经济高度依赖石油出口，经济结构较为单一，且外部环境一向较为恶劣，使得本国经济受美国金融制裁影响很大。

相比之下，由于中国经济规模庞大，国内生产总值相当于美国的 2/3，是全球第一贸易大国，金融市场体量巨大，深度参与全球金融市场，国际关联度极高，全球系统重要性银行的数量仅次于美国；且中美之间早已形成了极为紧密的经济贸易和金融联系，使得美国要对中国实施像对伊朗、俄罗斯那样层级的金融制裁，不仅技术上操作难度大，而且对美国自身的伤害也将远远超过对伊朗、俄罗斯金融制裁所带来的影响。

不过，根据二战后美国针对主要竞争对手的打压进行分析，美国完全有可能在中美多回合的战略博弈过程中，以国家安全受到威胁等为借口，动用《国际紧急经济权力法》《国家紧急状态法》《国防授权法》以及发布总统行政命令等手段，对中国具有指标意义的某些企业或特定个人进行中低级别的制裁，包括罚款、冻结资产以及切断与美国金融系统的交易等，试图以较低成本实现较高价值的战略目标。

美国之所以能在全球范围内实施金融制裁，其背后的支撑要素不外乎美国自二战以来建构的强大的机制化金融霸权以及配套的法律与执行体系。某种程度上，也是其对自身所扮演的全球经济与安全担保人地位受到某种挑战或不对称威胁之后的一种遏制。

由于美国控制着全球货币结算网络和最主要的支付货币系统，即以美元为中心的计价和结算体系，使得美国成为当今世界唯一有能力对他国发动真正意义上的金融制裁的霸权国家；而美国的超级大国地位又使其可以凌驾于国际法，绕开主要国际组织直接单方面发动金融制裁。而被制裁国或被制裁对象，几乎没有申诉及国际法律救济渠道和机制，投诉无门。

另一方面，当今世界，尚无一个支付清算系统可以替代纽约清算所银行同业支付系统（CHIPS），以及由美国事实上控制的环球银行金融电信协会（SWIFT）。（SWIFT 发展历程如表 5-2 所示）全球主要的美元跨境支付清算都要通过 CHIPS 来进行，而 SWIFT 属于报文系统，在全球主要银行和金融机构之间负责传递交易信息。两者承担了 95% 以上的银行同业美元支付清算与

90%以上的外汇交易清算。如果该经济主体（市场主体）被移出 SWIFT 系统，则其所有外汇交易业务都会被中断。

表 5-2　SWIFT 发展历程

1970—1979 年	1980—1989 年	1990—1999 年	2000—2009 年	2010 年后
1973 年，因国际贸易与金融需要，SWIFT 成立。截至 1979 年末，共有 15 个国家的 239 家成员加入 SWIFT	打造 SWIFT 社区，并引入一家中央银行。截至 1989 年末，共有 79 个国家的 2814 家成员加入 SWIFT	科技化推进，SWIFT 银行间文件传输系统上线。截至 1999 年末，共有 6797 家成员加入 SWIFT	引入 SWIFTNet，强化创新。截至 2009 年末，共有 209 个国家的 9281 家成员加入 SWIFT	加速发展。截至 2021 年末，共有 200 多个国家的 11000 多家成员加入 SWIFT

目前，尽管中国建立了人民币跨境支付系统，但包括中国在内的各国几乎都依赖于 SWIFT 进行跨境支付的报文传送服务。在美元依然是最主要的储备货币、计价货币与投资货币的情况下，凡使用美元进行交易，无论是贸易还是投资，最终的清算环节都在美国。美国也可对全球其他交易信息系统进行监控。

一旦美国启动金融制裁，将某一经济主体（市场主体）移出 CHIPS 系统，则该主体将无法进行跨境美元交易；一旦美国切断某个金融机构与 SWIFT 系统的联系，则该机构的跨境业务报文成本将大幅上升，甚至难以进行。

此外，通过这些年来对全球金融系统的有形与无形控制，美国已经在全世界打造了一套基于金融霸权和长臂管辖的"金融恐吓体系"，即在美国的金融制裁压力下，其他国家的金融机构由于担心被列入制裁名单，不敢与美国的制裁对象有实质性联系，导致受制裁机构极易形成金融孤岛，形成寒蝉效应。

测试金融脱钩后中国应对能力

美国对中国企业和个人进行金融制裁，既是其在中美贸易摩擦中为达目的而祭出的"撒手锏"之一，也是美国对中国作为全球第二大经济体，在经济金融和技术领域的安全防卫能力以及国际动员能力的一种实战测试。换句话说，美国是要看看中国究竟在多大程度上能够与其抗衡，或中国在脱离美国所主导的金融体系之后，能否独立运行与发展。

本质上，金融制裁服务于美国对华中长期战略目标的策略选择。美国的中长期战略目标是将中国的绝对实力与话语权锁定在其所控制的机制化霸权体系之内，不允许中国在经济、技术、贸易、金融以及全球性公共产品供给等方面拥有与其并驾齐驱的能力。

美国认为，若能趁中国在金融领域的力量杠杆尚在培育和成长、羽翼未丰之际，对中国进行战术层面的打击，既能收获真金白银，还能产生震慑效应，分化中国与主要贸易伙伴的经济金融联系，进而在一定程度上延缓中国从制造业和贸易大国向产业与金融强国升级的进程。

美国不愿意看到中国将庞大的金融资产与金融市场转化为金融定价与结算能力。尤其是以人民币计价的资产对美元资产的逐步替换，将动摇美元根基。对十分看重趋势变迁的美国而言，必须设法打断这种发展趋势，而金融制裁恰恰可以起到"助攻"作用。

截至 2019 年 3 月末，中国对外金融资产已超过 73817 亿美元，其中对外负债 54306 亿美元，对外净资产 19511 亿美元。同年 8 月底，中国储备资产为 31072 亿美元，占对外金融资产的比重超过 42%，其中储备资产中美元资产占比为 51% 左右，美债占比为 38% 左右，中国所持有的美元资产价值约为 1.8 万亿美元。

就银行的对外金融资产而言，截至 2019 年 3 月末，中国银行业对外金融资产为 11654 亿美元。其中人民币资产 1190 亿美元，美元资产 8070 亿美元，占比为 69.25%，其他币种资产 2394 亿美元。（见表 5-3）可见，中国对外金融资产中，美元占主导地位。这也形成了对美元资产的高度依赖，风险敞口较大。

表 5-3　2019 年 3 月末中国银行业对外金融资产情况

货币	美元	人民币	欧元	日元	英镑	瑞士法郎	其他
金额（亿美元）	8070	1190	592	90	68	7	1637
占比（%）	69.25	10.21	5.08	0.77	0.58	0.06	14.05

数据来源：国家外汇管理局。

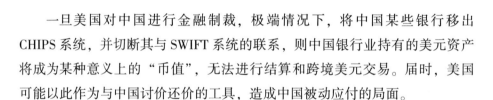

一旦美国对中国进行金融制裁，极端情况下，将中国某些银行移出CHIPS系统，并切断其与SWIFT系统的联系，则中国银行业持有的美元资产将成为某种意义上的"币值"，无法进行结算和跨境美元交易。届时，美国可能以此作为与中国讨价还价的工具，造成中国被动应付的局面。

中国受制裁企业可能成为"孤岛"

美国对中国有关银行进行金融制裁，不仅将显著影响中国相关机构国际业务的开展，还将通过制造"孤岛"效应，妖魔化中国相关机构的国际形象。而受到制裁的中国相关上市企业，其股价可能出现恐慌性下跌，进而影响股市与汇市稳定。

另一方面，由于中国在美资产规模庞大，且中美双方互相持有对方的资产规模严重不对称，中国持有美国资产的规模远远大于美国持有中国资产的规模，导致中国在美金融资产容易被"绑架"。

一旦美国认为中国金融机构的经营行为威胁到美国的国家安全，中国将有可能落入美国设计的制裁圈套。根据美国的长臂管辖权规定，任何在美国设有分行并营业的外国银行，美国法院都可以行使管辖权。甚至根据最低限度联系原则，即便中资银行与原告和被告双方的纠纷无关，只要被告在中资银行开户，则作为协助执行的第三方，中资银行也将被卷入诉讼，从而必须予以配合，甚至受到处罚。

近年来，美国根据修改后的法律规定，任何一家外国公司，只要它用美元计价签订合同，或者仅仅通过设在美国的服务器（如谷歌邮箱或微软邮箱）收发、存储（甚至只是过境）邮件，就都进入美国的"长臂管辖"范围。这是中国银行和相关企业不得不防的。

尽管中美之间存在着某种层面的金融核恐怖均衡，两国之间爆发体系性的金融对抗，将严重伤害各自经济体系，并将对全球金融生态造成难以修复的负面影响，但对"上不封顶、下无底线"的美国政府而言，如果通过加征关税等常规极限施压手段，无法较快实现阶段性目标，则金融制裁和长臂管辖作为美国以低成本进行战略讹诈的力量工具，完全有可能成为美国与中国进行讨价还价的重要手段。对此，中国须保持高度警觉，并拿出切实可行的应对方案。

"造假者"纳瓦罗注定滑天下之大稽

在理性政治家日渐稀缺、政客愈益泛滥的美国等西方国家，打着国家利益旗号而行个体自私目的的各种谎言与欺骗很容易大行其道，甚至谎言被戳穿后，有些造假者仍能脸不红心不跳，前总统特朗普的首席中国政策顾问纳瓦罗就是其中的"杰出"代表。

据美国多家媒体报道，在被澳大利亚学者揭发后，纳瓦罗终于承认，在其《致命中国》等多部书籍中出现的那个极度敌视中国的"经济学家"罗恩·瓦拉（Ron Vara），其实根本不存在，而是他自己姓氏（Navarro）更改字母顺序后的结果。不过，纳瓦罗对自己的造假行为很不以为然，甚至大言不惭地说，罗恩·瓦拉是他"多年来使用的异想天开的笔名，用于表达观点，有娱乐价值，而不是事实的来源"，并欢呼"终于有人发现了这个隐藏多年的玩笑"。纳瓦罗的言行不仅将"无耻者无畏"这句话诠释得入木三分，还让马基雅维利主义在 21 世纪的美国找到了鲜活的真实剧本。他的言行与蓬佩奥 2019 年 4 月在德州农工大学演讲中公开承认的"我们撒谎、我们欺骗、我们偷窃，我们还有一门课程专门来教这些，这才是美国不断探索进取的荣耀"不谋而合。

现年 70 多岁的纳瓦罗在加入特朗普政策团队之前一直活得很执着，也很纠结。出生寒苦的他经常被美国主流经济学家嘲笑不懂经济学，但拥有哈佛大学博士学位并长期在加州大学尔湾分校执教的纳瓦罗向来不甘平庸。他深知，要在鱼龙混杂的美国政界出人头地，就必须言行出位，大胆搏击，这样才有可能觅得机会。于是，在经过深入思考后，纳瓦罗将攻击目标对准国力蒸蒸日上的中国。

纳瓦罗先后写了 13 本畅销书，其中三本与中国有关，而且三本书均有一个共同主题，即使用各种耸人听闻的方式指责中国是造成美国制造业就业流失的主要原因，并认定中国操控货币。在其最著名的反华著作《致命中国》

一书中，纳瓦罗称中国对美国造成致命威胁，污称中国是生产黑心产品的大本营，不仅大肆扩充军力，大搞对美间谍活动，还在政治制度上与美国格格不入。更致命的是，他在全书的第二部分将中美贸易描绘成摧毁美国工作机会的武器；并在第五部分直接将中国描绘成邪恶的"汇率操纵国"，声称中国通过操纵人民币汇率，对美国国家利益进行剥夺，说这是造成中美不对等、不公平贸易关系的根源。

纳瓦罗的这些"致命"观点与主张，在极右翼美国精英和民众中颇有市场。因其有关中美经贸关系的一系列主张与特朗普不谋而合，纳瓦罗获得"千载难逢"的机会，一跃成为"最擅长将特朗普的直觉政策化"的白宫幕僚第一人。只是，这位华盛顿"鹰派中的鹰派"，由于在加征关税对美国企业和家庭影响等问题上的常识性认知错误，甚至把关税和增值税混为一谈，不时遭到《华尔街日报》等主流媒体的嘲讽和反驳。

即便如此，在对华政策上持极端观点的部分华盛顿决策者看来，纳瓦罗的政策建议是否具有足够的事实支撑并不重要，重要的是他的"爱国热情"与"赤胆忠心"从未打折。这使纳瓦罗虽然受到很多批评，但地位依然很稳固。事实上，在过去中美围绕经贸问题的磋商中，纳瓦罗的极限施压和超强硬态度夹杂不按常理出牌的谈判思路，不时成为白宫的主导性意见，甚至有时比莱特希泽的对华主张还要强硬。

从他的作品和访谈中可以发现，纳瓦罗的余生目标，就是使用一切手段全力击垮中国，哪怕无法实现这一目标，至少也要打乱中国追赶美国的节奏，放缓中国崛起的步伐，以防止中国以制造业为基础，通过贸易价值链和金融竞争力的提升夺取美元地盘。

他之所以强烈主张发动对华贸易战且持续极限施压，短期目标是通过缩小美国对华贸易逆差规模乃至实现双边进出口平衡，切断中国从美国获取"真金白银"的可能。中期目标是割断中国与发达国家的技术联系，将中国从全球高端价值链中硬生生剥离，乃至"清除"中国融入全球高端价值链的前景。长期目标则是将人民币的国际行为空间锁定在美元体系的范围内，将业已成为全球第二大经济体的中国变成美国的超级经济附庸。

只是在全球经济一体化趋势不可能被人为阻断乃至逆转的今天，零和博弈思维已被充分证明有害无益。得是多么极端的人，才会相信中美经贸关系可以完全脱钩，才会不惜代价要把中美每年高达约 6000 亿美元的双边贸易量、约 2500 亿美元的双向投资额打到跌停板。（2018 年中美贸易摩擦前后中美双边货物进出口额如图 5-2 所示）有远见的中美两国政治家和商业领袖都应该清楚，无论全球层面的经济增长、金融市场稳定、贸易新规则重构以及前瞻性技术发展，还是中美各自复杂经济问题的有效解决，都离不开两国之间的密切合作。

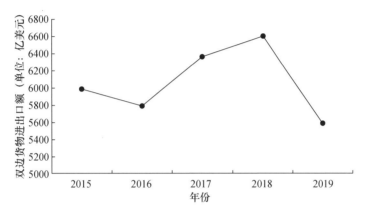

图 5-2　2018 年中美贸易摩擦前后中美双边货物进出口额

数据来源：中国海关。

已钻进死胡同的纳瓦罗，不妨好好比照一下 28 岁即成为哈佛大学历史上最年轻终身教授，后来担任第 8 任美国国家经济会议主席的萨默斯，好好梳理一下后者的对华经济政策思路。那位血液里流淌的都是经济学基因的美国第 71 任财政部长，尽管内心里也不愿意看到中国经济与金融力量的快速成长，但决不主张对中国采取极端非理性措施。因为中国不是曾经的苏联或今日的伊朗，而是早已深度融入全球产业、技术、贸易与金融分工的超级新兴经济体。如何处理美国与中国的各种联系，首先必须依靠充分的信息、准确的数据和适配的分析框架进行成本与收益核算，这才是理性决策的前提。否则，靠说谎和虚构来支撑对华经济政策的逻辑，注定要滑天下之大稽。

拥有最多诺贝尔经济学奖得主的美国，是时候作出理性选择了。

第六章
MMT 理论拯救不了美国经济

美联储应对新冠疫情冲击的救市方案：特征与理论分析

在国际金融市场高度联动，各国生产、服务以及贸易的正常开展高度依赖产业链、供应链稳定的约束条件下，新冠疫情作为重大公共卫生安全事件，已构成系统性风险并使人类面临自二战以来最严峻的挑战。

美国和欧洲各国未有效利用中国在 2020 年 1 月至 2 月全力抗击新冠疫情争取到的时间窗口，致使疫情自 3 月以来在全球迅速蔓延。无论是确诊病例数还是死亡病例数都显著超出预期。疫情的迅速蔓延在短期内造成了各国的生产与服务停摆，进而将恐慌心理传导至金融市场。

2020 年 3 月，美联储为了稳住市场情绪、防止流动性枯竭和大型金融机构破产进而引发系统性金融危机，在三大股指出现暴跌之后迅速出手干预，推出了"零利率+无限量 QE"的政策组合。美联储的救市速度与力度都是空前的，不仅远远超出了传统货币理论的政策框架与一般市场预期，也引起了国际社会的广泛关注。

研究美联储救市方案的政策逻辑、相关特征及其与近年来备受争议的现代货币理论的关系，分析美国金融市场在新冠疫情蔓延后出现大幅动荡的原因；同时结合现代货币理论的兴起及其政策主张所产生的影响，研究美联储推行现代货币理论的中长期风险，尤为必要。

新冠疫情对美国金融市场的冲击

与金融危机一样，新冠疫情作为"黑天鹅"事件有其突发性或意外性，人类要做到准确预警并通过有效的应对机制最大限度降低损失，确实很难。被称为"末日博士"的努里埃尔·鲁比尼（Nouriel Roubini）近年来一直在警告：金融市场与实体经济之间的脱节正变得越来越明显，很可能再度爆发全球金融危机；且一旦金融危机爆发，政策制定者可用的工具将有限。因为重返非常规货币政策可能受到各国央行膨胀的资产负债表的阻挠。在全球股票市场整体表现较为出色的 2019 年，尽管也有研究机构不时给出风险提示，但很少有人真正关注市场看空人士的警告。而得益于流动性持续宽松、贸易格局重塑以及相关科技概念轮番炒作，美国股市一路上涨，道琼斯工业指数在 2020 年 2 月 12 日创下了 29568 的历史高点。但随着 3 月后疫情在美国迅速蔓延，原本对此并不敏感的股票市场，恐慌情绪不断上升。美国三大股指仅用 1 个月的时间便跌入熊市区域，且三大股指在 10 天之内遭遇 4 次熔断。另一方面，作为衡量市场恐慌情绪的芝加哥期权交易所波动率指数（VIX）在 3 月 16 日创下 82.69 的收盘纪录新高，超过了 2008 年 11 月 21 日创下的 80.74 的峰值。国债收益率呈现大幅波动状态。新冠疫情蔓延对金融市场所产生的巨大恐慌效应，很快演变为 2020 年全球经济与金融运行中的最重大外部风险冲击。

统计数据显示，截至 3 月 31 日收盘，美国三大股指中，道琼斯工业指数在 3 月份下跌了 13.74%，创下了自 2008 年 10 月以来的最大月度跌幅，以季度数据来算，更是暴跌了 23.2%；标普 500 指数同样创下了自 2008 年国际金融危机以来的最大月度与季度跌幅；侧重于科技股的纳斯达克综合指数抗跌性相对较强，但季度跌幅依然高达 14.18%。

在疫情的冲击下，作为衡量美国经济衰退的精准预测指标之一——美国政府债券收益率曲线倒挂现象再度出现。3 月 9 日，美国 3 个月期的国债收益率为 0.481，10 年期的国债收益率为 0.477，这是市场感到恐慌的重要信号。而在此之前的 50 年里，这一曲线倒挂预示着经济衰退的脚步临近。3 月 25 日，1 个月期和 3 个月期美国国债收益率均跌至负值。而在 3 月 26 日的亚

洲交易时段，1个月期和3个月期美国国债收益率报价分别为-0.046%和-0.056%。通常，这两个期限的国债被投资者视为现金。可见，美联储释放的流动性并未达到预期效果。

美国金融市场在2020年3月发生的巨大震荡，与2008年9月国际金融危机爆发时市场出现的恐慌性抛售与股指大跌现象，既有某种程度的相似之处，又有很大的不同。

通过比较美国三大股指在2008年9月与2020年3月的走势表现（见图6-1、图6-2、图6-3），可以发现：美国股票市场对新冠疫情反应的激烈程度大大超过了2008年因雷曼兄弟破产引爆的金融危机对股市的冲击。2008年国际金融危机爆发之后，美国三大股指虽曾出现暴跌，但并未触发熔断机制。美国股票市场迄今为止一共发生了5次熔断，分别出现在1997年10月27日以及2020年3月9日、3月12日、3月16日、3月18日。2020年3月的10天之内接连出现4次熔断，其中3月16日的熔断造成的市场恐慌最为严重：开盘即再次熔断，收盘时道指下跌2997.10点，跌幅12.93%，创下了史上单日下跌点数纪录；纳斯达克综合指数和标普500指数的跌幅分别为12.32%和11.98%，足见市场恐慌性抛售程度。三大股指的轮番熔断重创了美国经济信心，使得美国金融市场出现了自2008年国际金融危机以来最为危险的局面。

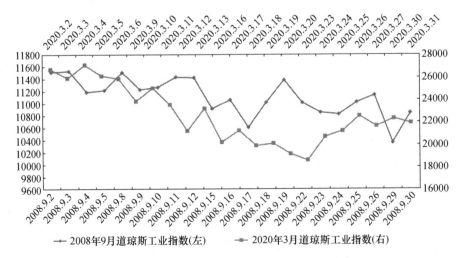

图6-1 道琼斯工业指数2008年9月与2020年3月走势对比

数据来源：Bloomberg，Wind。

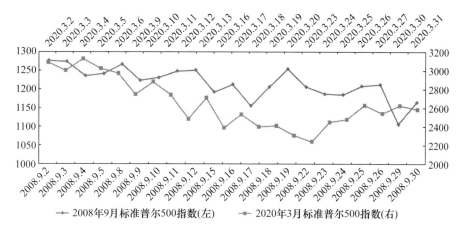

图 6-2　标准普尔 500 指数 2008 年 9 月与 2020 年 3 月走势对比
数据来源：Bloomberg，Wind。

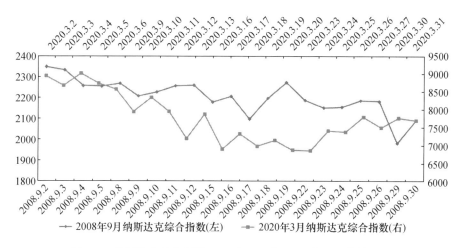

图 6-3　纳斯达克综合指数 2008 年 9 月与 2020 年 3 月走势对比
数据来源：Bloomberg，Wind。

美国股票市场在 2020 年 3 月的暴跌与反复震荡，既是市场对新冠疫情在美国乃至全球蔓延带来的巨大不确定和政府应对不力的反应；也反映出投资者对美国自 2008 年国际金融危机以来主要通过信用扩张换来的经济繁荣泡沫随时可能破灭的担忧。从股票市场的周期性视角来看，持续时间长达 11 年的美股牛市，即便没有新冠疫情的冲击，本身也可能面临巨大的调整压力。而资本市场的流动性紧缩、油价大跌以及政府应对疫情的不力等，也是市场发生剧烈动荡的重要诱因。三大股指暴跌，更可能与美国自 2008 年国际金融危机以来实际经济增长与产业技术进步无法有效对冲金融泡沫与金融风险的不断积累有关。

美联储救市方案的特征分析

美国三大股指暴跌，不仅让全球投资者措手不及，也大大出乎美联储的意料。这家成立于 1913 年并长期扮演危急时刻最后贷款人角色的全球超级央行，在 3 月 3 日至 3 月 31 日的短短 4 周内，为应对新冠疫情的冲击出台了一系列非常激进的救市方案，包括大幅降息乃至采取零利率、零准备金率政策，无上限量化宽松货币政策，不限量回购等激进救市手段。不仅如此，美联储还重启了 2008 年国际金融危机时期采取的多项政策工具，并创建新的救市工具。整体而言，其救市的力度、频率与决心等都远超 2008 年。美联储也借此将其在经济常态化时期作为商业银行最后贷款人的定位，直接切换到超级商业银行和最终担保人的角色。

美联储的救市方案，概括起来，具有非常规、大当量、快节奏的特点，紧紧围绕稳住市场情绪、恢复经济信心的政策逻辑，力图通过多重政策工具无限量向市场投放流动性并直接购买各种风险资产，以遏制市场恐慌性抛售并避免金融资产因非理性贬值而传导到实体经济领域。目的是在财政政策的配合下，尽快修复因新冠疫情冲击而严重受损的美国经济与金融体系，防止经济大萧条在美国重演。

首先，突破传统货币理论限制，以非常规的货币政策对冲市场的不确定性。

美联储在应对 2008 年国际金融危机过程中，就曾突破传统货币理论的政策主张，转而采取非常规的货币政策来应对市场风险。一般而言，美联储传统的调控机制主要包括两个方面：一是调控目标利率，主要采取（与商业银行）买卖美国短期国库券的方式；二是向银行直接放贷。但在应对 2008 年国际金融危机的过程中，美联储发现传统货币调控机制作用甚微，转而采取更大胆、更激进的政策，推出了包括商业票据融资工具（CPFF）、一级交易商信贷便利工具（PDCF）、商业抵押票据—货币基金流动性工具（AMLF）、货币市场投资者融资工具（MMIFF）等信贷救助机制。其中，CPFF 因为用来直接向非金融企业和家庭提供信贷而被视为"开直升机撒钱"的救市"神器"。该机制通过特殊目的实体（SPV），使用资金直接从有资格的发行人那里购买商业票据。从 2008 年 10 月至 2010 年初，美联储共购买了 7380 亿美元的商业票据，此举在一定程度上起到了稳定市场情绪的作用。

美联储在应对本次新冠疫情的救市方案中，不仅重启了 2008 年国际金融危机时期的多项政策工具，而且拿出了更大胆，也更突破常规的政策工具。其中最具代表性的是：美联储于 2020 年 3 月 15 日召开紧急会议并宣布下调联邦基金利率 100 个基点至 0—0.25%，同时宣布将在接下来的几个月增加购买 5000 亿美元国债和 2000 亿美元金融机构抵押贷款证券，实施"零利率+QE"的政策组合；3 月 23 日宣布将实施无上限量化宽松货币政策（无限量QE），将不限量按需买入美债和机构住房抵押贷款支持证券（MBS）。另外，在需要时可以直接购买投资级公司债（包括新发行的和二级市场流通的，对单一发行人持有比例不超过 10%），以及购买学生贷款、汽车贷款、信用卡贷款、小企业贷款的抵押证券，购买总量不设上限。这是美联储首次购买不受股票或流动资金限制的资产。此外，美联储在 3 月 23 日新设立了两个流动性工具——一级市场公司信贷工具（PMCCF）和二级市场公司信贷工具（SMCCF），这两种工具面向企业债，前者用于发行新债券和贷款，后者用于为未偿还公司债券提供流动性。这表明美联储为了稳住市场，可以采用一切必要的政策工具。

尽管美联储在 2020 年 3 月密集出台的各种超常规救市举措并未得到金融市场的即期正面反应，甚至在 3 月 15 日宣布启动"零利率+QE"政策组合的次日，道指还下跌了 12.93%，但从货币政策本身的市场反应机理来看，市场随后的大跌并非由于美联储过猛的货币政策所致，即金融市场与货币政策本身并不存在"恐慌螺旋"，而在于疫情的蔓延与演变带来的巨大不确定性。

其次，最大限度发挥美元功能，以不计后果的信用扩张向全球注入流动性。

作为全球事实上的最后贷款人，美联储掌握着诸如《联邦储备法》第 13 条第 3 款赋予的商业票据融资工具和一级交易商信贷便利工具，即紧急贷款等特权；以及经过国会授权可直接购买企业债券向市场提供托底功能；同时在国际市场出现持续动荡、流动性面临枯竭、随时可能发生系统性风险的危急时刻，充分发挥美元作为主要国际储备货币的功能。例如，通过购买国债等中长期债券，向市场注入大量流动性资金，以应对国际市场付款跳票、美元流动性短缺等问题。

在 2008 年国际金融危机期间，为了解决当时很多外国银行美元流动性短缺的问题，美联储与欧洲央行、英格兰银行、日本央行、瑞士央行、加拿大央行等签署了临时美元流动性互换协议，以便在上述央行面临美元短缺时可以用本币向美联储兑换美元，并约定在未来以同样汇率换回并支付一定利息。自 2008 年国际金融危机到 2013 年长期互换机制确立，美联储通过互换机制向外国央行累计提供了接近 6000 亿美元的货币互换，形成了以美元和美联储为核心的全球外汇互换网络。美联储通过不断向全球央行体系注入美元流动性，既化解了美元荒，也强化了美元在国际货币体系中的地位，并在一定程度上取代了 IMF 的救助机制。这种"央行间的 QE"就制度层面而言，使得美联储及其战略伙伴（他国央行）有能力创造任何数量的货币。但美联储却借此强化了全球最后贷款人的角色。

美联储实施无限量 QE 政策，目的是化解信贷和债券市场的流动性危机。因为这两个市场的规模远远大于股票市场，只有前者危机解除，后者才可能稳定。美联储此举一方面取代了信贷和债券市场原本的风险管理功能和市场机制，另一方面让投资者预计未来可能推出更加激进的负利率政策。此举事实上已经表明美联储在推行现代货币理论政策，即长期实行零利率，财政赤字货币化，以税收政策调节通货膨胀。

美联储已启动四轮量化宽松，其中前三轮量化宽松从 2008 年 11 月正式启动到 2014 年 11 月正式退出，前后历时 6 年。从政策效果来看，第一轮信号效果最为明显，第二轮开始减弱，第三轮已经存在加息期望。而美联储将第四轮量化宽松的政策力度设为无上限，说明美联储的政策决定已经不把资产负债表急速膨胀作为重大风险考量，而是认为美国经济遇到了很大困难，面临着金融体系不能正常运行和经济严重衰退的风险，必须通过释放超大规模流动性对冲市场随时可能的塌方。

最后，以美国利益优先为出发点，以前所未有的力度确保美国金融市场稳定。

美联储吸取了其在应对 2007 年次贷危机过程中行动迟缓且过度自信的教训，在新冠疫情对金融市场的冲击并非特别严重的 2020 年 3 月 3 日，立即采取强有力的紧急行动，并根据疫情随后的发展变化不断提升应对的层级、强度与广度，表现出雷厉风行与不惜一切代价的救市决心。尽管相关举措被一些市场人士认为反应过度，但鉴于本轮疫情冲击的特殊性，以及从全局性的角度看，美国金融市场尤其是股票市场处于全球金融市场的心脏地带，也是全球资产价格的风向标，如果美联储不立即采取重大紧急措施稳住美国市场，则投资者对疫情蔓延的恐慌将在美国市场迅速发酵并在全球蔓延，很可能触发系统性金融危机。

美联储采取的包括无限量购债，根据《联邦储备法》第 13 条第 3 款的规定在获得财政部批准后可以创建特别融资工具，以及设立临时性回购便利工具等特别救助措施，其政策出发点，是以前所未有的力度确保美国金融市场的稳定和美元的国际地位，将优先维护美国利益置于政策投放的主要出发点。

以美联储在 2020 年 3 月 31 日设立的临时性回购便利工具（FIMA repo facility）为例，其适用对象为海外货币当局及国际机构。根据美联储的声明，允许在纽约联储开设 FIMA 账户的外国中央银行和国际金融机构使用该工具，质押自己手中的美国国债，从而向美联储换取美元流动性，并在其管辖范围内使用，利率水平为 IOER+25 个基点，即 0.35%。该工具从 4 月 6 日启用，维持至少 6 个月。

从美联储的政策出发点来看，该工具的出台是为了提供替代性的美元临时资金来源，以避免相关实体在市场上出售美国国债，从而有助于支持美国国债市场的平稳运转；另一方面，该工具还可和美联储与各国中央银行建立的其他美元流动性掉期额度一起，帮助缓解全球美元融资市场的压力。但就该政策的目标指向而言，其实是针对持有大规模美国国债的中国、日本等主要债权国,因为使用回购获得美元需要抵押品(美国国债),没有较大规模储备的央行是无法使用的。美联储此番政策的出台,在一定程度上避免了主要债权国在市场上大规模抛售美元资产而引发美元流动性短缺。

美联储也借助该工具强化了其作为持有美债国家的央行最后贷款人地位,说明它仍然是全球最能释放流动性的超级央行,而其他国家央行则在一定程度上扮演着商业银行的角色。

美联储救市方案的理论分析

美联储自 2020 年 3 月以来推出的一系列激进救市举措,从货币政策角度看,与近年来备受争议的现代货币理论的诸多政策主张高度契合,标志着美联储实际上已在大规模推行现代货币理论。如果该理论通过美联储的政策实践成为各国央行应对系统性金融风险和经济萧条冲击时的政策范式,则不仅会对美国经济与金融发展产生深远的影响,也会影响全球经济与金融的中长期发展走向。

首先,关于现代货币理论的兴起、政策主张及评价。

在西方经济学各流派中,诞生于 20 世纪 90 年代的现代货币理论,原本鲜为人知,其研究的大本营为美国密苏里大学堪萨斯城分校经济学系和巴德学院利维经济研究所,主要代表人物是密苏里大学堪萨斯城分校的福斯塔特(M. Forstater)、巴德学院的兰德尔·雷(L. Randall Wray)、康涅狄格大学的沃伦·莫斯勒(Warren Mosler)以及纽约州立大学石溪分校的史蒂芬妮·凯尔顿(Stephanie Kelton)等。虽然他们将其理论赋予"现代"的含义,但其理论渊源可追溯至 20 世纪 20 年代由德国历史学派经济学家克纳普(Georg F. Knapp)提出的国家货币理论(the state theory of money),并在一定程度上整合了米歇尔·因内斯(A. Mitchell Innes)的内生货币理论、阿巴·勒纳(Abba Lerner)的功能性财政理论、海曼·明斯基(Hyman Minsky)的金融不稳定假说和韦恩·戈德利(Wynne Godley)的部门均衡法等经济学理论。现代货币理论之所以近年来影响不断扩大并受到各国央行、经济学家和市场人士的关注,主要得益于 2008 年国际金融危机爆发之后,包括美联储在内的各国央行普遍面临"本领不够"的问题;而且在应对金融危机和经济萧条过程中采取了以债务扩张驱动经济复苏和刺激经济增长的政策模式，但由此造成了政府债务规模的迅速扩大。

2008 年国际金融危机之后，美国、欧盟和日本大规模推行量化宽松政策，带来了财政赤字的大幅增加与通货膨胀的压力，债务风险也随之不断上升。美国、欧盟和日本的货币当局受到了来自社会越来越大的压力，被认为所采取的货币政策正在把国家推向无债不欢的非理性繁荣轨道。在此背景下，现代货币理论以其特别吸引眼球的大胆观点，为美国、欧盟和日本施行的债务驱动经济增长模式提供了一定意义上的理论辩护。

现代货币理论的核心观点与政策主张较为集中地反映在兰德尔·雷于 1998 年出版的《理解现代货币：充分就业和价格稳定的关键》、2012 年出版的《现代货币理论入门》以及 2017 年出版的《现代货币理论：主权货币体系的宏观经济学》三部著作中。其主要观点是：货币不与任何商品挂钩，它只是用于政府的发债和税收的一种政府债务凭证。财政也可以起到货币创造的作用，政府首先通过财政支出创造货币，再由税收收回货币。因此，税收的目的并不是为政府支出提供资金，而是为了推动货币的发行和流通。只要政府是以本国货币举债，通胀率没有失控，就不用担心赤字问题。因为政府可以通过印钱来还债，借入本币债务不会引发政府破产。概言之，在现代货币理论者看来，只要一国政府的债务全部是以本国货币发行，政府又控制着货币系统，那么在温和通胀的背景下，该国政府就可以通过持续印钞来还债，而不会导致任何不良后果，主权国家就可以做到永远不会破产。

在政策选择与主张方面，现代货币理论主张财政赤字货币化，为政府债务辩护；认为政府赤字不仅增加了私营部门的净金融资产，也增加了公众的金融财富总额，从而引致收入增长与投资支出增加。税收、政府支出、借贷都是创造和削减主权货币供应量的手段，其目的是维持总支出达到既定水平。至于财政赤字，不应成为政府支出的硬约束。盈余和赤字也不存在好与坏，一切都取决于私人部门的支出水平。政府可以控制通胀水平，在实现充分就业之前，通胀并不会与物价上涨挂钩。就业达到既定水平后，可以通过增税抽走过剩的购买力。在货币政策与财政政策的关系方面，现代货币理论主张央行直接向财政部购买国债以支撑财政赤字，实际上否定了央行的独立性。

最后，政府需要为没有工作的人建立"最终雇主"计划，为任何想工作的人提供工作。

现代货币理论的上述观点与政策主张具有相当大的诱惑性，不仅迎合了美国近年来的货币政策偏好，而且为美国寅吃卯粮的经济发展模式提供了有力辩护，因而受到了美国政界、金融界、经济学界的广泛关注，但也因此招致巨大争议。美国民主党左翼是现代货币理论的重要支持力量。在他们看来，现代货币理论为"绿色新政"和全民医疗保险等大规模财政支出主张提供了理论依据。桥水基金创始人瑞·达利欧（Ray Dalio）也是现代货币理论的支持者。另外，共和党人政府也主张支持现代货币理论，虽没有公开表明。美联储主席鲍威尔（Jerome Powell）则明确反对现代货币理论的政策主张，不赞同政府财政没有约束。此外，美国前财长劳伦斯·萨默斯、IMF 前首席经济学家肯尼斯·罗格夫（Kenneth Rogoff）、诺贝尔经济学奖得主保罗·克鲁格曼（Paul R. Krugman）、伯克希尔·哈撒韦公司 CEO 沃伦·巴菲特（Warren E. Buffett）、贝莱德董事长兼 CEO 劳伦斯·芬克（Laurence D. Fink）等都明确反对现代货币理论。至于中国学者，近年来也加大了对现代货币理论的关注并对其进行批评乃至批判。

本质上属于非主流宏观经济学且政策主张"离经叛道"的现代货币理论，受到西方主流经济学的质疑并不奇怪。因为建立在新古典经济学基础上的西方主流经济学，向来主张平衡财政和货币中性，尽管所主张的平衡财政与货币中性本身也是真实世界里难以实现的政策目标。不过，现代货币理论受到全球经济学界的广泛质疑还在于其本身存在重大逻辑缺陷。因为政府可以不断扩张债务且不会破产的政策逻辑，其实在 2009 年爆发的欧债危机中就被证明具有重大缺陷。尤其在开放型经济体中，政府实际上无法做到只管无限制发钞而不承担后果，因为这只有在政府只能借入本币债务的条件下才有可能。在当今世界，理论上也只有美国有能力做到用本币偿还外债。但即便是美国，也要设置债务上限。从 1940 年到 2019 年，美国将债务上限一共往上提了 85 次，平均一年至少提一次；债务上限从 2008 年 12 月底的 10.6 万亿美元上升到 2019 年 12 月底的 23.2 万亿美元。（见图 6-4）这也从另一个层面说明：即便是经济实力最强大的美国，政府的债务也是有边界的，也不能无限量扩张信用。

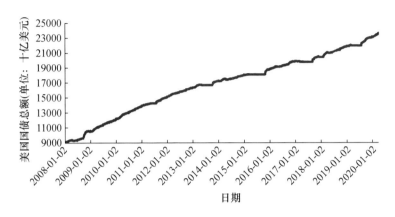

图 6-4　2008 年以来美国国债总额变化情况（截至 2020 年 1 月 2 日）
数据来源：Wind。

在研究范式上，现代货币理论虽然借鉴了存流量一致等宏观经济模型以增强学术正当性，但整体而言，由于该理论缺乏严谨的逻辑推演与数理模型的表达而被认为难以经受经济政策的检验。

其次，美联储救市方案事实上是在推行现代货币理论。

现代货币理论虽然遭到了鲍威尔的反对，美国不少主流经济学家也对其"一笑置之"，但实际情况则是，美联储虽然表面上反对现代货币理论，其国际同行如日本央行也极力否认采用该理论作为货币政策执行依据，但在具体的政策实践中则与现代货币理论越走越近。而新冠疫情更是提供了美联储与现代货币理论"合流"的"良机"。一方面，现代货币理论的支持者坚定认为，美国凭借对美元发行的垄断地位，可以在一定程度上依靠财政支出实现充分就业和通胀目标的双重使命；另一方面，美联储似乎也从美国国债规模逐年攀升而未出现通胀的现状中得到鼓舞。于是，在面对新冠疫情的重大冲击时，为了稳住市场，不仅再次拧开货币水龙头，甚至直接购买任何可能触发危机的风险资产。按照鲍威尔的说法，美联储将继续使用所有工具，维持极低利率水平，直到美国经济开始复苏。总之，只要能避免系统性崩溃，美联储是不会拒绝任何可能的救市与救助方案的。

美联储实施以无限量 QE 为标志的货币政策，不仅突破了传统货币理论的约束边界，甚至直接搬用现代货币理论的政策主张，例如，为刺激经济发展，稳定社会就业，政府只要是以本国货币举债，通胀率没有失控，就不用担心赤字问题，政府完全可以通过印钱来还债。央行则可以突破"最后贷人"及"最低零利率"的传统限制，必要时实施"负利率"政策，以直接零利率购买财政发行的结构性债券，或直接向小企业等需要扶持的特定对象发放贷款。不过，上述激进救市政策究竟能否取得预期成效，尚需时间的检验。

2008 年国际金融危机及各国应对危机的一系列经济政策实践已经证明：在实体经济未能取得内生性增长的约束条件下，主要依靠信贷投放的不断扩张，是无法长久支撑经济信心的。发达国家"无债不欢"的政策逻辑，已使全球迎来超大规模的第四次债务浪潮。2020 年初，世界银行在其《全球经济展望》中已经发出上述警告。国际金融协会的《全球债务监测》报告显示，2021 年，全球债务规模达到 303 万亿美元，占全球 GDP 比重为 351%，创下历史新高。其中，美国债务规模首次突破 30 万亿美元大关，占 GDP 比重高达 130%；日本债务规模达 12.69 万亿美元，占 GDP 比重为 256.9%，负债率是美国的近 2 倍，且从家庭部门到政府部门，从金融企业部门到非金融企业部门，各部门债务水平都达到了令人担忧的水平。

经济衰退和金融危机本质上都与劳动生产率明显下降、资本回报率显著下降密切有关。欧美国家私人部门过去十年来整体上在加速去杠杆化，但政府为避免需求过度萎缩却不断加杠杆，全球主要经济体均不同程度出现了大量信贷和货币创造被用于购买存量资产而非生产性投资的现象。债务扩张既是一国经济增长的重要推手，也有可能埋下新一轮危机的种子。IMF 一再预警，高债务率不一定引发经济危机，但各国不应再优先考虑以财政刺激提升需求。布雷顿森林体系建立以来 70 余年的历史已证明，把全球经济与金融体系的安危系于美国一身，既是历史赋予美国的机遇，更是一种危险的逻辑。某种意义上说，是美国绑架了世界经济与金融。美国经济面临的深层次问题是无法用速效药彻底解决的。美联储仅在 2020 年 3 月的一个月时间里就使其资产负债规模暴增了 2 万亿美元，这种无节制的流动性释放，实际上是将全球经济置于更大的不确定性和风险之中。

结论与建议

正如"萧条经济学"的回归有其内在逻辑一样，在全球经济信心高度依赖金融市场价格传导的 2020 年，美国金融市场在新冠疫情冲击下迅速跌入熊市并反复震荡，究其原因，既与美国应对新冠疫情不力以及美联储驾驭复杂金融局面能力相对不足以及疫情迅速扩散带来的预期不确定有关，更在于美国自 2008 年国际金融危机以来的实际经济增长与产业技术进步无法有效对冲金融泡沫与金融风险的不断积累。近年来，以大数据、人工智能等为代表的新兴技术及其产业化在美国的应用，尽管前景可期，但未能产生全球性的规模经济效应。美国长期过度宽松的货币政策导致不良投资遍布全球，相应的经济数据尽管看起来不错，但这些其实是误导性的数据恰恰掩盖了美国经济脆弱的一面。

现代货币理论的出现及其所产生的政策影响，确实给传统货币理论框架中对中央银行的职能定位、货币政策目标以及央行独立性保护等问题带来了观念上的突破乃至一定意义上的颠覆。但表面看来，反对现代货币理论的美联储，却在面对新冠疫情冲击时直接推行现代货币理论，还是大大出乎经济学界的预料，也是特别值得持续关注并研究的课题。

新冠疫情是一场难以找到基线场景的重大外部冲击事件，也是对各国经济与金融体系弹性的一次重要测试。在应对新冠疫情的过程中，宏观政策的逻辑，既要致力于消除恐慌之源，以更强的防控力度对抗病毒的无形冲击；又要以政策的持续投放尤其是结构性改革稳住市场预期。无论是美联储还是各国央行，既要高度警惕市场随时可能出现的流动性枯竭，更要通过政策传导机制真正对接市场与企业的痛点，释放出包括结构性减税等在内的政策红利。历史已经证明，微观主体创新与营商禀赋的广泛激活，是对冲系统性风险的重要依靠。而要真正稳住市场信心，不仅要救助那些"大而不能倒"的企业，更要从激活有效经济增长的战略高度深耕实体经济发展，修复早已失衡的全球经济生态。

面对日益复杂的外部环境，尤其是不断变化的国际经济与金融形势，中国必须未雨绸缪，并对可能出现的重大风险保持密切关注。理论界也要保持对现代货币理论及其政策影响的密切关注。一般而言，货币政策过度运用的后果是债务规模不断扩大。各国央行保持货币发行的工具理性至关重要，毕竟任何泡沫的形成都可从货币政策那里找到影子。如果没有实体经济的持续稳定增长，是谈不上构建弹性且坚固的金融体系的。唯有以知识为基础，以技术创新抑或技术革命为源动力的经济增长，才是持续有效的经济增长。中国决不能引入现代货币理论作为经济发展的理论指导，决不能迈向以债务扩张驱动经济增长的非理性繁荣轨道，必须避免陷入信贷扩张支撑经济信心的怪圈。

美国天量刺激无异于"提油救火"

2021 年 5 月，笔者在参加一个有关美国通胀的电视辩论节目时，一位美联储前高级经济学家当场给出了"根本看不到美国会爆发通胀迹象"的判断。毫无疑问，这个判断令人感到相当错愕，因为当时的美国不仅通胀迹象愈发明显，而且整个经济体系也处于某种非正常状态：经济在新冠疫情冲击下支离破碎，股票市场在天量流动性支撑下尽管表现亢奋但对实体经济的支持相当有限，能从股市非理性繁荣中获益的主要还是少数有实力的参与主体。

美国总统拜登在 2021 年 3 月份签署总额高达 1.9 万亿美元的新冠疫情纾困法案，约一半美国人收到每人大约 1400 美元的支票。收到支票的人，有的用这笔钱改善个人资产负债表，但更主要的是用于消费，这显著助推了 3 月份美国零售额增长 9.8%。但这种所谓的"支票幻觉"以及疫情期间慷慨的失业保险带来的负效应是：很多美国人根本不想再去上班，甚至出现近 300 万人请愿敦促国会发放"及时支票和经常性付款"的奇葩景象。而一旦那些美国民众的愿望不能得到满足，拜登政府的支持率就将不可避免地下滑，于是政府被迫向市场和消费者持续释放流动性和救济，以维持经济社会的相对稳定。

随着全球供应链的局部中断，加上不少美国居民早已习惯向政府伸手而不去就业，导致"太多的货币追逐太少的商品"成为当时美国经济最真实的景象，而其直接后果便是通胀一路上升。来自美国劳工统计局的数据显示，2021 年 10 月，美国居民消费价格指数（CPI）同比上涨 6.2%，是自 1990 年以来最高水平，而且相比 9 月同比上涨的 5.4% 又有显著提速。倘若经济学家弗里德曼在世，他一定会大骂美国如今奉行的现代货币理论政策何其荒谬，以及对美国经济造成的中长期损害何等之大，并大声疾呼：美国必须控制货币发行！因为通胀在任何时候、任何地方都主要是货币现象。

美国总统执政向来有一个所谓的"333"晴雨表，即衡量总统施政业绩是否良好的三个经济指标：经济增长速度不低于 3%，通胀率不超过 3%，失业率不超过 3%。如果某一个指标或多个指标上出现较大偏差，哪怕总统在对外政策上再怎么成功，也很难阻止支持率下降，即使竞选连任，也往往会以失败告终。例如，特朗普曾在执政期间宣称他是 50 年来将失业率控制到最低的美国总统，但由于其在应对新冠疫情中的糟糕表现，导致部分选民弃他而去。而在 30 多年前，老布什刚刚打赢海湾战争时风光一时无两，国际威望也颇高，但他还是赢了外交，输了内政，最终在与克林顿的对决中败下阵来。回望克林顿治理下的美国经济，尽管也有这样那样的问题，但那个时期美国人的收获感无疑比同样是民主党执政的今天大得多。或许是智商超高的克林顿时运一直不错，他在经济上把凯恩斯主义、货币主义、供给学派和理性预期学派中和起来，形成既反对完全放任，又反对过度干预的"克林顿经济学"，美国经济当时也因此获得空前的繁荣。克林顿在执政最后一年更是录得 2370 亿美元的财政盈余，其卸任时美国国债规模为 5.6 万亿美元。其后的美国历任总统不仅无法实现财政盈余，反而把财政赤字与国债规模越做越大。根据美国政府公布的数据，美国 2021 财年（即 2020 年 10 月 1 日至 2021 年 9 月 30 日）的联邦财政赤字为 2.77 万亿美元，仅比疫情最严重的 2020 财年的 3.13 万亿美元低了一些。至于联邦债务，在 2020 年 11 月，美国联邦债务规模为 27.44 万亿美元，较 2019 年底增加了 3.4 万亿美元。而到 2021 年 10 月，联邦债务规模已逼近 29 万亿美元。美国财长耶伦（Janet L. Yellen）2021 年 11 月中旬在给国会的一封信中称，美国财政部的现金将在本年 12 月耗尽，继 10 月份后将再次出现提高债务上限的困境。

另外，拜登政府为了振兴实体经济、激活新兴产业竞争力以及促进所谓的可持续发展，一方面开具了近50年来规模最大的基建投资支票，这项总额达1.2万亿美元的基础设施投资和就业法案罕见得到了两党的支持，堪称"具有里程碑意义"；另一方面积极寻求国会通过一个总额高达1.75万亿美元的所谓"重建更好未来"社会支出法案。该法案已在众议院获得通过，但在参议院受阻。从法案内容看，该项支出主要用于儿童、家庭、医疗、解决住房补贴等民生以及应对气候变化等重大问题。

拜登政府两大支出法案的目标指向可谓雄心勃勃，既要解决关乎美国中长期战略竞争力的短板问题，又要重视民生福利等影响面广泛的社会问题。但对债台高筑、囊中羞涩、财政收支捉襟见肘的美国政府来说，如何拿出这两笔钱以及是否能够保持政策的稳定性与连续性，都不是那么容易解决的问题。

作为全球第一经济金融强国，美国既不缺钱，又很缺钱，前者是指美国仍然可以仰仗美元霸权释放天量流动性而免受追责，后者是指早已力量使用过度的美国，根本做不到主要依靠自身力量来医治其千疮百孔的经济体系。美国尽管拥有一批市值超过万亿美元甚至逼近3万亿美元的超级企业，但历史终将证明：如果国家和民众长期"不务正业"，不是琢磨怎样把实体经济做强做大，而是总想把"财政赤字货币化"玩得滚瓜烂熟，则其系统性经济与金融危机的爆发一定不会延误。

第三篇

中国正在填补断层线

把准粤港澳在世界经济之极竞争中的定位

备受瞩目的世界最长跨海大桥——港珠澳大桥已正式开通,这项耗资超过 1200 亿元人民币的超级工程,不仅在全球桥梁建筑史上具有指标性意义,而且是支撑粤港澳大湾区建设的战略体系的重要组成部分。

众所周知,港珠澳三地的陆路交通缺乏一个能够闭环通行的连接体,长期以来,不仅影响了粤港澳大湾区要素资源的最优化配置,而且约束了广西、云南、贵州和香港之间更紧密的经贸联系。而港珠澳大桥的建成通车,将进一步节约交易成本,加快推进粤港澳大湾区的"9+2"超级城市群建设,推动粤港澳大湾区迈向区域乃至全球性的金融中心、科创中心、先进制造业和现代服务业的重要集聚区。

在中国的经济版图中,粤港澳大湾区作为独特要素资源有效互补的核心区域,向来是中国内地承接全球产业转移、贸易价值链延伸以及金融资本导入的前沿地带。对比中美两国区域经济结构会发现,两国均有三大超级经济圈,中国有环杭州湾经济圈、粤港澳经济圈、环渤海经济圈,美国有纽约经济圈、芝加哥经济圈、洛杉矶与旧金山经济圈。美国三大超级经济圈有显著的自东向西、梯度开发特征,既承接了欧洲当年的产业转移,又是第二次工业革命及其后工业革命的重要发源地,长期保持着对前瞻性技术革命的敏锐把握。中国三大超级经济圈经过改革开放 40 多年的迅猛发展,已崛起成为太平洋西岸最重要的产业集聚带之一,在某种程度上改变并将继续影响全球经济版图的走向。

如今，粤港澳大湾区尽管还面临经济发展不均衡、产业同构、市场区隔等问题，但从中长期发展趋势看，粤港澳城市群已跻身国际公认的六大世界级城市群，完全有可能发展为与纽约大湾区抗衡的全球超级经济地带。

从世界经济之极的基本要素指标来看，粤港澳大湾区的相关地位已初步显现。一般而言，判断一个区域（城市群）能否成为世界经济之极，主要有三个基准：其一，该区域的经济规模占全球经济总量的 5% 及以上；其二，该区域的产业竞争力居于全球领先地位；其三，该区域拥有可以持续激活微观主体营商禀赋与研发基础的创新生态。从这三个角度观察，作为经济总量超过 1.8 万亿美元的中国经济核心地带，粤港澳大湾区目前经济总量约相当于全球经济总量的 2%，距离 5% 有一定距离，但发展势头迅猛，预计在 2030 年左右将达到全球经济总量的 5%。（2021 年粤港澳大湾区城市 GDP 及占比如表 7-1 所示）粤港澳大湾区的另一重要优势是在全球制造业和贸易价值链上已经占据了相当重要地位，制造业中已有部分产业的竞争力达到世界先进水平。此外，粤港澳大湾区还是中国创新版图中最活跃的部分之一，三地 2021 年的研发经费支出占 GDP 比重达 3.14%，与美国、德国水平相当，尤其是深港地区，业已成为全球创新集群中的领先区域。

表 7-1　2021 年粤港澳大湾区城市 GDP 及占比

城市	GDP（单位：亿元）	占比
深圳	30664.85	24.03%
广州	28231.97	22.12%
香港	24771.67	19.41%
佛山	12156.54	9.52%
东莞	10855.35	8.51%
惠州	4977.36	3.9%
珠海	3881.75	3.04%
江门	3773.41	2.96%
中山	3566.17	2.79%
肇庆	2649.99	2.08%
澳门	2100.01	1.65%

数据来源：WIND。

当然，粤港澳大湾区在打造世界经济之极过程中尚需克服诸多约束瓶颈，其中最为重要的是粤港之间如何形成基于各自要素禀赋优势的有效分工。与上海作为长三角龙头地位较为稳固不同，在粤港澳大湾区的"9+2"城市群中，香港与广州和深圳之间存在某种程度上的此消彼长关系。一方面，随着内地经济日益与世界融合以及广州、深圳尤其是深圳综合竞争力的不断提高，香港作为区域的"龙头"及"中介"地位确有逐渐削弱之势，而香港一旦失去这种地位，对其经济的打击将是空前的；另一方面，香港本身的产业结构未能及时升级，现有的金融、贸易等主导产业面临纽约、伦敦等超级城市的上游挤压，而内地以上海和深圳为代表的核心城市的产业竞争力却在不断增强，这种此消彼长的经济竞争形势自然会使香港的经济自信心下降。但香港仍是亚洲最重要的营商中心之一，其廉洁、公平的营商环境仍不失为上海、广州、深圳等地进一步优化营商环境的重要参照系。香港国际化的市场网络、丰富的管理经验，以及在法治、税收、市场推广及公共关系等方面的优势，在可以预见的将来仍将是其傲视亚太主要竞争城市的资本。

因此，加快推进粤港澳一体化发展，既是大势所趋，也是内在要求。粤港澳大湾区要成为比肩纽约大湾区、东京大湾区等超级湾区进而成为世界经济版图的重要之极，急需充分发挥该区域内核心城市的各自优势。香港理应在粤港澳一体化进程中发挥其在金融、信息、贸易、营商等专业服务领域的重要引领作用，以广州、深圳为代表的区内核心城市必须前瞻性地把握全球产业与金融发展趋势，对标纽约与伦敦等握有产业分工主导权的全球超级城市的发展逻辑，有效整合区内资源，以更宽广的胸怀与自我革命的勇气，深耕制造业的核心竞争力，着力提升全球贸易价值链，加快建设服务于实体经济尤其是创新企业的金融中心，与香港一道引领粤港澳大湾区迈向世界经济之巅。

以内外双循环构建全球价值链供求双中心

2020 年 8 月 12 日，国务院办公厅发文再度推出 15 项稳外贸稳外资举措，每一项措施都是针对外资外贸企业面临的现实问题给出的精准对策。

众所周知，对外贸易（货物和服务贸易）的本质是全球范围内生产要素的转移和交易条件的匹配，其存续和发展需要一系列相关条件的保障。自二战结束至上世纪末的半个多世纪里，全球贸易在发达国家的推动下取得了长足发展，全球范围内的商品、技术、资本与劳动力流动，在跨国公司日益增强的全球资源配置力的推动下，带动了新兴经济体和发展中国家对外贸易的大发展，释放了一波又一波产业转移和技术转移红利。德国和日本成为国际贸易外循环最重要的力量中心之一，全球贸易的利益格局在此期间也发生了重大变化，导致发达国家之间以及发达国家与发展中国家之间的贸易摩擦不时发生，甚至出现了美日、美欧之间较为激烈的贸易冲突。

回顾全球价值链供求中心的发展变迁史，当一国完成了由制造业和贸易大国向产业和资本强国的角色转变之后，往往更多关注来自价值链高端的收益，而忽视了对传统比较优势的整固。当比较优势渐失之后，来自新兴力量的竞争挤压又带来了日趋强烈的预期落差。实际上，这也是工业化、全球化以及贸易深化和经济金融化带来的内外经济失衡的相关表现。

进入 21 世纪以来，尤其是中国在 2001 年 12 月 11 日加入 WTO 之后，国际市场格局和全球产业链、供应链由于中国的深度参与而发生了自工业革命以来最为重要的变化。中国从"入世"之前不到 5000 亿美元的中等贸易伙伴，迅速成长为年进出口额超过 6 万亿美元的全球最重要的贸易伙伴之一，对外贸易的广度和深度在"入世"至今不到 22 年的时间里得到了大幅提升。商务部披露的数据显示，2020 年，中国已是 120 多个国家和地区的最大贸易伙伴，进口占全球比重约为 11%。来自净出口的外贸顺差是确保中国有较充足外汇储备的最重要来源。

中国自"入世"以来逐渐形成的全球产业链、供应链核心国地位不会轻易动摇，包括标普在内的国际重要市场主体普遍认为，美国制造商很难找到能够取代中国供应商的生产者，中国巨大的市场机遇是任何有远见的企业家不敢，也不会轻易放弃的。

中国正在通过良好的制度设计与 21 世纪的高标准推动高水平对外开放，并以优质产能的全球化配置、提供可复制的商业模式等一系列方式，不断释放经济开放与对外贸易发展的红利，这些都将构成 21 世纪上半叶全球化红利的核心组成部分。因此，中国提出并推动落实"双循环"，既有利于全球经济再平衡，也是在高水平开放背景下构建全球价值链供求双中心进而实现高质量可持续发展的必要条件。

从实施"双循环"所需的基础性条件与支撑要素来看，中国正处于工业化和城镇化的中后期，构建竞争性的国内市场体系尤其是现代化经济体系依然有一系列的任务清单需要完成，整体上呈现梯度转移的产业格局预计在未来几年内都不会消失，这就赋予国内大循环很大的行为空间。实际上，超过 5 亿人口的中西部地区，其在国内大循环带动下可能释放的增长潜力，恐怕不亚于当年沿海经济大循环所带来的增长红利。另一方面，业已深度融入全球产业分工体系且与国际市场高度联动的中国，只要遵循国际市场规则并以此扩大对外经济贸易与合作，完全有条件做大做强外部循环。而一旦中国全面打通内外循环之间的接口，并在整合已有条件的基础上形成全球价值链的供给与需求双中心，中国就将成为真正意义上的全球经济与产业发展之"锚"。

专家解读进博会：国内国际双循环的最佳链接器

导语：第三届中国国际进口博览会于 2020 年 11 月 4 日在上海开幕。经过前两届的成功举办，进博会已成为在全球广受欢迎的贸易盛会。正如国家主席习近平在本届开幕式的主旨演讲中所说，经过 3 年的发展，进博会让展品变商品、让展商变投资商，交流创意和理念，联通中国和世界。如期举办进博会具有什么特别意义？进博会在构建新发展格局中发挥着怎样的作用？本期节目，邀请上海外国语大学国际金融贸易学院院长章玉贵为您解读。

中国网：本届进博会开幕式上，习近平主席发表了主旨演讲，哪些方面让您印象深刻？您认为，在当前形势下这在向世界释放什么样的信号？

章玉贵：习近平主席在这次进博会开幕式上的主旨演讲，让我印象特别深刻的有三点：第一，他对当前形势下国际政治、经济的态势作了一个非常好的判断。尽管我们当前遇到了很多困难，包括单边主义、霸凌主义、保护主义，但是世界不能因此停止经济全球化的步伐，包括全球治理。中国作为全球第二大经济体，举办进博会是在向世界发出中国要继续扩大开放，而且要高层次扩大开放的信号。习主席讲话中也专门提到了中国要在几个方面深层次扩大开放，包括我们要出台跨境服务贸易的负面清单，这一点很重要。

第二，我们在未来 10 年内可能要将进口总额扩大到 22 万亿美元，这将对世界经济提供天量的红利。

第三，习主席的讲话中透露出，无论这个世界怎么变，中国作为一个有责任感的全球主要经济体，一定会和与我们志同道合的国家，或区域，或贸易组织，包括这次参加进博会的几千家外国厂商，一起共同努力，共同推动，把进博会作为一个公共产品展现在世界舞台上，这显示出中国对全球的责任担当。我认为这三点具有深刻的意义。

在当前国际形势微妙的情况下，中国大概是主要经济体中唯一有条件举办这样一个超大规模国家展会的国家，也就是说只有中国有能力、有意愿、有国际协调力，举办这样一个具有安全性的、超大规模的进口博览会，这是第一个信号。

第二个信号，面对新冠疫情，中国是全球主要经济体中率先复苏，而且会实现经济正增长的经济体。全球经济总量中的占比已经超过了 16%，我们一年的进口总额约为 2 万亿美元。本次进口博览会，对那些因为受到新冠疫情冲击的厂商、消费者来说，是极为重要的一个平台。

第三个信号，举办进博会证明我们有购买力，我们在家门口能够接触到世界上最先进的商品、贸易、服务和技术。这对在十九届五中全会之后启动新一轮的开放来说，极为关键，也是中国在新时期对接经济全球化和促进全球商品、贸易有效增长的一个重要的实践平台。

中国网： 本届进博会呈现出了哪些新亮点和新特点？

章玉贵： 第一，交易量大。会议刚开始不到两天，大规模交易量就出来了，这说明事先的线下和线上沟通非常好，尤其是线上沟通。同时也从另一个方面表明，我们通过进博会对全世界释放了红利。

第二，这次进博会上有很多中国所需要的技术及设备，比如德国超大规模的技术设备，尤其是制造业领域。本届进博会跟上一届比，可能在某些消费品方面有点区别，但是对我们急需的关键性技术，有一些导入和引进。

第三，我们发现像耐克这样一个消费品牌首次进入进博会，这也发出一个信号，耐克在中国一年的销售额约为1200个亿，这么大规模的企业过去没有参加进博会，所以这一次赶快补位。我相信这届进博会，有利于改善我们的营商环境，能够促进我们未来高质量发展。

中国网：作为全球首个以进口为主题的国家级展会，进博会已经成功举办了两届。前两届进博会带来了怎样的效应，在国际国内产生了哪些影响？

章玉贵：在2018年第一届进博会上，总书记代表中国向全球发出一些重要的信号，包括长三角一体化、上海自贸区扩容、推出科创板等等。未来10年到15年，中国将会大规模开放。在上海举办进博会，其辐射面和影响力不是区域的，而是国际性的。我们通过举办前两届进博会，吸引了世界500强企业，还有一些特色的企业。我们的厂商在家门口就能与拥有国际最先进技术、最先进服务的这些企业做到无缝对接。在引进、消化吸收、再创新方面，我们是非常成功的。

第二，对进博会上的一些交易，总书记表示，已全部兑现承诺。这表明我们这样一个大国，不仅有购买力，而且有实现贸易承诺的水平。

通过进博会，中国已经向全球表明，中国能够持续释放经济、贸易发展红利，体现出负责任大国应有的国际担当。

中国网：在新冠疫情全球蔓延、世界经济持续低迷的非常时期，众多大型国际展会取消或者延期，第三届进博会却如约而至。您认为，在这样一个特殊背景下，如期举办进博会具有什么特别意义？

章玉贵：新冠疫情作为这个世界上最大的外部不确定性，打乱了我们的经济预期，打乱了人类正常的生产、贸易、生活秩序，全球迎来了萧条经济学的回归。

在这种情况下，单靠一个国家无法稳定全球的经济力量，尤其需要各个国家及各个国家的市场主体包括企业、消费者和国际组织等凝聚到一个平台上，今年的这个平台就是中国第三届进博会。我们通过本届进博会吸引了2600多家外国企业，国内的交易团有39个，还有近600个子交易团，另外有11.2万家采购商报名注册，有40万个专业观众。有些厂商是"头回客"，"回头客"超过70%。其中，有近50家世界500强企业和行业龙头企业。

这样一种特殊情况下，中国举办进博会，是在向世界表明中国有能力参与稳定全球经济贸易秩序。

中国网：习近平主席在本届进博会的主旨演讲中提到"我在第二届中国国际进口博览会上宣布的扩大对外开放系列举措已经全面落实"，从这两年的落实情况来看，这对中国新一轮对外开放产生了哪些积极效应？

章玉贵：从主席在前两届进博会上宣布中国深层次扩大开放的举措来看，非常重要的几点已经落实了：第一，营商环境。营商环境是极其重要的，我们国家过去在全球营商环境排名上一直处于中位数或者是偏低的。在这方面，我们通过几年的持续努力得到了很大的提高。

第二，负面清单。我们现在有这么多的自贸区，包括上海自贸区、海南自贸区等等。通过进博会，我们找到了中国的开放应在哪个时间档口、哪些区域适配外资高水平对接。

第三，最近几年，贸易投资便利化水平大幅提高，无论是央行、外管局，还是相关的证监局、银保监会等等，这些金融监管部门对外资金融机构的准入门槛大幅放宽，包括合资券商等。

上述举措的落实，都是通过进博会这样一个重要的平台，进博会起到很大的推动和促进作用。习近平主席宣示，重大开放举措陆陆续续得到很好的承诺，也得到全球主要厂商，包括一些跨国公司的高度广泛认可。所以，近年外资进入中国市场的步伐显著加快。

中国网：您刚才也提到了，本届进博会上有很多"头回客"，也有很多"回头客"，说明我们的"进博朋友圈"越来越大。您认为，进博会吸引力不断增强跟我们这些务实的措施、高效推进、密集落实有关吗？除此之外，还有哪些重要因素？

章玉贵："进博朋友圈"越来越大，首先是因为我们国家是全世界100多个国家的最大贸易伙伴。另外，通过连续举办几届进博会，外国厂商普遍认为：第一，中国国家治理水平很高，位列全球"第一梯队"。

第二，中国的商业机会很多。总书记讲得很清楚，中国有14亿人口，有将近 4 亿中等收入群体，我们的购买力是天量的。所以在这种情况下，有"回头客"和"头回客"，他们大规模地涌入这个市场，是自然的逻辑延伸。上海美国商会会长说得很清楚：没有人可以忽视中国提供的商业机会。这就是最好的证明。

中国网：日前闭幕的党的十九届五中全会作出"加快构建以国内大循环为主体、国内国际双循环相互促进的新发展格局"的重大部署，本届进博会开幕式的主旨演讲中也再次强调这一重要部署。您认为，进博会在构建新发展格局中发挥着怎样的作用？

章玉贵：一个国家的发展战略定位是极为重要的，所以十九届五中全会出台了以国内大循环为主、国内国际双循环相互促进这一重要的发展构想。

要有效落实国内国际双循环需要考虑以下几个方面：第一，持续扩大开放。比如，中国要和国际上主要的或者广大的贸易体之间找到一个合作共赢的平台。我们要出得去，进得来。进博会就是让你过来看看，看看中国是什么样子，这样可以消除外界的误解。这是讲国际循环。第二，国内循环，我们目前人均收入已突破 1 万美元，GDP 会突破 100 万亿元人民币。这是一个非常重要的时间关口，我们可以往上走得更好一点，更扎实一点；如果做得不好，可能会面临很多问题。这个时候我们举办进博会，对我们的国内国际双循环，起到了一个沟通中外有价值的商业信息的作用，可以通过进博会看到全球的技术、贸易和整个产业发展的新趋势。

进博会对国内国际双循环起了这样一个平台作用。我们发现，尽管我们的技术和商品近年来发展得很快，我们也是全球非常重要的一个投资主体，但是和其他发达国家相比还有很大差距。这个差距正是我们下一步要开放、要改革、要发展的重要动力。

进博会是联结国内与国外市场主体、消费者的一个平台，本身就是国内国际双循环一个最好的链接器。

中国网：按照进博会"越办越好"的要求，未来进博会应如何继续发挥其溢出效应，更好地助力构建双循环新发展格局，您有哪些看法和建议？

章玉贵：因为进博会是由国家举办的，举办地在上海。上海在未来 10 年到 15 年乃至更长时间里，承担的任务是极为艰巨的。也就是说，上海作为长

三角的龙头，要建设成为全球的经济与金融中心、科技创新中心。进博会不能局限于只是有几千个厂商进来，有几万个企业注册，几十万观众参与。如何通过线上和线下超大规模的这种永不落幕的进博会，找到更好的中外参展方、交易商、观众和消费者，对接便利化的平台窗口，这一点需要我们深入思考。

另外，我们要前瞻未来。进博会不是承担交易额达到几百亿美元这样一个任务的平台，如何把它打造成中国版的、持续推动中国开放红利对全球释放的新的 21 世纪的公共产品？这个公共产品要发挥它的增量红利作用，也就是说人们来了一次还想来，来了这次还想把东西带过来或者把中国的商品通过我们的厂商即交易商带回去。他们认为哪一天他们国家可能也要举办类似中国这样的进博会，就是双向促进。这时中国发挥什么作用？发挥了我们国家作为一个新兴经济体，经济发展和贸易模式可复制、可推广的作用。这一点前景可期。

大概有三个方面建议：第一，因为我们现在已经有了一些稳定的"回头客"，未来如何更大规模地赢得那些"回头客"和"头回客"，让他们愿意把最好的技术、最好的商品、最好的服务带过来，需要仔细思考。

第二，人们愿意来了，我们如何做到高水平的对接。尽管上海目前是中国举办超大规模博览会水平最佳的城市，硬件已经达到世界一流水平，但软件方面还有很多可以进一步优化的地方。

第三，通过进博会这个平台能够满足中国消费者对追求更美好生活的向往。那我们如何达到更高水平的满足？有的商品确实很好，但是买不起，或者只能一次性购买。如何进一步下调关税？我们国家的关税近几年已有较大幅度的下降，全球包括 WTO 对我们也持肯定的态度。所以，这一点我们完全可以做到更好。

进博会让中国成为"网红"，向世界分享开放和发展的红利

导语：第四届中国国际进口博览会如期在上海举办。本届进博会共有 58

个国家和 3 个国际组织参加国家展，来自 127 个国家和地区的近 3000 家参展企业亮相企业展，国别、企业数均超过上届。（参展企业地区分布情况详见表 7-2）作为世界上首个以进口为主题的国家级展会，进博会已经成为全球共享的国际公共产品，成为世界观察中国对外开放政策的重要窗口。本届进博会收获了哪些"成绩单"？进口贸易在新发展格局中的作用将进一步体现在哪里？2021 年宣布的高水平开放举措释放了什么信号？中国网《中国访谈》节目于 2021 年 11 月 10 日特别邀请上海外国语大学国际金融贸易学院院长章玉贵与广大读者分享交流。

表 7-2　第四届中国国际进口博览会参展企业地区分布情况

大洲	亚洲（含中国港澳台地区）	欧洲	非洲	美洲	大洋洲
企业数占比（%）	45	33.3	3.0	13.9	4.8
参展面积占比（%）	38.4	36.8	0.7	20.3	3.9

数据来源：中国国际进口博览会。

中国网：自首届举办以来，进博会已经成为全球共享的国际公共产品。据统计，世界 500 强和行业龙头企业的参展回头率超过 80%。进博会"朋友圈"在不断扩容和升级。从目前来看，本届进博会的"成绩单"上有哪些亮点？

章玉贵：第四届进博会和前三届相比，在规模、内容、质量和影响上都有很大的变化。首先，这一届无论是国家展还是企业展在规模上均有所扩大，采购商采用线上和线下相结合的内容与形式，与以往相比有了重大突破。有的展品变成了商品，现场就可以出售，通过线下的接口对接。在内容上，这次参展的技术、商品、服务有很多特点，如出现了很多前沿科技；欧美展商带来了中国目前高质量发展所需要的医疗、民生相关的产品；还有一些和民生对接的产品，如青稞面包，就是把法国的工艺和中国的原料结合起来，这符合中国的需要。除此之外还有口红、打印机等等，这些更符合中国的消费趋势和变化。（详见表 7-3）

表7-3　第四届中国国际进口博览会展会亮点

线上国家展参展国家	58 个
线上国家展参展国际组织	3 个
企业展总展览面积	36.6 万平方米
世界 500 强及行业龙头企业参展回头率	超过 80%
企业展参展商	超过 2900 个
采购交易团	39 个
新产品、新技术、新服务展示	422 项
按一年计，意向成交金额	707.2 亿美元

数据来源：中国国际进口博览会。

从质量来看，本次进博会与往届相比加大了科技含量，更大程度上对接中国"2030""2060""双碳"目标和技术发展前沿趋势，其中包括人工智能、机器人、智慧医疗等。另一个亮点是其影响，中国在加入 WTO 的这 20 多年里，积极加入了一些重要的高水平投资贸易协定。随着中国人均 GDP 突破 1 万美元，消费不断升级，中国的老百姓和中外参展主体都可以切切实实感受到：这次进博会作为全球唯一一个国家级进口展览平台，其世界高度决定了其影响力。

中国网：连续四年线下如期举办进博会，每年宣布的开放举措都"干货满满"。今年习近平主席的主旨演讲中表达了三个"决心不会变"并提出四个"坚定不移"的举措。您认为，今年宣布的高水平开放举措释放了什么信号？对此，您有何评价？

章玉贵：进博会是由习近平主席亲自谋划、亲自设计、亲自推动的重量级、国家级进口平台。本届进博会结合了中国高水平开放和国际最高投资贸易准则，也结合了中国"入世"20 周年对外高水平开放的措施，包括加入 RCEP、申请加入 CPTPP 和《数字经济伙伴关系协定》（DEPA）等一系列行动。这些措施不仅仅是重大宣誓，有的即将执行，有的正在接洽。这说明中国开放的路径是递进式、深层推进的，国家无论发生任何情况，开放的大门都不会关上，因为开放是中国对外发展、对外交往一个鲜明的国家标识。这一点从本次进博会上习近平主席的重要讲话中可以看出来，无论是极为重要的促进国内经济的高质量发展与高水平对外开放福利效应的对外辐射，还是全球分享中国发展的机遇，包括扩大进口、推动全球化的趋势，我们的实际发展路径都是不会变的。

习近平主席的讲话发出了四个信号：第一个信号是中国有能力持续以高水平对外开放和高质量发展向全球提供中国经济发展的福利安排和相关市场机遇。第二个信号是中国通过进博会这个平台、这个杠杆、这个公共产品向世界释放中国的发展红利。"入世"20多年来，中国是全球化最大的受益者之一，同时也是推动全球化的最大坚持者和力量中心之一。第三个信号是当今世界面临很多不确定因素，包括单边主义、国家层面的利己主义甚至霸凌主义，使得全球供应链、产业链在某种意义上发生了一些重大的断裂或分割，甚至脱钩。但无论怎么变，中国作为全球最大的进口国之一，作为全球供应链和产业链最重要的枢纽之一，我们稳产业链、稳供应链的决心不会变。最后一个信号就是我们要推动新形势下的全球化，目前包括WTO在内的国际组织正在面临一个重大的抉择：继续推动发展，还是逐渐变成一个不发挥重大作用的普通的平台？我们通过本届进博会，以"入世"20周年为契机，与全球主要的国际经济组织和有识之士合作。可以发现，虽然中美贸易摩擦加剧，但本次参展商（包括美国的参展商）的数量仍有所突破，超过了以往的200家，美国很多企业把重要的、最先进的技术也带过来了，说明市场规律的延伸发展是不以人的意志为转移的，任何一个国家都不要试图打破市场规律的一般作用。经济全球化、贸易自由化和投资便利化的趋势是不能以国家层面的利己主义阻断的。

中国网：今年是中国共产党成立100周年，也是中国加入世界贸易组织20周年。在此背景下，成功举办第四届进博会具有哪些特别的意义？

章玉贵：本届进博会的参展商、交易商在规模、体系、能力、产品各方面都达到前所未有的水平，这说明世界向中国投下了信任的一票，中国向世界投下了温暖的一票。无论是在线上还是在线下，中国都通过和世界的有机结合，践行了人类命运共同体的理念，并通过进博会这个平台得到了很好的体现。我们可以注意到，习近平主席提出中国要建设"丝路"平台。通过"丝路"的扩展，我们可以把很多最不发达国家的产品、服务吸引到这个平台上来，让中国的老百姓、中国的企业与它们进行有效对接。这说明中国发展起来的同时并没有忘记过去曾经帮助过我们的国家，我们帮助他们富起来、强起来，帮助他们走向世界，而进博会这个平台发挥了很好的作用。

中国网：不只是举办进博会，中国还举办了广交会、服贸会等大型展会。通过这些展会平台，中国为世界经济复苏提供了哪些动能？又为其他国家和企业分享了哪些发展红利？

章玉贵：这些年来广交会、服贸会和进博会的成功举办，体现了我们国家的经济正处于发展的起飞阶段、关键时刻，我们会向国际推出"中国范式"。这些具有世界意义的进出口平台，一方面，说明我们国家的发展始终和国际贸易、生产、人员保持很好的互动交流，全球经济一体化背景下任何人都不能把自己关在"黑屋子"里；另一方面，说明今天中国有能力、有平台、有技术、有支持体系，也有这样的购买力。中国买，全球卖，上海正在建设一个全球的消费中心、购物中心。

无论是广交会、服贸会还是进博会都向世界展示出两点：一方面，中国和世界不可能脱离，因为中国是世界最大的货物贸易出口国，是世界上 100 多个国家或地区的最大贸易伙伴。另一方面，中国在富起来、发展起来之后，通过进口平台为世界上其他国家的服务找到了很好的、超大规模的消费对接平台，这些平台实际上是通过我们的发展向世界释放的红利效应的一个自然的国际延伸。

中国网：中国已经连续 12 年成为全球第二大进口市场，积极扩大进口也成了我们新一轮高水平对外开放的重要内容。您认为，进口贸易在新发展格局中的作用将会进一步体现在哪里？

章玉贵：从 1978 年至今的 40 多年时间里，中国的经济发展经过了以下几个阶段：第一阶段是改革开放至 20 世纪末，当时中国外汇极度短缺，我们通过一些加工贸易，包括"三来一补"，向世界上出口价廉物美的、劳动力密集型的制成品，包括农产品、纺织品、工业制成品等。第二阶段是 2001 年加入 WTO 之后，中国开始全面对接国际市场，通过外资和国内产业与贸易体系的承接，使得中国的制造业和贸易水平得到了快速的提高，此时中国已经有能力扩大进口，即适当扩大进口，在这个阶段我们不追求贸易的巨额顺差。第三阶段则是 2008 年至今，2008 年有一个很重要的历史标识，即国际金融危机爆发，全世界风声鹤唳，都在冀望中国能够成为全球经济、金融和贸易体系的稳定器，我们在那段时间确实发挥了这样的作用。从 2008 年到现在，中国已逐渐成为全世界仅次于美国的第二大进口国，而且我们的进口分为几个层次：一方面是原材料的进口，我们是大宗商品的主要消费国，消费量非常大。另一方面是先进产品的进口，这契合中国人民追求美好生活的向往。通过这次进博会我们发现，很多国际上的创意产品，最先进的医疗科技，最先进的体育产品等，都是"全球首发、亚洲首秀、上海首展"。

通过这次进博会，我们发现中国是一个"超级网红"，这个"网红"对全世界释放了实实在在的钱和实实在在的市场机会。俄罗斯的一位评论员说，在几秒钟之内他们的直播带货就赚了几百万元人民币，这是进博会提供进口平台的福利效应。我们还发现，中国正在做的是高质量发展、高水平对外开放。目前我们的很多科技和世界发达国家相比还有较大差距，在一般可行的路径下，很多国外先进厂商和企业仍愿意把这些高科技含量的产品、技术、服务通过进博会向中国释放，这时进口的作用是不可替代的。

中国网：有观点认为，进博会不仅具有直接效应，还具有间接效应，而且它的综合效应日益彰显，您认为，未来将如何进一步释放这种综合效应来更高效地推进新一轮对外开放？

章玉贵：每届进博会的成功均有着明显的溢出效应。无论是通过一些有实力的参展厂商的主动介绍，还是通过对市场的感知，都会发现进博会放在上海举办是成功的。因为上海正好是国内国际双循环的桥头堡，正在践行的是高水平对外开放，计划把浦东打造成一个高水平的引领区。进博会所在的青浦正好是长三角一体化的示范区，而长三角又是中国经济的核心地带，是全球经济未来最重要的增长点之一。

此外，进博会对国内市场不仅有梯度影响，这种影响更是一体化的，因为在这个平台上大家都是平等的，会产生对外的辐射效应。通过向国际市场展现中国进博会的示范效果，它的首发效应，及其对接国内外最先进技术、产品、服务、消费理念的集群效应在未来仍将持续。

最后，由于 2021 年到 2025 年正好是中国进口能级发生重大升级变化的关键时期，因此，国际市场、一些国际企业不会放弃这样一个机会。可以预

计进博会在前四届取得成功的基础上，一定会在未来 10 年、20 年的时间里做得更好。进博会将成为一个全球观看世界、分享中国红利，以及与中国进行产能、产业链、供应链、价值链有机结合的最佳窗口之一。

外贸额创新高彰显中国经济强韧

根据中国海关总署于 2022 年 1 月 14 日发布的数据，2021 年中国货物贸易进出口规模再上新台阶，首次突破 6 万亿美元（见图 7-1），并且呈现出与主要贸易伙伴进出口均实现稳定增长、贸易方式进一步优化、外贸经营主体活力有效激发等诸多特点（详见表 7-4）。

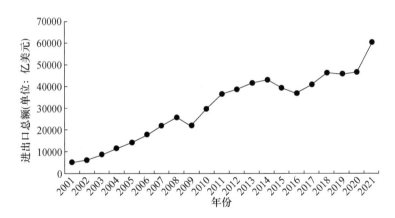

图 7-1　中国"入世"以来货物贸易进出口规模（截至 2021 年）

数据来源：中国商务部。

表 7-4　2021 年中国同前五大贸易伙伴进出口额及增长率

	东盟	欧盟	美国	日本	韩国
进出口额（万亿元）	5.67	5.35	4.88	2.4	2.34
增长率（%）	19.7	19.1	20.2	9.4	18.4

数据来源：中国海关。

之所以能够取得如此大的成绩，主要原因是中国经济发展保持全球领先地位。深层次的原因是中国作为全球产业链、供应链的枢纽地位在经受疫情反复冲击之后，不仅没有出现外界担忧的所谓断裂，反而得到某种程度的整固。更深层次的原因则是，在全球经济受到疫情冲击、主要发达国家应对失当导致世界经济与贸易体系常态化运行出现大面积"缺氧"的情况下，中国以国内经济体系的稳健、强韧和高度负责的国际行动，确保了全球经济与贸易体系担保人没有因此缺位。

虽然遭遇逆流，但实践证明全球化不断深化的势头不可阻挡。国际经济与贸易体系早已高度一体化，各国贸易的正常开展极大依赖地区乃至全球产业链、供应链的安全稳定。因此，面对疫情反复冲击，各国要做到稳外贸，首先就需要中短期、宏微观的政策组合发挥作用；其次，稳预期是前提，政策投放是救急，稳产业链、供应链是保障，稳海外市场则是稳外贸的核心关键环节。

疫情全球蔓延后，"以邻为壑"和狭隘的国家利己主义随即抬头，基于各种所谓"安全"理由的贸易保护主义日益加剧，这就特别需要国际社会有实力、有担当的参与主体在合作性博弈基础上，携手共同应对疫情带来的巨大挑战。但遗憾的是，某些发达国家不仅没有主动承担起稳定产业链、供应链的责任，反而以各种借口破坏全球产业链、供应链的稳定。更有甚者，还故意营造和放大意识形态领域分歧，人为制造国际产业链的断裂，导致国际贸易呈现区域本位主义、国家利己主义等碎片化、集团化倾向。

在这种情况下，中国经济面对内外部挑战，包括来自西方的各种刁难甚至挑衅，表现出足够的战略定力，没有因为国际环境的复杂多变以及外贸形势的诸多不确定而乱了方寸。我们始终着力内保产业链、供应链稳定畅通，外保全球产业链、供应链不脱节。

中国已在全球产业链上、中、下游三个环节扮演起双重角色。除了掌握全球中间品供应将近1/3的份额，随着近年来致力于迈向全球价值链中高端，中国在全球产业链中也越来越扮演起承上启下的核心角色，由此构建了更具活力的内外经济联动体系。近两年，中国一方面充分利用正确和果断的防疫抗疫政策带来的经济秩序向稳局面，抓紧复工复产，激活出口产能，确保核心产业链、供应链畅通。另一方面，充分发挥在共建"一带一路"促进全球互联互通方面形成的全球资源配置能力，通过非常时期的双边与多边协调，主动承担起全球产业链、供应链的保障责任，有效填补了全球供需的缺口。面对疫情全球蔓延，中国倾力确保全球防疫物资供应不脱节，这也充分体现出中国改革开放 40 多年来不断增强的经济体系韧性与应对突发事件的弹性。

中国外贸要在既有较高基数基础上继续保持高速增长，显然有难度，面临的不确定、不稳定、不均衡因素也将显著增多。加上经济发展面临需求收缩、供给冲击、预期转弱三重压力，以及来自世界"价值洼地"出口能力提升的竞争挤压和发达国家出口能力逐步修复带来的冲击效应，未来几年，中国外贸要进一步稳中有升，还需有效应对来自内外部的相关不确定因素。

不过，经济体系日渐增强的韧性、长期向好的基本面以及在应对重大外部冲击中积累的丰富经验，有助于中国在逆周期状态下以精准政策投放激活微观主体的营商禀赋和创新活力。结合国家在跨周期调节方面的超前部署以及上亿市场主体日渐敏锐的风险直觉与不断增强的应对能力，中国仍能在较长时间内保持全球最重要出口国地位。

资本市场全方位开放急需提升 "金融本领"

中国证监会副主席方星海 2018 年 5 月 29 日表示,从产品、投资者、中介商、资金流等多个方面看,一个全面开放的中国资本市场雏形已现。随着资本市场开放在深度和广度上的继续推进,我们特别需要加强预判国际重大金融、经济风险的能力,加大跨境监管合作的力度,加强国际监管合作;同时必须加快培养和吸引更多既懂国内业务又懂国际业务的监管专才。

2018 年以来,中国显著加快了资本市场对外开放的步伐,主要集中在资本市场准入的开放与资本市场本身的再开放,以及加快国内资本市场与国际资本市场的联动等方面。相关开放举措也获得了国际资本市场参与主体的积极呼应。无论是证监会首次允许外方在合资证券公司和基金公司中拥有 51% 的股份,还是首批 234 只 A 股纳入 MSCI 指数,以及备受关注的 "沪伦通" 推出首款产品,都预示着作为蕴藏诸多发展红利的超级新兴市场——中国,正在各个层面加快与美欧资本市场的有效对接,并在开放与发展中不断提升中国资本市场竞争力。而在人民币国际化大背景下,全球金融资本加大对以人民币计价资产的配置将是常态化的安排,中国金融也将因此深度融入全球市场体系。如何确保金融市场的弹性与稳健,确保各类金融资产,包括股票、债券、贷款、衍生品等,不形成价格泡沫,将是高难度命题。

现代资本市场是极为复杂的体系性存在，包括金融学家和经济学家在内的市场主体对其本质和存在形式的认知与探索，既推动了资本市场本身的发展，也设计出不少潜藏巨大风险的金融产品，包括各种金融衍生品与衍生品市场，而且即便是金融产品的设计者，有时也无法给出防范该种产品风险的有效方法。即使是金融业高度发达的美国和英国，恐怕也不例外。就中国的情况而言，中国经济在加入 WTO 之后取得的高速增长，相当大程度上得益于对外开放与金融业高速发展。但是另一方面，中国对金融深化过度的负效应尤其是资本市场复杂性的认识迄今为止依然是不全面的，难以做到深度把握，这从最近 10 年来屡屡发生的资本市场大幅波动即可得到证明。

事实上，微观金融在中国的发展与普及程度远不及美英等超级金融强国。其结果，尽管中国用了不到 30 年的时间就初步建成了美英等国需要上百年时间才能完成的庞大资本市场体系，但是中国资本市场的成熟度依然较低。因此急需营造成熟资本市场有序运行所需的基本政策环境，例如，高效有序的金融监管、健全的金融体系及配套的制度环境，尤其要有透明和有效的契约法及执法体系、良好的会计制度与惯例、完善的公司治理制度和可靠的支付与结算制度，等等。这些举措有的正在逐步落实，有的尚在推进之中。如何尊重资本市场发展的规律，通过优胜劣汰机制的落实，构建资本发展的良性生态环境，显然需要尽快培育和造就一支嗅觉高度灵敏的监管专才队伍，一支比肩美欧同行的投资银行家队伍，以构筑能够全方位参与全球金融分工，领军国内资本市场发展的金融人才方阵。

金融监管是一门隐含性知识极强的工作，既需要监管者本身具备严格的学术训练经历，也需要监管者拥有丰富的市场历练，更离不开监管者对国内外资本市场发展趋势的前瞻性把握以及对金融管理工具的熟练驾驭，当然还要具备能够有效对接国内外监管合作的相应素质。此外，还要避免监管者本身被"俘获"。概言之，现代金融监管，是基于精准把握市场运行规律和有效识别风险并及时给出求解方案的敏锐金融直觉集合体。尤其是对国际可能爆发的重大金融风险的预判，对国内金融市场的稳健性维护，对跨境监管的协调与合作，既需要金融基础设施的及时更新，更有赖于国际化监管专才的勤勉尽责。

从更长的时间光谱来看，中国金融体系在 21 世纪上半叶可能面临的重大考验大体来自三个方面：一是既有金融体系长期积累的系统性风险对金融防波堤的不断考验；二是未来可能爆发的下一场世界性金融危机对业已深度融入全球体系的中国经济的重大考验；三是人民币高度国际化之后中国作为全球金融体系重要担保人应尽的全球责任与风险防范能力持续供给之间的矛盾。基于此，明确金融服务于实体经济的相关指标，控制经济金融化的边界，持续整固制造业竞争力，构建适应 21 世纪全球经济竞争的弹性金融体系是守住底线安全的根本。

战略性金融人才作为凝聚太多隐含性金融知识与经验的专业化人力资本积累，高校、科研院所的教育与培养只是第一步，市场历练与管理体悟才是最重要的。提升"金融本领"，既是资本市场发展对监管者的内生性要求，也应是监管者的行为自觉。正如伟大的足球守门员，其成功的背后都需付出无数的汗水和在比赛中不断提升对来球的判断力一样，中国金融业者"金融本领"的不断提升，同样应当遵循上述规律。

中国对外贸易 40 年：稳步迈向全球价值链中高端

40 年，在人类漫长的时间光谱中，只是沧海之一粟。但在中国乃至全球贸易变迁史上，1978—2018 年这 40 年，世人见证了一个原本处于全球贸易价值链边缘地带的最大发展中国家向国际贸易有实力参与者和体系建构者转变的过程。

中国通过改革开放，找到了参与全球生产与贸易分工的接口，并通过加入 WTO，确立了在全球经济一体化与贸易自由化的逻辑框架下，中国以适应柔性商业规则为基础，以内生性技术进步为依托，不断提升产品竞争力和出口商品附加值，进而稳步迈向全球价值链中高端的路径，这也是中国对外贸易现在面临的挑战。

设立经济特区，打开外贸大门

1978 年，百废待兴的中国，急需打开国门开展对外贸易，在当年 2 月召开的五届人大一次会议的政府工作报告中，明确发出了"对外贸易要有一个大的发展"的号召，得到了国内最具工业与技术实力的省份——上海的率先响应，其他省份纷纷跟进。当年全国出口额一举达到 97.45 亿美元，较上年增长了 28.6%；进口额达到 108.93 亿美元，较上年增长了 51%。尽管当年中国 206.38 亿美元的进出口总额占全球份额比重只有区区 0.77%，但指标意义却十分明显。就进口而言，中国在当年一举签订了宝钢等 22 个引进先进技术和成套设备的项目，涉及金额上百亿美元，这个数字即便今天也有相当意义，何况当时的美元购买力远远超过今天的美元购买力。这一切表明，一个结束动荡、正在起步阶段的大国渴望融入世界经济与贸易体系，渴望通过对外开放缩小与世界先进水平的差距。

的确，1978 年的中国，尽管经济总量位居全球第九，但整体经济技术水平与发达国家相比差距十分巨大，其差距程度，让时任国务院副总理谷牧率领的赴西欧五国（法国、瑞士、比利时、丹麦、西德）考察团（5 月 2 日至 6 月 6 日）深感震撼：西方发达国家经过战后 30 年的发展已处于世界领先地位，西方的技术进步与管理改革值得借鉴，中国的经济发展与国际社会严重脱节。代表团回国后如实向中央汇报了所见所闻，提出了不少有价值性的建议。中央随后召开了两个多月的务虚会，与会多数领导人承认中外经济差距。邓小平同志以革命家和改革家的勇气作出趋势判断：如果中国继续在近乎封闭的环境中搞建设，不仅无法实现"四个现代化"，还会不断扩大与世界先进水平的差距。邓小平同志一锤定音："不改革开放，死路一条"。这是中国对外贸易格局发生重大变革的逻辑起点。（改革开放后 40 年即 1978—2018 年中国 GDP 的变化见图 8-1）

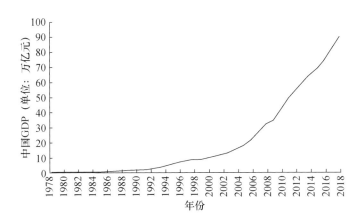

图 8-1 改革开放 40 年中国 GDP 的变化

数据来源：国家统计局。

只是万事开头难，当时中国的对外贸易基础性条件遭到了严重破坏：根本无法规模化生产具有国际"比较优势"的工业制成品，熟悉国际贸易规则的人才更是严重匮乏，从事进出口贸易的企业不仅数量少而且体制僵化，外贸主体缺乏活力，外汇极其稀缺。尽管当时美苏争霸的国际背景有利于中国和欧美、日本等发达国家的政府与企业做生意，但受制于上述条件，中国在逐步释放外贸热情的同时，也在苦苦寻觅扩大对外贸易的突破口，于是就有了邓小平随后的两次重大外交行动。

1978 年 10 月 22 日至 29 日，时任国务院副总理的邓小平对日本进行了为期 8 天的访问，对日本的现代化有了直观和深刻的印象，此次访问直接推动了中日经济、贸易和技术合作的突破性发展；而在次年 1 月 28 日至 2 月 5 日，邓小平对美国展开的破冰之旅，不仅充分展现了他作为 20 世纪最重要战略家之一的远见卓识，更通过参观美国的先进制造业基地坚定了其通过对外开放缩小中国与发达国家差距的决心。而创立经济特区不仅是开拓中国对外开放的重要试验田，更是撬动对外贸易的重要杠杆。

1979 年 4 月，邓小平首次提出要开办"出口特区"。当年 7 月，中共中央、国务院同意在深圳、珠海、汕头和厦门试办出口特区。1980 年 5 月，"出口特区"正式更名为"经济特区"，比照世界自由港区的相关运营模式，以关税减免等优惠措施为手段，通过营造良好的投资与营商环境，鼓励外资进入，承接国际产业转移，引进先进或次新技术与管理方法，以特殊经济政策与管理体制，把特区发展为外向型经济的桥头堡。闻名全国的"深圳速度"与在全球城市发展史上具有重要地位的"深圳奇迹"就是创办经济特区的直接结果。今天的深圳，不仅拥有全球极为罕见的、完整且高效的制造业产业链，而且以一城之力创造了占全国 1/10 的外贸进出口，更是超级湾区——粤港澳大湾区的核心支撑力量。

其后，类似的桥头堡不断涌现，其中，尽管来得晚了一点但更具国际影响力的桥头堡，便是 1990 年正式启动开发的上海浦东，浦东在中国对外贸易史上留下了数个指标性印记：诞生了全国第一个金融贸易区——陆家嘴金融贸易区，第一个保税区——外高桥保税区，第一个自贸试验区——中国（上海）自由贸易试验区，等等。可以说，浦东的开发，直接激活了上海沉寂已久的营商禀赋与贸易"基因"。

正如经济改革是由一连串的事件组成的一样，中国对外贸易的发展与改革本身也是由一连串的事件组成的，在此无法一一列举。概言之，中国通过改革开放，尤其是通过举办经济特区以及随后的一系列重大开放措施，找到了中国企业参与全球生产与贸易分工的接口。

40 年对外贸易的成就

中国对外贸易在 1978—2018 年这 40 年里所取得的发展成就，显性的表现是，中国在全球货物贸易中的排名由当年的第 30 位跃升至第 1 位，占全球进出口比重由当年的 0.77% 提升到 10%；而深层次的战略价值则是，中国通过持续扩大对外开放与不断嵌入全球贸易价值链，推动了由制造业和贸易大国向产业与资本强国的升级；并探索以良好的制度设计推动经济新一轮对外开放，通过优质产能的全球化配置提供可复制的商业模式设计、金融服务的区域和全球化搭建，以及相关国际协调力和动员力的提升，结合人民币国际化不断释放经济开放与对外贸易发展的红利，中国也由此构建了更具活力的内外经济联动体系。（改革开放 40 年中国对外贸易大事记如表 8-1 所示）

表 8-1　改革开放 40 年中国对外贸易大事记

1978 年	明确发出了"对外贸易要有一个大的发展"的号召
1979 年 7 月	中共中央、国务院同意在深圳、珠海、汕头和厦门试办出口特区
1980 年 5 月	"出口特区"正式更名为"经济特区"
1986 年	中国提请恢复在关税与贸易总协定（GATT）的合法地位
1990 年	正式启动开发上海浦东
2001 年	中国加入世界贸易组织（WTO）
2012 年	中国首次超过美国成为全球第一大贸易国

从时间序列来看，中国对外贸易在 1978 年至 2018 年这 40 年的发展历史大致可以分为三个阶段：

第一阶段是从 1978 年到 1992 年，在这 14 年间，中国坚持了改革开放的基本国策，部分还原了企业作为市场主体的属性。首先，随着外贸管理体制改革，同时引进国外资金、技术与管理，培育国内企业的制造能力，使得中国得以参与全球经济大循环（即今天所言的全球价值链）。当年著名的"三来一补"尽管在今天看来已渐渐成为历史名词，但在当时的情况下对于中国分享国际产业转移红利，对于沿海地区出口体系的建立，具有相当价值。其次，随着国企改革的不断推进以及国内相关产业对民间资本的逐步放开，大大激活了中国各市场主体长期蓄积的营商禀赋，加工贸易迅速发展，出口以劳动密集型产品为主，尽管中国对外贸易在全球价值链的获益程度较低，但出口导向的外贸政策还是为经济发展注入了相当的活力。另外，作为 GATT 的创始缔约国，中国于 1986 年 7 月正式向该组织递交了《中华人民共和国对外贸易制度备忘录》，提请恢复中国的合法地位。这是中国对外贸易改革与发展的 1.0 版。

第二阶段是从 1993 年到 2001 年。在这 8 年间，中国确立了建立社会主义市场经济体制的改革目标，市场开始逐步在国家宏观调控下发挥对资源配置的基础性作用，国有企业也在转换经营机制过程中向现代企业制度的改革方向迈进。尤为重要的是，中国通过加入 WTO，不仅以前所未有的速度嵌入国际经济与贸易价值链分工中，而且通过扩大开放反过来引导国内市场进一步开放，并开始探索构建竞争性的市场体系。中国的进出口规模在这8年间相继越过了2000亿美元、3000亿美元、4000亿美元和5000亿美元大关；外汇储备也从1992年的不足200亿美元跃升至2001年的2121亿美元，增长了近10倍。更具指标意义的是，中国"入世"，不仅无须再像过去那样每年都要争取所谓的"最惠国待遇"，而且堂堂正正融入全球贸易体系（尽管这个体系是发达国家主导设计的），中国本就相当完整的制造业体系通过技术进步和贸易价值链的延伸，也一定程度上提高了中国在全球分工中的地位。这是中国对外贸易改革与发展的2.0版。

第三阶段即2001年至2018年。在这期间，中国在不断健全社会主义市场经济体制的基础上，逐步确立了科学发展观的新思路，在全面参与全球经济竞争过程中，经济规模从2001年的1.3万亿美元跃升至2017年的18万亿美元，是全球仅有的两个GDP超过10万亿美元的经济体；外贸总额更是超过6万亿美元，服务贸易国际竞争力也不断增强。英国《经济学家》杂志早在2012年即刊文，认为中国在2012年首次超过美国成为全球第一大货物出口国的成就堪称实现了清朝乾隆皇帝的遗志。

尽管2016年12月，美欧日等主要经济体在中国正式加入WTO15年之际拒不承认中国的市场经济地位。日本甚至故意放大这种拒绝声音的分贝，但作为全球第一大贸易体的中国，显然已经有了很强的规则适应性，更懂得利用规则，随即在当年12月12日，就美欧对华反倾销"替代国"的做法先后提出了WTO争端解决机制下的磋商请求，正式启动了WTO争端解决程序。当时连英国《金融时报》都看不下去了，发表社论呼吁美欧日理性解决与中国的分歧。

2018年6月28日，国务院新闻办公室发表《中国与世界贸易组织》白皮书，在四个方面阐述了中国改革开放40年来，尤其是2001年加入WTO以来，中国是如何深度参与经济全球化的，是如何积极践行自由贸易理念，全面履行加入承诺，大幅开放市场，以实现更广互利共赢的；还向世界阐述了中国作为既有国际经济体系的重要受益者和维护者，坚决维护世界贸易组织作为多边贸易体制的核心地位，并积极争取与有关负责任经济体一道，遵守和维护WTO规则，支持开放、透明、包容、非歧视的多边贸易体制，全面参与 WTO 工作。这是中国对外贸易改革与发展的 3.0 版。

迈向全球价值链中高端的路径

总结中国加入 WTO 以来的对外贸易发展成就，可以发现，得益于贸易条件改善、全球产业转移以及一定时期内劳动力成本的比较优势，中国迅速成长为全球第一出口大国和制造大国，积累了巨额外汇储备，并在全球价值链分工环节取得了相对稳定的收益。中国也被视为全球制造业高、中、低三个产业链均比较完整的少数国家之一。

但是，自由贸易，就其本质而言，从来都是伪命题，促进贸易便利化才是各国追求的阶段性目标。如今，在这个依然由西方工业和金融强国主导的国际经贸棋局中，中国通过适应国际贸易规则、扩大贸易规模、提升产品竞争力稳步构筑双边与多边贸易体系，出口商品的附加值也有所提高，出口制造业在产业链中的位置逐渐上升。

不过，一个不容忽视的事实是，中国"入世"以来，在经济实力和全球贸易版图中的地位提升，某种程度上说可谓超出了包括美欧日等发达国家的预期与实际控制边界，况且一向拥有制度优势与傲慢心态的他们，打心底里就很难认同中国的发展模式。甚至在一些西方人士看来，中国在初步完成工业化和初步建成相对完善的贸易与金融服务体系后，其在国际经济秩序改革中的诉求可能不仅仅是一种被动适应，而是基于已有的经济力量，积极寻求参与国际经济话语体系建设甚至重建话语体系，包括向世界提供公共产品，挑战既有国际经贸秩序。

因此，不管中国是否愿意，其实这都是既有秩序主导者的高价值战略目标，从战略上围堵中国日趋强大的高端制造业体系，逼迫中国二次"入世"，并将中国的发展态势控制在美国主导的既有秩序框架内。

客观而言，对于一个非常欠缺自主品牌又很少掌握定价权的新兴经济体来说，中国尽管头顶世界第一（有时第二）出口国的光环，但细细算来，其战略价值并不像想象中的那样大。以中美贸易结构为例，表面看来，中国是最大获益方，但实际上却是不折不扣的打工者。中国对美纺织品出口企业的平均利润率只有 2%—3%。即便是大宗的机电产品出口也主要以加工贸易为主，而且多由美国在华投资企业所生产。明眼人都知道，波音、苹果、通用汽车、福特、IBM、英特尔、宝洁、可口可乐等跨国公司才是最大获利者。例如，苹果在华构筑的产业链就突显中国相关产业国际分工地位的尴尬。中国已经成为苹果产业链中最大、最重要的制造基地，但同时也最没有话语权，因为这个庞大的制造基地的利润率微不足道。再如，苹果的 iPhone 获得的利润高到离谱，大名鼎鼎的代工巨头——富士康仅从 iPhone 价值链中获益不足 2%。

目前，中国出口制造产品中相当一部分依然集中于低附加值领域，绝大多数行业在国际分工中仍然处于产业链中低端。无论是属于劳动密集型制造业还是高技术产业都不同程度地存在以下情况：本土企业由于缺少核心技术和核心产品，严重依赖国外的技术创新，盈利水平受到限制和挤压。在一些先进制造业领域，跨国公司通过产品链条内的垂直分工，在中国投资进行较低附加值零件的生产和整机装配，同时进口凝聚技术精华的高附加值部件，大部分利润都被外资拿走了。其结果，是出现了严重的产业空洞化现象，即技术密集型产业没有核心技术，形成对跨国公司的技术依赖；其后果，是当国际贸易条件恶化时，会在技术上受制于人。因此，所谓的中美贸易失衡尽管可以简单地从数字上进行分析，但更应站在价值获益的角度来剖析，显然，美国才是切切实实的赢家。

中国经济在加入 WTO 后取得的巨大成就，本身就是中国遵循市场经济基本规律，秉持贸易自由化和便利化的结果。笔者并不否认中国在经济运行中依然存在一定程度的国家干预，但包括中国最高决策层在内的市场主体这些年来一直在采取积极行动，以推动市场在资源配置中发挥决定性作用的机制早日建成与完善。尊重市场规律、敬畏市场、推动自由贸易，已是包括中国政府在内的主要市场主体的广泛共识。况且中国早已是具有相当贸易反制能力以及重构区域乃至全球贸易规则的重要参与主体。后续，中国和欧美、日本等国家或地区将围绕市场经济地位和维护多边贸易体系问题展开多轮博弈，包括合作性博弈与被动的非合作性博弈。但是，无论如何，中国作为经济全球化和贸易自由化的重要受益者和体系的稳定力量，将会在探索构建与主要贸易伙伴之间有效的利益分享机制的基础上，稳步提升中国在全球贸易价值链中的地位。

中国高水平对外开放的经济学逻辑

国家主席习近平在 2019 年第二届"一带一路"国际合作高峰论坛上宣布：中国将采取一系列重大改革开放举措，加强制度性、结构性安排，促进更高水平对外开放。他着重阐述了将在如下五个方面启动具体开放举措：更广领域扩大外资市场准入，更大力度加强知识产权保护国际合作，更大规模增加商品和服务进口，更加有效实施国际宏观经济政策协调，更加重视对外开放政策贯彻落实等。

上述五个方面的开放举措，就一国经济对外开放体系的基本要素而言，构成了完整的内外呼应体系。

融入全球价值链，继续推进开放

首先，业已深度融入国际经济体系尤其是全球价值链体系的中国经济，若要实现产业链上的进一步升级，既离不开本土企业基于自主创新技术的供给能力的提升，也离不开有实力的外部参与主体或曰外资的深度参与。事实上，中国已经实施的准入前国民待遇加负面清单管理模式，包括继续大幅缩减负面清单，推动现代服务业、制造业、农业全方位对外开放，并在金融服务业与高端制造业等更多重要领域允许外资控股或独资经营，就是这一开放逻辑的政策表达。

除此之外，开放举措也表现为在原有自由贸易试验区的基础上，拟新布局一批自由贸易试验区；加快探索建设自由贸易港；加快制定配套法规，确保严格实施《外商投资法》等，为全球投资者无后顾之忧地进入中国市场提供制度性、技术性安排与法治化保障。同时也为此推出了更大力度加强知识产权保护国际合作的相关举措。

其次，更大规模增加商品和服务进口，是中国由制造业大国和出国大国向产业与资本强国迈进，进而发展为全球经济体系重要担保人的自然逻辑延伸。因为自中国加入WTO以来，得益于"入世"红利、全球制造业转移红利与人口红利，中国制造业在规模上先后超过了德国、日本，并在2010年超过美国跃居世界第一。这是美国自1895年以来首次让出全球制造业龙头地位（若按照技术、品牌与获益程度等指标来衡量，美国依然是全球第一制造业强国）。据世界银行统计，美国制造业增加值占GDP的比重从1997年的16.1%下降至2017年的11.6%，而中国制造业占GDP的比重在2017年超过了30%。

今日的中国，既是世界上最具规模化生产能力的"工厂"，也拥有世界上规模最大的中等收入群体，消费升级正在加速，消费增长潜力巨大，是名副其实的"世界市场"。更大规模增加商品和服务进口，既是平衡中国与主要贸易伙伴经济关系的基础性需要，也是提升消费品质的结构性安排。

最后，更加有效实施国际宏观经济政策，更加重视对外开放政策贯彻落实，以防止全球有实力参与主体在对外经济政策上出现"合成谬误"，避免"以邻为壑"与单边主义和保护主义对全球经济与贸易体系的冲击，是中国作为负责任的新兴经济体致力于全球经济增长与可持续发展的国际承诺。

笔者曾分析过，全球化、自由贸易和多边主义之所以在近年来遭遇保护主义的阻击，相当大程度上是由于美国持续推动全球化和自由贸易的动力不足，或者在拒绝踩油门的时候，并未找到有效的替代方案，足以让其他发动机进入现有的动力系统。

换句话说，作为全球化、自由贸易的最重要推动者和最大受益者的美国，当其发现全球化、自由贸易和多边主义趋势及其引致的显性与隐性收益越来越超出美国的能力控制边界，而美国为其埋单的意愿与能力又在不可避免地下降时，"逆全球化"的孤立主义抬头便成为国家行为的阶段性表达。这个时间窗口大约就发生在美国基本完成对金融危机的修复、下大力气巩固国内制造业竞争力、启动加息的2015年底。

因此，如果从全球经济竞争与格局变迁的视角观察，全球化退潮，或曰全球范围内的多边与双边开放出现了某种程度上的国家级层面的意愿下滑，盖因过去扮演着经济全球化最重要动力的发达国家，面对新兴经济体实力的成长以及参与全球经济治理变革意愿与能力的增强，表现出了一定程度上的不适应；而自工业革命以来长期傲视全球的美欧产业与金融资本，当其发现来自新兴经济体的跨国资本越来越成为全球资源配置的重要参与主体时，同样表现出某种程度上的不适应。

经典贸易理论经得起时空检验

所有理性的市场主体都应当明白：自由贸易，对外开放，比较优势，竞争优势，市场经济，全球经济一体化，节约交易成本，国家、市场和企业的关系等，一直是 17 世纪以来全球经济发展与经济学发展历程中的一系列理论与政策的代表作。如今，尽管全球经济、贸易与金融一体化趋势遇阻，但对于技术的进步却不能人为设置障碍，尤其是大数据技术与人工智能的突飞猛进，使得全球范围内的市场扩张与财富重新配置不可避免。而基于要素自由流动和交易成本节约的全球化内生动力是很难遏制的，换句话说，无论是美欧等发达国家，还是中国和广大发展中国家，没有任何一方可以无视产业链、供应链、服务链乃至价值链的互相链接，没有任何资本力量和国家力量能够通过构筑各种壁垒阻挡全球要素的合理流动。

经典的贸易理论不仅经得起时空检验，更因其作为人类智慧的结晶，往往还具有历史的继承性。已有研究显示，中国基于自由贸易和比较优势的对外开放实践，与斯密、李嘉图、赫克歇尔（Eli Heckscher）和俄林（Bertil Ohlin）等西方经济学家的一系列经典的贸易理论其实存在着某种程度的吻合。例如，早在两千多年前，中国的《史记·货殖列传》和《淮南子·齐俗训》就已经用"以所多易所鲜""以所有易所无""以所工易所拙"对类似的经济学逻辑给出了凝练表达。研究经济思想史的一代宗师胡寄窗先生曾在其英文著作 *Chinese Economic Thought Before the 17th Century* 中对中西经济思想的互通之处给出了理论和逻辑上的阐述。

可见，作为全球经济增长重要推动力的自由贸易与对外开放，亟待有实力参与主体以实实在在的行动推动全球资源配置的进一步国际化与便利化。而中国作为全球化、自由贸易和对外开放的重要受益者，本身也肩负着推动者的历史使命。中国将采取的一系列重大改革开放举措，包括加强制度性、结构性安排，促进更高水平对外开放，其实是与不断完善中的社会主义市场经济理念一脉相承的。而关于市场经济的标准，迄今为止没有统一的认识，经济理论上也存在很大的分歧。

但市场经济作为竞争的经济，毕竟是人类文明的一种历史形式，因而必然有其内在的社会秩序，即一整套关于市场竞争的行为准则。从现有理论研究和有关法律规定来看，可以概括出一些具有共性的方面，包括政府的作用和行为是否规范化；企业的权利和行为是否自由化，生产要素市场化的程度，包括要素的价格是否由市场决定；企业的成本是否真实；贸易条件的公平程度；金融参数合理化等。其核心问题在于：从政府、市场、企业三者关系上判断资源配置效率与市场竞争，尤其是市场准入及市场定价的自由程度、企业行为的自主程度等。

所有这些理念，与中国着力加强制度性、结构性安排，促进更高水平对外开放的核心逻辑是高度一致的，说明中国在确立了市场经济的基本框架之后，已经或正在通过实现资源配置方式的变化、政府宏观干预方式的变化、所有制和企业产权制度的变化，包括所有制结构的变化和企业竞争自由度的变化等，厘清政府、市场与法治的关系，清晰定位政府与市场的边界，为更高水平的对外开放奠定体制性基础。

对标对表，上海国际金融中心建设衔枚疾进

2020 年 2 月 14 日，中国人民银行、银保监会、证监会、外汇局、上海市人民政府联合发布了《关于进一步加快推进上海国际金融中心建设和金融支持长三角一体化发展的意见》，围绕贯彻落实党中央、国务院关于扩大金融改革开放的部署，出台了 30 条具体措施。从措施的具体内容来看，每一条都有很强的现实针对性与政策目标指向，意在通过加快推动上海更大范围、更高标准、更高水平的市场开放、业务创新、要素集聚和规则接轨，努力实现将上海基本建成与中国经济实力以及人民币国际地位相适应的国际金融中心的目标。

作为承载国际金融中心建设的重要行为主体，上海市政府更是在全力推进国际金融中心建设。2020 年 1 月 15 日，上海市政府发布了《加快推进上海金融科技中心建设实施方案》，从五个方面提出了 25 条创新务实的工作举措，力争用 5 年时间，将上海建设成具有全球竞争力的金融科技中心。

在国家任务、历史使命与既定的时间节点面前，向来以高标准的先行先试引领中国金融改革与开放发展的上海，既要对标纽约和伦敦等主要国际金融中心的先进管理经验与国际化运营规则，更要以夙夜在公的精神勤勉工作。当然，由于国际金融中心建设是极为复杂的系统性国家工程，仅仅依靠地方政府的努力远远不够，还需要具有沟通协调与执行能力的体系性支撑来保障实施。因此，无论是承担着重要协调角色的中国人民银行，还是作为重要参与主体的银保监会、证监会、外汇局，以及握有相关资源支持能力的发改委、科技部、工信部和财政部等部委，都要以前所未有的紧迫感，协调落实和加快推动上海国际金融中心建设。而从协调与执行层面来看，2019 年 1 月 17 日出台的《上海国际金融中心建设行动计划（2018—2020 年）》就明确规定，该行动计划是经过国务院同意，由中国人民银行等八部门联合印发并协同推进的。这体现了中央政府层面的统筹协调与相关参与主体的各司其职。

另一方面，就全球金融体系改革与发展以及国际金融中心的竞争格局而言，国际金融中心建设早已不局限于一国的国内事务，而是需要有关国际市场主体的深度介入与合作共赢。换句话说，上海能否如期建成与中国经济实力和人民币国际地位相适应的国际金融中心，不仅取决于中国经济发展能级的提升和人民币国际化的进度，还要看高盛、摩根士丹利、瑞银、贝莱德等全球顶尖金融资本是否会将上海视作持续分享中国经济发展的最重要平台，以及国际产业资本是否会无后顾之忧地将上海作为其在亚太乃至全球价值链管理的总部。

当下，中国境内超过 2 万亿美元的外资每年创造的利润以千亿美元计，这是中国全球产业链中心的吸引力所在。当然，国际金融资本同样关注中国逐步成为全球财富中心所带来的巨大市场机会。事实上，在全球经济、贸易与金融遭遇诸多不确定的 2019 年，以摩根大通、野村、瑞银等为代表的国际金融资本却普遍看好中国市场，明显加快了在上海的业务布局。随着 A 股被纳入 MSCI 指数和富时罗素新兴市场指数、中国债券市场被纳入彭博巴克莱全球综合指数，2019 年境外投资者净增持境内债券和股票的规模高达 1280亿美元。2019 年 6 月 17 日沪伦通的正式启动，标志着东西方两大指标性城市上海和伦敦实现金融交易体系的有效对接，也预示着拥有广阔市场空间和巨大金融服务需求的中国，正加快向包括英国在内的发达国家释放改革与发展红利。

全身密布金融基因的英国，最近几年一直在铆足劲推动伦敦作为欧洲人民币离岸中心的建设步伐。这对于脱欧之后的英国而言，是一次国家发展战略机遇期的把握。作为老牌金融"贵族"，英国有几点优势是新兴经济体无法企及的：伦敦是全球最有历史底蕴的顶尖金融中心和初级产品定价中心；在国际金融市场，伦敦的服务水平长期位列世界第一；伦敦的全球最重要外汇交易中心地位更是多年来无人可以撼动；伦敦还是全球最顶尖金融专才和金融创意的集中地带。所有这些无疑是非常重要的海外资源。在迈向具有全球影响力和竞争力的国际金融中心的进程中，上海需要特别重视吸收伦敦等老牌国际金融中心建设的历史经验，补齐相关体系与要素短板。同时，上海要前瞻 21 世纪国际金融中心竞争与发展过程中面临的新机遇以及可能出现的新变数，更要深深植根于中国作为全球最大新兴经济体的基本国情，将建成以人民币计价的全球财富配置中心与资本的资产定价中心作为突破口，持续推动全球性金融公共产品供给体系的丰富与完善。对趋势变迁一向极为敏感的英国人也明白，人民币国际化是很难阻挡的趋势，事实上，伦敦已是世界第一大人民币离岸外汇交易中心和全球第二大人民币离岸清算中心。

假如有一天，来自美欧日的高科技企业能像阿里巴巴在纳斯达克上市那样在上海的科创板挂牌，则预示着上海将基本奠定在亚洲的金融资产配置与财富管理的中心地位。

中企如何跨越国际化新"陷阱"

美国《财富》杂志于 2022 年 8 月 3 日发布了世界 500 强排行榜。作为全球前两大经济体，美中两国上榜企业数量比其他所有国家上榜企业总和还多，足见一国经济体量与其拥有跨国公司数量的正相关关系。

自这份排行榜 1995 年面世以来，长期占据榜单的企业主要来自美国、日本以及欧洲经济强国，中国企业长期处于配角地位。例如，1995 年，美国和日本分别有 151 家、149 家企业上榜，而中国只有 3 家；6 年之后，即中国加入 WTO 的 2001 年，中国上榜企业已有 12 家；10 年之后的 2011 年，随着中国经济规模超过日本，中国上榜企业数量也顺势超过日本。时至今日，中国企业已是这个排行榜的绝对主角。（见图 8-2）

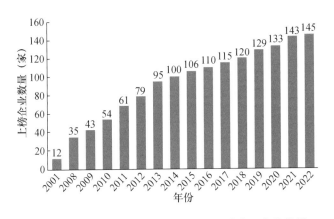

图 8-2 进入《财富》世界 500 强榜单的中国企业数量

数据来源：《财富》。

这个变迁突显了加入 WTO 以来中国企业通过深度参与全球分工与全球资源配置等取得的巨大进步，也再度印证了经济全球化、国内外市场有效对接以及持续扩大开放对于新兴经济体和广大发展中国家的重要意义。

透过时间光谱来看，中国从 1978 年启动改革开放到 2001 年加入 WTO，用 23 年时间奠定了参与全球经济分工以及企业国际化的相关基础，并以加入 WTO 为逻辑起点，打开了中国企业与国际市场双向联动的接口，随即经历了三个发展阶段：

第一阶段是 2001 年到 2006 年的"入世"过渡期，中国企业在相对友好的国际大环境下得以快速成长。

国内企业一方面加紧熟悉国际规则尤其是商业规则、法律规则，逐步提升风险意识；另一方面抓住"入世"带来的巨大发展机遇，充分发挥出口加工业多年来积累的比较优势，全力扩大对发达市场以及新兴市场的出口。制造业企业也通过承接国际产业转移红利和吸收较为先进的技术，结合自主研发，显著提升了国际竞争力，国际市场份额持续扩大。以银行为代表的中国金融业也充分利用过渡期赋予的改革时间窗口，引进国际战略投资者，加快股权改革并建立现代公司治理制度，大大缩小了与国际同行的差距。

第二阶段是 2007 年美国次贷危机爆发至 2012 年全球基本走出衰退泥淖的动荡期，中国企业经受住了国际金融危机冲击尤其是出口市场波动的严峻考验。

在国家积极扩大内需并推动中国企业"走出去"寻求全球资源配置的战略部署下，有条件的中国企业通过"入世"以来学到的知识，在与美欧、日本同行们的竞争中不断积累经验，积极寻求扩大海外市场份额，为构建区域乃至全球资源配置体系奠定物质和技术条件。这一阶段既是中国和全球主要经济体之间形成有效分工与合作的黄金时期，也是中企国际化能力提升最快的时期之一。在此期间，中国陆续对外释放发展红利，不断开放国内市场，成为全球直接投资的最重要参与主体之一。

第三阶段是以 2012 年召开的中共十八大为标志，开启中国企业深度参与国际分工并在全球价值链、产业链与供应链"三链"中承担关键角色的新时期。

中国一方面以供给侧结构性改革来恢复国内经济的再平衡，在此基础上又通过全方位、多层次、宽领域的高水平开放，致力于构建与完善现代化经济体系。另一方面，以前所未有的力度推动区域与全球贸易与投资便利化和互联互通，并通过中企与"一带一路"沿线国家企业的互利合作，将具有全球公共产品性质的"一带一路"倡议落实到具体行动中，中国也因此成为维护和引领全球化的重要力量之一。不少具有全球竞争力的世界一流中企，就是在此期间发展壮大起来的。

遗憾的是，2017年以来，主要发达国家推进全球化的动力偏好明显衰减，保护主义、单边主义成为全球金融稳定、贸易与投资便利化以及企业寻求全球资源优化配置的严重制约因素，导致已深度融入全球经济体系并在包括发达国家在内的世界各国经济生活中扮演重要角色的中国企业，面临"入世"以来国际化的重大"陷阱"，即作为全球化重要受益者的中国企业，以某种方式回馈全球化带来的发展红利时，却遭遇了各种有形或无形的保护主义阻击，国际生存与发展环境大不如前，甚至面临着"半全球化"的危险。所谓"半全球化"，是指有人认为全球有可能分化为两套市场和技术体系，中国企业无法以平等市场主体的身份全面参与。显然，这已成为21世纪全球化遭遇的最严峻挑战之一。

不过，有危就有机。如果我们冷静观察就会发现，尽管当今世界秩序不确定性日增，甚至看起来有些险恶，但即便现在最蛮横、最不遵守国际规则的国家，也不可能对全球化趋势进行持久打压。那些入选《财富》世界500强的中外企业，仍将是全球化的主体。具有真正全球视野和企业家精神的企业掌舵者们也更明白，基于要素自由流动和节约交易成本的全球化内生动力很难被扼杀。当今世界，没有任何国家或任何企业可以人为阻断产业链、供应链、价值链。它们不要试图证明自己比市场驱动的自由经济秩序更聪明。

最大限度促进并推动资本、技术与相关要素合理流动，构建中外企业以及中国企业与全球服务对象或消费者间广泛的利益共享机制，持续释放中国企业的国际化红利，是跨越国际化新"陷阱"的关键之举。

RCEP：竞合时代的区域自由贸易新范式

在区域与全球公共产品供给因受保护主义、单边主义影响而面临动力不足等问题的当下，RCEP 的签署，是向不确定的世界经济注入可预期增长红利要素的关键之举。

有国际主流财经媒体对此发表社评，指出在自由贸易的好处受到质疑、世界各地对全球化担忧上升之际，RCEP 的签署不仅具有很强的象征意义，更提醒世人：自由贸易是实现更大繁荣的最佳途径。

的确，当向来主张自由贸易且从中获得太多利益的资本主义世界，近年来开始出现某种意义上的抗拒自由贸易倾向时，特别需要国际社会有实力参与主体以实际行动展现出对自由贸易或曰贸易与投资便利化的大当量支持。而涵盖亚太地区最具增长活力经济体的 RCEP，无疑是对经济全球化和区域经济一体化的最好注脚。

就 RCEP 共 15 个成员的国情、经济发展水平与制度文化而言，能够在不到 10 年的时间里通过谈判最终达成高水平贸易协定，本身就是凝聚各成员智慧和集体智慧的代表作。众所周知，自从斯密开创现代经济学以来，自由贸易作为古典经济学的核心理念之一，在推动全球经济增长以及增进各国民众福祉等方面发挥着重要作用，亦是全球经济繁荣的重要动力。但自 2017 年以来，全球贸易受到具有某种强烈政策偏好的因素的干扰，主要经济体之间的贸易摩擦不断加剧，以至于 2019 年全球贸易量出现了 10 年来的首次下降。而被广泛视为全球在贸易领域最重要公共产品的 WTO 面临着存续危机，表明个别国家的"败德行为"正在破坏自由贸易的基石，堪称后布雷顿森林体系时代的全球贸易体系正面临着重大挑战。

所幸的是，随着数字技术的发展，服务贸易正成为国际贸易中最具活力的组成部分，根据 WTO 发布的《2019 年世界贸易报告》，从 2005 年至 2017 年全球服务贸易平均每年增长 5.4%，预计此后 20 年里这一趋势还将保持下去。中国则是全球服务贸易增长的主要推动力量之一，这也是人均 GDP 跃上 1 万美元的中国向全球范围内的贸易伙伴释放发展红利的真实体现。

细观 RCEP 的全部 20 章条文，尽管内容十分丰富甚至某些条文较为复杂，但最具显性特征的是降低关税。例如，货物贸易零关税产品数整体上超过 90%，服务贸易和投资开放水平显著高于原有的"10+1"自贸协定，同时新增了中日、日韩两对重要经济体之间的自贸关系。特别是中日作为全球第

二、第三大经济体之间的关税减让安排，将大大促进东亚经济一体化。而具有指标意义的放开和统一成员内部商品贸易的原产地规则，即原产地规则的统一，将十分有利于推动更具广泛意义的亚太自贸区（FTAAP）进程。熟悉进出口业务的人都知道，当出口商只需一份原产地证书即可与 RCEP 的任何成员进行贸易时，其战略价值就不仅仅是便利化和节约交易成本的相关制度安排，而是维护区域产业链、供应链安全稳定的重要保障。

中国目前已在亚太乃至全球产业链上、中、下游三个环节扮演着双重角色。中国不仅是全球中间品最大提供者，而且在全球产业链扮演着承上启下的核心角色。中国不仅在包括信息、高端装备制造等领域逐步攀升至全球价值链中高端环节，而且在全球产业链分工的中低端环节已形成了以中国为上游国、越南等地区性制造中心为下游国的国际分工格局。中国也由此构建了更具活力的内外经济联动体系。而在 RCEP 框架下，中国外资企业将基于产业与技术分工构建新的利益共同体，无论是对中国企业拓展全球化产业链，还是向区域成员释放来自中国的资源配置与相关发展红利，均是十分有益的结构性安排。

应该说，无论是中国与全球主要经济体之间的产业链分工与合作，还是中国作为全球产业链与供应链的中枢，其形成与发展，都有内在的经济逻辑，既具有全球工业生产与产业格局变迁的周期性与阶段性特点，也具有周期内的稳定性特征。

中国在 2010 年前后成为在全球制造业中高、中、低三个产业链均比较完整的新兴经济体，也正是自那个时候开始，中国成为全球经济增长的最重要力量，并向区域和全球不断释放来自中国的增长红利。这波红利的释放，未来将基于制造业升级、高水平开放以及金融国际化等陆续展开，而 RCEP 的适时签署与落地实施，可能将使释放的增长红利持续 30 年之久。显然，这将构成 21 世纪上半叶经济全球化和贸易投资进一步便利化的新动力。

竞合时代，亚太地区经济社会发展水平存在较大差距的 RCEP 成员，通过达成高水平自由贸易协定，不仅有效回击了近年来盛行的贸易碎片化、块状化以及国家层面的利己主义，而且有望通过后续的落地实施为全球新型多边贸易投资协定的可复制与推广提供新的发展范式。

规范外资，安全护航更高水平开放

国家发改委和商务部于 2020 年 12 月 19 日发布《外商投资安全审查办法》，一些外媒对此投来"异样"关注，故意将其与保护主义挂钩。其实，通晓国际投资规则与属地化管理的人都清楚，外商投资安全审查制度是美国、欧洲、日本、澳大利亚等发达国家或地区的通行做法，并非中国原创。从规范外商直接投资的制度安排或曰政府规制的角度看，中国颁布实施这样的规定并无特殊目标指向，而恰恰是合规之举。

改革开放 40 多年来，中国之所以能从国际贸易投资领域的弱势参与主体成长为全球第二大吸收外资国家，一个重要原因就在于中国通过持续扩大开放不断优化营商环境，进而释放出一波又一波红利。统计数据显示，2020—2022 年，中国每年吸收的外资金额分别为 1493 亿美元、1734 亿美元、1891 亿美元。即便新冠疫情这个重大外部变量严重冲击国际贸易与投资，也没改变中国作为全球最受欢迎投资目的地之一的客观现实。

作为当今世界两个经济规模超过 10 万亿美元的经济体之一，中国的存量外资规模高达 2.4 万亿美元，每年投资收益上千亿美元。随着中国向全球第一大经济体和第一大进口市场迈进，中国向国际市场释放的红利就不仅限于一般的市场机会分享，更有"质优价适"的体系化产品，还有人民币国际化的巨大红利。

聪明的国际投资者格外重视研究中国的重大发展战略。在他们看来，中国之所以成为全球最重要的制造业和贸易中心之一，持续扩大开放并有效承接经济全球化带来的相关红利是根本原因。中国 2020 年 1 月 1 日正式施行的《外商投资法》，以法律的权威和强制执行力切实加强对外商投资合法权益的保护，放宽市场准入，优化营商环境，旨在从制度设计与执行层面实现中国与发达国家在市场准入和知识产权保护方面的有效对接。

随着中国即将完成工业化，并致力于建设产业与资本强国，中国还将不断优化外商投资环境，并致力于以更高层次的开放提升国际竞争力，以广阔的市场空间和持续扩大的服务需求向国内外参与主体释放改革与发展红利。

但这个世界上不存在只能开放而不受管理的市场，否则这个市场就会陷入某种意义上的"公地悲剧"。聪明的国际投资者也不会久留于那种"公地"。事实上，当今世界，没有任何国家不重视包括产业安全、金融安全等在内的国家经济安全体系的构建。无论是作为全球第一大外资吸收国的美国，还是国际市场上的重要参与主体德国、日本、英国、法国等，莫不如此。只是个别西方大国近年来故意对其加以歪曲利用，动辄以国家安全为由对外国投资进入本国市场设置重重障碍甚至进行制裁，导致保护主义、单边主义成为国际贸易和投资便利化的重大威胁。"十四五"时期和未来相当长时期内，中国都将基于良好的制度设计与高水平对外开放，推动全球贸易与投资贸易便利化，引领新一轮经济全球化的发展。未来十几年，我们只要保持年均5%左右的有效增长，就将在2035年成为全球第一大资本输出国和最大消费市场。在此过程中，如何以市场化、法治化、国际化的营商环境促进和保护外商投资，如何在对接国际通行贸易和投资规则的同时有效维护国家经济安全，进而确保中国经济持续健康发展，不仅是摆在中国政府面前的任务清单，也是中国作为21世纪全球贸易和投资体系重要担保人应尽的国际责任。

中国高水平对外开放的国际政治经济学逻辑

全球要在短期内修复业已撕裂的全球经贸与技术体系和早已恶化的金融生态，说易行难。如何治理经济体系或曰经济生态系统业已出现的功能性紊乱，将是各国面临的头等大事。

对于中国而言，通过高水平对外开放向不确定的世界注入稳定因子，进而促进和引领区域乃至全球范围内的贸易与投资便利化，是历史赋予中国作为全球第二大经济体的使命。

中国多年来一直坚持对外开放

2020年12月召开的2020年中央经济工作会议在部署"十四五"开局之

年的工作时，就构建高水平社会主义市场经济体制、实行高水平对外开放、推动改革和开放相互促进等提出了具体工作要求，包括放宽市场准入，促进公平竞争，保护知识产权，建设统一大市场，营造市场化、法治化、国际化营商环境；积极考虑加入 CPTPP；在完善宏观经济治理，加强国际宏观政策协调的过程中重视运用国际通行规则维护国家安全。概言之，业已成为全球超大规模市场的中国，不仅没有因为来自外部经济保守主义的干扰甚至打压而收紧对外开放的步伐，反而坚持实施更大范围、更宽领域、更深层次的对外开放。

众所周知，中国对外开放是在没有现成参照系的背景下启动、探索与逐步深化的。如果从时间序列来看，从 1978 年十一届三中全会正式决定实施对外开放到 2013 年十八届三中全会通过《中共中央关于全面深化改革若干重大问题的决定》的整整 35 年，都在为中国今天实施高水平对外开放而进行准备。

因为从过去这 30 多年来中国经济增长的构成要素来看，正是得益于政府对民营经济管理体制改革的深化，民营经济的发展环境得到了显著优化，中国民间长期被压抑的营商禀赋被激发出来，加上持续扩大的对外开放促进 FDI 的流入以及在民营、外资企业的效率辐射和竞争下，国有企业本身经营效率的不断增进，共同构成了中国经济增长的动力。

2013 年以来，随着发达国家经济实力相对下降，在推动经济全球化和提供全球公共产品供给方面明显后劲不足，甚至出现了集体"内卷化"趋势，导致全球经济与贸易体系担保人面临结构性缺位、国家层面的利己主义明显抬头、自由贸易发展不时面临"缺氧"的局面。

在这一充满不确定的时期，中国以改革开放 40 周年为契机，陆续向世界释放了一系列超预期开放措施，不断缩短外资准入负面清单，加快推进自贸区建设，积极谋求与区域和全球重要经济体达成双边或多边贸易和投资协定，以建立长久稳定的市场准入机制。

另一方面，中国也在此期间向全球推出了金砖国家新开发银行、亚投行等凝聚最大公约数的投融资公共产品，充分体现出中国作为全球化的重要受益者，在多边贸易体系与全球经济一体化逻辑受到空前挑战的今天，以持续开放履行中国在市场准入、货物贸易、服务贸易、知识产权保护以及透明度等方面的承诺，向新一轮全球化提供重要动力。事实表明，越是在全球经济处于不确定的时期，中国越是通过深度开放进一步融入乃至引领经济全球化，从而为全球经济增长提供最重要的动力。中国最近几年来对世界经济增长的平均贡献率超过30%就是明证。

以实际行动消除"萨缪尔森之忧"

新冠疫情作为重大外部变量，是导致2020年全球经济严重衰退、"萧条经济学"大面积回归的主要根源。由于疫情带来的相关冲击很难找到基线场景，一度让全球经济出现断崖式下挫，严重冲击着各国经济体系的弹性尤其是全球产业链、供应链的稳定性与韧性。

除却疫情的冲击之外，全球经济也受制于具有浓厚国家利益色彩的保护主义、单边主义、霸凌主义的拖累。以中日韩为代表的东亚国家尽管率先受到疫情冲击，但整体而言，在面对疫情冲击时表现出了很强的综合应对能力。特别是中国，能够在较短时间内稳住经济基本盘并成为2020年全球主要经济体中唯一实现正增长的国家，这将成为全球灾害经济学史上最具研究价值的大国样本。

随着RCEP的签署与逐步落实，东亚、东南亚有望成为全球投资贸易增长的重要来源地带；随着多边主义有望在某种程度上回归，如果主要经济大国能够在经济贸易领域保持稳定态势，并启动加入CPTPP的谈判进程，将给原本处于显著不确定预期的全球经济贸易体系注入稳定因子。

当今世界，没有任何国家、任何企业可以无视产业链、供应链、价值链的链接，没有任何资本或国家力量能够通过构筑各种壁垒阻挡全球要素的合理流动。换句话说，并非帕累托最优的全球化尽管并不完美，却是促进全球经济有效增长和实现人类福祉的不可替代路径。

因此，中国在此背景下启动新一轮高水平对外开放，不仅体现出一个经济规模超过18万亿美元、存量外资规模高达3.12万亿美元，进出口超过6.3万亿美元的开放型经济体，以更加积极和开放的制度安排，在深度融入并引领全球经济贸易与金融体系变迁过程中向国际市场持续释放红利的负责任大国形象，也在一定程度上以实际行动消除"萨缪尔森之忧"。

所谓"萨缪尔森之忧"，源于萨缪尔森在美国经济学杂志 JPE（*Journal of Political Economy*）2004 年夏季号发表的一篇题为《主流经济学家眼中的全球化》的论文。该论文以中国、印度经济崛起为背景，论述美国在某一领域作了相应创新使得它获得了竞争优势，而一旦后起国家通过借鉴和学习也获得相应的生产率，则美国的竞争优势将不复存在，国家利益将永久受损。某种意义上说，萨缪尔森的这篇文章影响着美国决策者的国际贸易政策思维。

随着中国在技术上的不断进步，中国在全球产业链、供应链中的地位也将不断提升。中国在对接国际通行贸易与投资规则的同时也将重视维护国家经济安全以确保中国经济持续健康发展，但中国和主要发达国家之间的经济互补性在 21 世纪上半叶都将长期存在。

全球经济发展、贸易与投资便利化以及金融稳定，都需要主要经济大国之间消除分歧，共同促进商品和资本的自由流通，从共享中获取利益，并在积极推动全球有效经济增长的同时，共同完善全球经济治理体系。这也是中国高水平对外开放的国际政治经济学逻辑。

第九章
经济何以有效增长与协调发展

把准独特新兴大国的经济增长机理与发展脉搏

未来一段时期，中国在加大对人力资本投资的同时，应以前瞻性的技术投入和高质量的技术改造引领产业结构整体升级。现阶段，某些具有相对竞争优势的企业在承接国际技术转移的基础上，更应通过自主创新提高中国企业在全球价值链中的安全度。另一方面，中国应着力提升金融市场、研发设计、系统集成等专业服务能力，强化金融服务、技术供给和运营管理功能，特别是管理全球供应链的能力，加大对战略新兴产业领域的关键技术投资，以期在关乎中国未来国际分工地位的关键产业领域突破核心技术瓶颈。

全球经济正在某种程度上被看似非理性实则蕴藏国家竞争策略的贸易保护主义所绑架，进而面临新的增长不确定的微妙时间窗口。作为独特新兴大国，中国如何保持经济的稳定增长与发展定力，继续引领新一轮全球化和自由贸易秩序变迁，尤为重要。

中国对世界经济和经济学发展做出巨大贡献

自 2018 年 3 月以来，全球经济的最大变量源自全球第一经济大国，而这种变量，并非来自于经济学意义上的内生与外生变量，而是个别领导人的政策偏好与强烈的预期不确定。

对于全球第二大经济体而言，中国经济在 2018 年取得的 6.6% 的增速，为全球经济增长贡献了 30% 的增量，且这个数字是 IMF 经过测算得出的结论。IMF 于 2019 年 4 月 9 日发布的《世界经济展望报告》将中国 2019 年经济增长的预期调至 6.3%，比 1 月的预期上调了 0.1 个百分点。中国是主要经济体中唯一被上调经济增速预期的国家。而来自中国国家统计局的数据亦显示，得益于税收改革、有效的财政政策以及相关旨在促进消费的措施的表达，2019 年第一季度中国取得了 6.4% 的经济增速，超出了预期。正如 OECD 负责人当时所说的，增速即使放缓，预计中国经济仍将在 2019 年和 2020 年保持 6% 以上的增速，继续成为世界经济增长的主要动力，持续追赶发达国家。OECD 甚至在不久前发布的《中国经济调查》中预测，到 2030 年，中国在世界 GDP 中的占比将高达 27%，对世界经济增长的贡献将超过 OECD 成员。

中国改革开放在没有现成参照系的情况下取得了举世瞩目的成就。已有相关研究表明：中国在经济改革与发展过程中的许多成功探索，不仅部分改变了既有经济学的一般结论，而且正逐渐成为主流经济学的研究主题与关注焦点。例如，以国有企业改革为中心的经济体制改革某种意义上印证了渐进式改革的可行性与合理性，以及提炼出了转轨国家产权改革的逻辑。中国的改革让世人明白，尽管产权明晰非常重要，但并非是促进经济发展的唯一安排，也不是最重要的制度安排。产权制度是一种内生的制度安排，只有在市场经济其他制度相应完善的情况下，产权的内生才会明晰化，从而进一步促进经济的发展。而在一个有效政府的引导下，国企不仅能适应市场化，还能在市场竞争中构筑新优势。

可以说，中国以渐进式改革为特征的经济改革，为世界范围内的相关改革提供了极具价值的研究样本。关于这一样本的研究丰富了现代经济学的研究视角。事实上，从主要经济体的发展经验来看，国家面临的重要改革关口，都是经济研究与经济政策革命取得突破性进展的重要机会。上世纪 70 年代美国经济面临的滞胀难题为卢卡斯的新古典宏观经济学提供了难得的发展机会；而克林顿上台之后，面对老布什政府留下的成堆经济问题，问计于诸多大牌经济学家，于是把凯恩斯主义、货币主义、供给学派和理性预期学派中和起来，建立了一套既反对完全放任又反对过度干预的克林顿经济学，进而缔造了二战后美国经济史上的黄金 8 年，以至于不少美国人至今还在怀念克林顿执政时期的那段美好时光。

同样，尽管中国改革开放已历经 40 多年，出台了超过 1600 项的改革方案，但改革永远在路上。今日中国改革开放进程中面临的诸多复杂问题，也为富有责任感的中国经济学家们提供了极好的研究样本，比如市场经济体制的建立健全问题。

如何开启中国经济的下一个繁荣周期？

在逐步告别人口红利、"入世"红利和国际产业转移红利之后，未来中国经济增长动力将面临更多的不确定性。西方有经济分析人士曾断言：中国经济崩盘在即，这是典型的看空论调。不过，我们对之也不必太在意。如果换个角度观察，这未尝不是在提醒我们应该审视经济基本面与中长期增长风险。当然，笔者并不认同有些乐观论者基于康德拉季耶夫周期理论的判断，认为中国凭借调整经济增长工具就可实现每年平均 8% 的经济增速，直至2030 年。因为姑且不论要实现上述增长目标所需支撑条件是否足够充分，对这种严肃经济问题的求解，不仅需要长期跟踪研究，而且需要充分估计未来可能面临的各种复杂情况。

已有研究表明：中国经济增长对既有路径依赖较强。一旦既有动力衰退，而替代性动力发育不足，则意味着经济增速的滑落。因此，中国经济的下一个繁荣周期一定来自经济体制改革的深层次推进，也就是如何将拉动经济增长的引擎转到有效消费与技术进步驱动上来。对中国经济增长的周期切换，笔者曾提出过三个判断视角：一是新旧增长动力的"交接"周期及其平滑度；二是政府行为边界与市场行为空间的有效对接程度；三是微观主体的活力在行业和区域的分布及其表现。所谓"交接"，并非指新的动力完全取代传统增长动力的功能，而是指必须着力培育并固化支撑经济长期增长的主导性动力。

当今世界主要经济体之间的战略竞争越来越表现为对核心科技与产业主导权的争夺，尤其是底层技术和定价能力，已成为一国能否进入全球价值链高端环节的重要标志。作为后起的独特新兴大国，中国在由制造业大国和贸

易大国向产业与资本强国迈进的过程中，急需补齐在基础研究、产业化应用与全球资源配置方面的短板，加强对重要产业领域的自主技术供给，进而提升在全球市场的获益水平。

目前，中国制造业的产值大体与全球第四大经济体德国的经济规模相当，其中高端制造业在全部工业增加值中的占比与美国、欧盟与日本相差无几，说明基于技术进步的经济增长动力已较为强劲。但是，外资在中国高端制造业产出中扮演着重要角色，甚至在局部领域占据主导地位。而一些关键性技术短板，绝非一朝一夕之功能够消除。中国长期以来重视应用研究与实验而忽视基础研究的现状尚未发生根本改变。美国基础研究占全部研发投入的比重接近20%，而中国不足6%，差距相当明显。长期大量且稳定的基础研究投入，是孕育革命性技术突破的前提。而任何真正意义上的创新都是大规模的创造性破坏，既需要雄厚的基础研究积累的突破性表达，更离不开相关行为自觉的养成，尤其是开放的心态、甘于冒险、勤劳、富有趣味性以及敢于挑战技术权威的思维方式在全社会的广泛形成。

换句话说，要改变中国在诸如通用计算机CPU和基础软件以及集成电路芯片领域对外依存度过高而严重影响产业安全的被动局面，大量的研发投入固然是不可或缺的条件，关键还在于对基础性研究规律的充分尊重，对创新失败的包容，对人才创新禀赋的高度重视，对产权尤其是知识产权的最优先保护，以及浮躁心态的消除，等等。当前尤需改变业已僵化的行政主导的资源分配模式，急需营造良好的创新生态，改变政府在创新体系中的定位。中长期来看，还有赖于教育理念的根本性变革以及教育科研体制的突破性变革。

经济发展史已经证明：任何一个经济体要实现高质量发展，首先必须实现高质量增长。而实现高质量增长的前提是确保以知识创新、技术进步和人力资本为核心内生变量引致的规模收益递增。技术进步的内生化，倒逼21世纪的中国必须持续加大对人力资本的投资，促进劳动力要素合理流动，提高全要素生产率。如果能通过人工智能、大数据、"互联网+"等对传统产业进行技术与商业模式的改造，加大对前瞻性技术的研发投入与产业化应用，持续扩大开放，广泛激活民营经济的营商与创新禀赋，则基于全要素生产率显著提升的内生性增长将是支撑高质量发展的最重要基础。

从政策层面来看，中国的供给侧结构性改革，既要完成市场出清与新动力、新动能的培育，更要高度重视在全球经济一体化的逻辑框架下，对市场不稳定性和经济复杂性，尤其是对外部不确定性和复杂经济与金融系统的前瞻性研究。

基于此，未来一段时期，中国在加大对人力资本投资的同时，应以前瞻性的技术投入和高质量的技术改造引领产业结构整体升级。现阶段，某些具有相对竞争优势的企业在承接国际技术转移的基础上，更应通过自主创新提高中国企业在全球价值链中的安全度。另一方面，中国应着力提升金融市场、研发设计、系统集成等专业服务能力，强化金融服务、技术供给和运营管理功能，特别是管理全球供应链的能力，加大对战略新兴产业领域的关键技术投资，以期在关乎中国未来国际分工地位的关键产业领域突破核心技术瓶颈，早日形成能够支撑中国经济下一个增长周期的高端产业群。

没有任何一种单边乃至多边力量可以轻易切割中国的核心价值链，没有任何一种单边乃至多边力量可以轻易做空中国经济，打断中国经济发展周期。中国与全球主要大国围绕贸易争端和产业与规则控制权的争夺必将展开多轮战略博弈。为此，中国必须超越以往的惯性思维，掌握与不确定的竞争对手打交道的逻辑，更要提高早期预警能力，稳住发展预期。

把准全球科技中心变迁与人才流动新趋势

科技背后是经济实力、研发基础、微观主体、组织与制度体系、决策领导力以及科研环境等一系列要素的集合体。2022年，中国研发投入已达到4400亿美元的规模，占GDP的比重为2.55%，与欧盟的平均水平相当。无论是研发投入增长速度还是研发人员增长速度都是主要经济体中表现最突出的。如今，中国无论是在基础研究，还是在试验与应用研究以及5G移动通信、量子通信、高温铁基超导、载人航天、深空与深海探测、智能电网、核电站等凝聚前沿技术积累与复杂管理能力的超级工程建设中，均取得了重大突破，正在向21世纪的超大规模创新型国家迈进。

过去一向喜欢用比较静态的眼光看待中国经济发展和科技成就的西方，对中国科技发展呈现的"井喷"之态，尽管依然存在着显著的不适应，但面对中国在科技领域取得一项又一项经得起检验的巨大成就，即便是最挑剔的西方科技观察家，也不得不承认中国在组织领导前沿科技领域的独特优势与综合管理能力。英国《自然》（*Nature*）杂志通过官网公布的 2020 年十大科学发现中，中国天眼 FAST 望远镜①在快速射电暴方面的研究成果位列其中。实际上，该项成果就是由中科院国家天文台瞄准科研前沿，实现重大原创突破而组织实施的系统工程，体现了中国科学家在该领域的领导力。

正如中国经济改革已经开始并将继续改变主流经济学的一般结论一样，中国在科技领域取得的进展，正在使北京、上海、深圳等地逐步成为全球主要的科技中心之一。

相应地，美欧日等发达国家或地区的科学家甚至顶尖科学家近年来也加速流向中国。尤其是与中国一衣带水的日本，最近几年来，相继有 1000 余名顶尖科学家寻求在中国发展。日本文部科学省的统计数据显示，在中国停留时间在一个月以内的日本研究人员 2018 年度约为 18460 人，比 2014 年度增加约 25%。而中国之所以对日本科学家的吸引力日益增强，除了日本国内的研究与发展环境日益受到制约之外，还得益于中国研究机构近年来在研究基础与能力方面显著提升，数以十万计的留学归国人员回国创业，使得双方研究人员能够做到较为顺畅的研究与技术对接。

一般认为，中国在科技领域取得的突破性进步以及对各国人才的吸引力，得益于中国政府对科技管理体制改革的深化，使得民营科技企业发展环境得到显著优化，中国民间潜藏的研发、创新禀赋被激发出来，民营科技企业因此获得快速发展；加上民营、外资企业的效率辐射和市场竞争等因素，以高校、科研院所、央企与地方国企等为代表的研发载体基于使命驱动的创新和产业化效率的不断改进，共同构成近年来中国科技"井喷"的动力。另一个不容忽视的要素是，中国近年来致力于创新驱动，并着力营造创新生态环境，使得无论是沿海发达地区还是中西部地区，都逐渐形成了能孕育原创成果与

---

① 具有中国独立自主知识产权的 FAST，是世界上已经建造完成的口径最大、最具威力的单天线射电望远镜，其设计综合体现了中国高技术创新能力。

产业化应用的厚实土壤。例如，位居中国西部地区的贵州，尽管经济发展水平相对落后，但却在新一轮科技革命的引领下在大数据与应用方面实现弯道超车。贵州不仅是中国首个国家级大数据综合试验区，其省会贵阳也正着力打造面向全国的算力服务、交易服务、安全服务和人才服务平台，将形成数据中心、电子信息制造、软件和信息技术服务三大产业集群。

放眼当下全球科技发展潮流，一些研发实力强大的超级企业或看似小微但紧密对接技术与市场的创新型企业，将在很大程度上引领科技和产业变迁趋势。相应地，一些掌握核心关键技术的战略型人才，将在很大程度上决定一国或地区在关键核心技术领域的自主可控度。全球经济发展史已表明：任何一个经济体要在激烈的国际竞争中实现高质量发展，前提都是确保以知识创新、技术进步和人力资本为核心的内生变量引致的规模收益递增。技术进步内生化正倒逼中国必须持续加大对人力资本的投资，促进劳动力要素合理流动，提高全要素生产率。

从这个角度来看，中国已达到或接近世界一流水平的高校与研究机构，其存量和增量人才的流向将在一定程度上影响中国经济、技术、产业在国际上的竞争力。在当前和今后一段时期要做的是，既要在高水平对外开放的背景下继续扩大教育领域的国际交流与合作，也要吸收和借鉴国际领先的创新科技园区与企业的经验，持续营造能够培养一流人才、产出一流科研成果、提供一流产业化应用的具有归属感的教学、科研与成果孵化环境，形成全社会对建设创新型国家广泛的行为自觉与时不我待的紧迫感以及井然有序的产出机制。

数字化转型将推动上海建立先导性优势

在超大规模城市治理领域已有丰富管理经验的上海，近年来提出要全面推进这座城市的数字化转型，目标是打造具有世界影响力的国际数字之都。以"国内大循环的中心节点和国内国际双循环的战略链接"为最新定位的上海，正以时不我待的精神谋求自我转型与发展，以期在"十四五"时期及至2035年的远景目标实现过程中，形成能够确保跨越式发展的内生性驱动力。

上海为什么要提出以城市作为一个整体的数字化转型？上海本轮战略设计将在多大程度上引领这座城市的产业变革与发展升级？处于数字化转型中的上海如何在把准当今世界产业与技术发展脉搏的基础上，以深层次的自我革命与对未来发展趋势的前瞻性把握，确立自己在 21 世纪上半叶的竞争优势？这些不仅是摆在决策者和执行者面前的重大课题，也是关乎每一个市场参与主体与广大市民切身利益的现实命题。

从上海的转型发展动力来看，新冠疫情作为外部变量，本身并不构成这座城市数字化转型的内生性动力，但是城市管理者却通过应对疫情的实践探索深切感受到加速推动数字化转型的迫切性与巨大发展机遇。上海的疫情防控经验表明，上海已能在精准化管控风险的同时，又能做到城市的有效运转，这不仅体现了上海基于"一网通办"和"一网统管"的较高大数据排筛能力与终端应急反应模块的高效率运转，也表明上海迅速切换经济发展模式，包括基于数字化转型催生的各种新业态、新模式、新场景应用等，大大激活了城市作为经济和社会生态系统的自我修复与平衡能力。概言之，经济高度外向化的上海，能在新冠疫情大暴发的 2020 年实现 1.7% 的经济增速，与新一代信息技术产值增长 6.2% 的及时补位密切相关。

从上海正在大力推进"五个中心"建设（国际经济、金融、贸易、航运和科技创新），全面强化"四大功能"（全球资源配置、科技创新策源、高端产业引领和开放枢纽门户）的内生性要求来看，数字化转型不仅是推进"五个中心"建设、强化"四大功能"的基础性条件，也是上海在纽约、伦敦、东京、新加坡等全球或区域性城市的数字化生存与发展竞争中获得先导性优势的关键之举。

近年来，美国、日本、德国、英国、法国、新加坡等纷纷提出数字化发展图景并给出了具体的路线图，尤其是美国、新加坡正在全力提升数字经济竞争力。上海社科院的一份研究报告指出，中国在数字产业竞争力方面保持领先趋势，但在数字创新和数字治理方面存在短板。2020 年，上海作为长三角地区的龙头城市，数字经济总量超过 2 万亿元，占 GDP 的比重约 54%。整个"十三五"期间，上海数字经济产业年均增速超过 20%。

具体而言，上海正在加快建设的国际经济中心、国际贸易中心、国际航运中心、国际金融中心以及具有全球影响力的科技创新中心，都离不开以大数据、人工智能为基础性条件的数字技术及相关产业的支撑。上海近年来加快推动新一代信息技术和制造业的深度融合，以及"5G+AI+工业互联网"的协同创新、工业互联网和消费互联网的"两网贯穿"，以形成一批引领性工业场景，并在面向医疗、金融、交通等融合发展的重点领域、重点应用场景等方面，推进人工智能新产品、新技术的普及应用。加之目前已有逾200家企业在上交所科创板上市，说明政策制定者不仅希望通过科创板的制度设计与执行，为包括高新技术产业和战略新兴产业在内的高潜力公司提供合理有效的估值和资金支持，更希望在上海诞生"硅谷+华尔街"式的技术嫁接资本的新模式。显然，科创板的成功运行，结合临港新片区以"科技创新+高端产业"为驱动，在形成全链条"智造港"方面不断取得的新突破，有望锻造出从陆家嘴到临港新片区的超大规模数字产业集中带，进而提升上海在21世纪上半叶的全球竞争力。至于因新冠疫情倒逼而加快发展的数字贸易，也有望成为临港新片区在全球新一轮贸易分工中获得竞争优势的重要领域。截止到现在，上海港集装箱吞吐量已连续13年保持世界第一，所积累的大量工业数据、贸易数据和金融数据，如果能在一体化的数据平台上，通过大数据、云计算、人工智能加以运用，将很快形成数字贸易的便利化体系，从而为做大做强数字贸易产业集群奠定扎实基础。

最后，从上海经济发展的能级来看，在加快形成以国内大循环为主体、国内国际双循环相互促进的新发展格局下，上海如何以城市数字化转型为契机，以更加开放的姿态、更具前瞻的思维、更加敏锐的技术判断能力，在把准当今世界产业发展脉搏的基础上，以深层次的自我革命谋求第二、第三产业发展的重大突破，培育一批千亿元级乃至万亿元级的支柱产业，已是刻不容缓的战略命题。基于此，上海急需加快推动新一代信息技术与制造业的深度融合。

上海应结合在金融市场尤其是人民币资产配置与定价、研发设计、高端制造、系统集成、全球供应链管理能力等方面的专业服务优势，力争培育出一批高度重视人类未来消费体验并进行前瞻性研发与测试的独角兽企业，并着力营造创新生态环境，以形成能批量催生伟大公司的厚实土壤。

第十章
防范化解系统性经济金融风险

以前瞻性预期管理补齐中国金融监管短板

中国金融监管的最重要目标，当是在确保不发生系统性金融风险的前提下，最大限度发挥金融作为实体经济血液的流动性支持与财富增值效应。作为独特新兴大国，中国金融监管面临的巨大挑战，是在没有可资借鉴参照系的情况下，如何通过构建有效的先行指标体系以及保持敏锐的直觉，提升对金融危机的早期预警能力，并以前瞻性预期管理发挥对金融市场风险传导的阻断效应。

金融危机究竟能不能预测？假如爆发新一轮金融危机，有没有足够精准的先行指标去预警？这些难度极高的命题，在真实世界里真的很难给出精准的答案。

2018年正值全球金融危机爆发10周年之际，有关对金融危机成因的深度探究陆续见诸报端，包括有关亲历者对雷曼兄弟是否应该被拯救的慨叹依然不时勾起世人对那场危机造成的"达尔文主义"式冲击的痛苦回忆。有着"末日博士"之称的鲁里埃尔·鲁比尼曾曾于2018年撰文，警告下一场金融危机可能会在2020年爆发。而且与2008年不同的是，一旦新的金融危机爆发，政策制定者可用的工具将有限，换句话说，由于财政政策受到高债务杠杆的约束，加上可能的救助计划与民粹主义的冲突，使得政策工具即便祭出也会效力不佳。

近来，包括中国金融主要决策者和主流经济学家在内的重量级人士，都以十二分的专注度来审视在愈加不确定的国内外经济金融环境中，中国如何以更加开放的金融气质与前瞻性预期管理，来提升金融竞争力，以确保经济增长与金融稳定。其中，有关国务院金融稳定发展委员会（简称"国务院金融委"）如何建立与金融市场的有效沟通机制，更加广泛地听取金融市场的声音，金融决策如何更好地发挥专家学者的作用，尤其是如何有效稳定市场预期等重要命题，都是摆在中国金融政策制定者与改革者面前的高难度任务。正如中国人民银行行长易纲所言，中国金融市场开放，总体而言仍以"管道式"开放为主，金融市场的深度和广度不足，便利性有待提高，金融业国际竞争力仍需要加强，金融制度环境与国际接轨程度也有待提升，外资金融机构的营商环境也需进一步改进。而所有这些问题的破解，都离不开金融业的深度开放，尤其是在开放中锻造金融业的整体竞争力。

笔者早先曾说过，中国金融体系在 21 世纪面临的重大考验大体来自三个方面：一是既有金融体系长期积累的系统性风险对金融防波堤的不断考验；二是未来可能爆发的下一场世界性金融危机对业已深度融入全球体系的中国经济的重大考验；三是人民币高度国际化之后中国作为全球金融体系重要担保人应尽的全球责任与风险防范能力持续供给之间的矛盾。基于此，明确金融服务于实体经济的相关指标，控制经济金融化的边界，持续整固制造业竞争力，当是构建适应于 21 世纪全球经济竞争的弹性金融体系以守住不发生系统性金融风险的根本。

只是应当看到，中国尽管在防范系统性金融风险方面拥有较丰富的经验和较强的财力工具，但金融危机的重要特点在于其爆发时间的不确定性，传导机制的高度敏感性，以及对经济系统的深度破坏性。因此，即便是拥有全球最多诺贝尔经济学奖得主的美国，也在金融危机面前表现出预测不精准、恐慌情绪发酵以及修复金融危机的信心不足等等。而 2008 年的那场国际金融危机已经证明并将继续证明：随着全球经济金融化程度的加深，金融创新与发展的两面性表现得越发明显。如果一国金融深化过度乃至经济增长主要依靠信贷扩张来支撑，则在实体经济绩效未能同步提高的情况下，金融危机的爆发将难以避免。

债务安排既是经济增长的重要推手，也是滋生危机的毒瘤，任何一个"无债不欢"的市场主体最终都会受到债务毒瘤的侵蚀而难以自愈。有人说，企业家的动物精神驱动着金融周期，只要动物精神不变，金融危机就不会从地球上消失，且金融危机只能被转移而无法消灭，指望研制出消灭金融危机病毒的防控系统本身就是不现实的。但是，正如医生对病人身体状况的判断有相应观察指标一样，这些年来，"信贷缺口"或"信贷—产出缺口"基准被巴塞尔协议监管委员会和国际清算银行视为观察金融危机的一个有用的早期预警指标，它衡量的是企业和家庭债务与 GDP 之比偏离其长期趋势值的幅度，从中可以看出当前和历史借款规律之间的差异。已有的关于 2008 年美国次贷危机以及 2010—2012 年欧债危机的研究显示，在中高收入国家的家庭消费占 GDP 比重超过 50% 的背景下，危机爆发前，有关国家的私人部门信贷缺口均明显超过预警值（10%），即在信贷缺口大于 10% 的情况下，美欧国家在 3 年中发生银行危机的概率为 72%。因此，基于该经验证据总结出的信贷缺口大于 10% 被视为重要危机可能爆发的预警信号。国际清算银行曾在 2016 年的一项研究中认为中国"信贷缺口"在当年 3 月一度超过 30%，远超 10% 的担忧值。之所以并未触发系统性金融风险，笔者认为这主要得益于中国中央政府的财政状况相当稳健，并能及时针对风险点精准拆弹。

当然，另一个不容忽视的关键指标是，在衡量总债务与 GDP 之比的宏观杠杆率方面，到 2022 年底，中国宏观杠杆率是 281.6%，比上年高了 9.6 个百分点。2023 年一季度则较上年末高 8 个百分点，达到 289.6%。为此，必须尽快对国有企业和民营企业的不良贷款率进行全面清查，确认问题贷款的数额，那些被银行移除资产负债表的问题贷款必须计入不良贷款，以确认真实的不良贷款率，将更多的信贷资源配置到经济效率更高的企业及创新驱动发展的行业中去，进而保持宏观杠杆率的相对稳定。

就全球金融危机的历史演绎而言，无论是曾经的超级金融强国英国还是 1944 年以来一直占据金融分工顶层的美国，都无法做到与金融危机绝缘，这使得前瞻性预期管理与保持对金融市场的敏锐直觉在今天尤为重要。事实上，肩负重要使命的巴塞尔委员会在 2017 年 12 月发布的有关后危机时代的国际金融监管改革最终方案中，就特别重视宏观审慎监管和流动性监管。诸如反映压力情景下商业银行应对至少未来 30 天流动性需求能力的流动性覆盖率（LCR），以及反映中长期流动性存量指标的净稳定资金比例（NSFR）等重要指标，越来越受到主要经济体的重视并陆续付诸监管实践。正如国际公认的战略石油储备至少应该达到 90 天的基准已成为中国石油安全的重要参照系，中国在构建适应全球金融竞争与产业变迁的独特新兴大国监管范式的过程中，无论是对系统性金融机构安全边际的密切关注，还是对核心金融信息的管控以及监测系统的统筹协调，乃至应对突发金融事件的快速反应等，都还需要长期的经验积累及技术保障。而如何做到金融政策与财政政策、产业政策的有效协调，防止不同部门之间在政策目标上不一致，避免不同行业机构的监管套利行为，校正监管政策在执行与传导中出现的偏差，更是大国金融监管体系建设的重中之重。

最后，微观主体创新禀赋的广泛激活是对冲系统性金融风险的重要依靠。某种意义上，这也是预期管理的重要立足点。可以说，今日中国经济金融领域面临的诸多复杂难题，既是以往发展模式沉疴的陆续表达，也是经济迟迟未能作出战略转型付出的边际成本。所有懂得经济发展机理的市场主体都应该明白：投资之于经济增长最多只有工具价值，经济学意义上也没有所谓的"消费驱动型增长"概念，至于进出口，其实是经济体之间资源禀赋的一种互换。唯有以知识为基础，以技术创新抑或技术革命为源动力的经济增长才是持续有效的经济增长。中长期来看，中国必须逐步告别债务推动型增长模式。

以精准审慎管理打赢防范金融风险攻坚战

2021 年 1 月 1 日起施行的《系统重要性银行评估办法》，参考了全球系统重要性银行评估方法及巴塞尔银行监管委员会 2012 年发布的《国内系统重要性银行框架》，并结合中国实际对评估指标作了相应调整。一般认为，国内资产规模在 1 万亿元人民币及以上的银行将入选系统重要性银行名单。作为最后贷款人，央行牵头制定《系统重要性银行附加监管规定（试行）》，强化流动性、大额风险暴露、风险数据加总和风险报告等方面的监管要求，开展监测分析与压力测试，以切实提高系统重要性银行的经营稳健性。其中，通过对入选系统重要性银行的 4 个一级指标、13 个二级指标的定量打分，辅以监管定性评价，将为后续制定实施差异化的特别监管要求和处置机制提供基础依据，这也标志着差异化监管进入实质性操作阶段，同时也为系统重要性保险机构、系统重要性证券机构相关评估实施细则的出台奠定了基础。

在守住不发生系统性金融风险的底线作为当前和今后一段时期经济工作最重要任务之一的政策背景下，对银行、保险和证券等金融体系进行全面检测并找出监管能力与风险敞口之间的差距或不匹配性，在分类监管基础上，以精准的审视管理对标金融高质量发展的要求，不仅是中国经济持续稳定发展的内生性要求，也为全球经济与金融体系注入来自中国的稳定性安排。

近年来，在各地政府和监管部门的不懈努力下，中国防范化解金融风险成绩显著，稳定的低增速助力企业部门降杠杆及地方政府化解隐性债务；精准拆弹，平稳有序处置了高风险金融机构，及时遏制了重大金融风险的蔓延；大力整顿金融秩序，网络借贷等互联网金融风险专项整治成效显著，非法集资活动得到严厉打击，各类违法违规交易场所得到控制，金融市场整体呈现平稳运行态势。

但是，中国防范化解金融风险工作异常艰巨，监管工作一刻也不能放松。金融领域依然存在"突出风险点"，主要集中在高风险金融机构、重点金融控股集团、影子银行、网络借贷和非法集资等方面。尽管这些领域的增量风险已得到基本控制，但存量风险仍须高度警惕。此外，鉴于金融科技的蓬勃发展催生出许多新的金融业务形态，大大增加了金融监管的难度，未来金融法律法规的完善方向要从治标向治本过渡，补齐制度短板的步伐需要加快。新的阶段，为坚决打赢防范化解金融风险攻坚战，央行和银保监局需要持续全面发力。

易纲行长曾在《求是》杂志撰文提出，央行已建立起宏观审慎管理的专职部门，正在强化对系统重要性金融机构和金融控股集团的宏观审慎管理，抑制金融脱实向虚，引导金融资源更多流向实体经济尤其是薄弱环节。在可能引发系统性风险的关键点上，央行将精准发力，履行最后贷款人职责；同时，还将强化宏观审慎政策，压实各方面责任，未来还将逐步拓展宏观审慎管理的覆盖面，完善宏观审慎管理的组织架构。易纲行长实际上已给出了当前和今后一段时期中国金融发展与监管改革的路线图与操作方案。

的确，作为金融资产规模居全球首位的超大型经济体，中国如何管理和配置好300万亿元人民币金融资产，本身就是高难度命题。如今，中国金融业占GDP比重已达7.8%，而且金融深化趋势还将持续。（2011—2022年中国金融业占GDP比重见图10-1）除了是制造业大国，中国也已成为全球系统重要性经济与金融大国，所以必须站在全球经济金融体系的稳定与国家经济金融安全的战略视角，来审视金融这个极为复杂的系统的本质。随着金融体系不断扩大和复杂性不断上升，隐性担保、信贷缺口、地方债、企业高杠杆化等问题日渐突出，局部风险或微观主体的个别风险不时显现。因此，我们再不能仅仅以静态的眼光看待现代金融，也不能简单搬用国际上有关金融创新、金融监管的相关理论，包括近年来盛行的现代货币理论来指导或裁量中国的金融改革与发展。

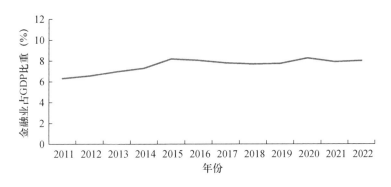

图 10-1　2011—2022 年中国金融业占 GDP 比重

数据来源：各年《中国统计年鉴》。

当今世界，任何一个开放型经济体都必须在金融发展与金融创新中保持足够敏锐的风险直觉与精准审慎管理，方能在越来越不确定的全球经济与金融生态中稳住经济发展预期。系统重要性金融机构与金融控股集团尽管在经济全局中已是"大而不能倒"，但2008年国际金融危机之于监管层和经济学界的重要反思是：正是这些系统重要性金融机构在复杂金融产品与金融机构风险定价能力方面的错配以及监管层的过度自信，放大了风险敞口，也因此错过了及时补位的时间窗口。拥有庞大金融资产的中国，既要重视实体经济绩效的不断提高，更要在风险与管控中找到最优解，推进金融高质量发展。

金融安全体系何以应对预期不确定

新冠疫情作为重大外生变量给全球金融体系带来了直接或间接冲击，美国完全不顾后果的无限量化宽松政策，尽管一定程度上起到了稳定经济与金融局势的短期效果，但其副作用的陆续显现却格外令人担忧。

对金融风险直觉一向敏锐的监管层人士已经发出警告：在以美元为主导的国际货币体系中，当前美国这种前所未有的无限量化宽松政策，实际上也消耗着美元的信用，侵蚀着全球金融稳定的基础，会产生难以想象的负面影响。新兴经济体可能面临输入型通胀、外币资产缩水、汇率和资本市场震荡等多重压力。更严重的是，世界可能再次走到国际金融危机的边缘。

经济学意义上的"合成谬误"在各国应对新冠疫情的政策投放中，再次得到淋漓尽致的体现，尤其是作为全球经济与金融稳定器的美联储，为避免美国经济被疫情大流行引发的大衰退冲垮，几乎翻出了货币政策工具箱里的各种工具，无限量化宽松政策不仅把过去视为非主流的现代货币理论直接背书为主流货币理论，而且简单粗暴，毫无工具理性。

短期内，美联储不仅没有收回货币的打算，而且将进一步放松货币政策，继续以每月约1200亿美元的速度购买国债和抵押支持债券。近期，美元指数已呈现不断下跌态势，部分市场人士担心，若美元持续贬值，不仅会使全球经济持续低迷，甚至可能触发末日博士鲁比尼一直警告的第二次金融危机。事实上，连美联储官员也承认，持续的公共卫生危机将在短期内令经济活动、就业和通货膨胀严重承压，并在中期对经济前景构成相当大的风险。

尽管在真实世界里能够做到精准预测金融危机爆发时点的人少之又少，但宏观经济学早已证明，经济衰退和金融危机本质上都与劳动生产率、资本回报率显著下降密切相关。如果大量信贷和货币创造继续被用于购买存量资产，而非生产性投资与技术研发，则下一轮金融危机的到来将为期不远。

随着全球经济金融化程度的加深，金融创新与发展的两面性表现得越发明显。如果一国金融深化过度乃至经济增长主要依靠信贷扩张来支撑，则在实体经济绩效未能同步提高的情况下，金融危机的爆发将难以避免。

中国金融业总体运行平稳，但一些潜在风险隐患依然较大。正如有关部门负责人指出的，中国金融风险面临的问题，一是存量风险尚未彻底化解；二是不良资产上升压力加大，风险很可能加速显现；三是资金面宽松背景下市场乱象易反弹回潮；四是新冠疫情加快全球经济金融格局调整，不确定、不稳定因素增多，外部输入风险加大等。概言之，如何确保中国超过 400 万亿元金融资产的安全，是中国面临的急务。

中国金融改革与人民币国际化已经取得重要进展，但维护金融安全尤其是金融交易体系安全是当前最紧迫的任务之一。

当前中国急需从维护国家金融安全的高度将经济增长、货币政策、汇率制度改革、国际资本流动管制和金融业的开放创新作为整体通盘考虑，全面构筑立体化的监管预警体系。中国既要坚持底线与原则，更要展现适当的灵活性，防止与主要金融大国的金融、技术与贸易体系"脱轨""脱钩"，并着力加强与主要贸易伙伴在全球价值链重要环节的合作与共赢区间建设。建议继续扩大中国人民银行与重要投资贸易对象国央行之间本币互换协议的规模；充分利用 SWIFT 全资中国法人机构成立、人民币被 SWIFT 接受的契机，力争不断提升人民币在全球交易结算中的比例；扎实推进"一带一路"建设和人民币新清算渠道建设，大力发展人民币在全球市场的做市报价和清算结算服务能力；加快数字货币体系的研发与适用，提升人民币跨境支付体系的境外使用偏好，打造全球银行结算体系的数字人民币系统等。

建设现代中央银行制度的经济金融逻辑

中国人民银行发布的《2021 年第二季度中国货币政策执行报告》再次强

调建设现代中央银行制度；2021 年 7 月举行的国务院金融委第五十三次会议指出，要加强对包括建设现代中央银行制度在内的金融领域战略性、前瞻性、基础性、针对性问题的研究。

建设现代中央银行制度，是决策层在领导经济金融工作中提出的重大核心命题之一。党的十九届四中全会要求在推进国家治理体系和治理能力现代化过程中建设现代中央银行制度；党的十九届五中全会强调建立现代财税金融体制，建设现代中央银行制度，完善货币供应调控机制，稳妥推进数字货币研发，健全市场化利率形成机制和传导机制；等等。其后，建设现代中央银行制度，完善货币供应调控机制被列入"十四五"规划，表明中央对在新的历史时期建设现代中央银行制度的高度重视。

何谓现代中央银行制度？易纲指出，现代中央银行制度是现代货币政策框架、金融基础设施服务体系、系统性金融风险防控体系和国际金融协调合作治理机制的总和。他认为，建设现代中央银行制度的目标是建立有助于实现币值稳定、充分就业、金融稳定、国际收支平衡四大任务的中央银行体制机制，管好货币总闸门，提供高质量金融基础设施服务，防控系统性金融风险，管控外部溢出效应，促进形成公平合理的国际金融治理格局。

笔者认为，上述定义不仅概括了现代中央银行制度的本质属性与功能安排，而且站在全球经济与金融治理的角度，对包括中国人民银行在内的全球主要央行的国际职责进行了相关界定。从这个意义上说，包括美联储、欧洲央行、英格兰银行、日本央行、瑞士央行等在内的主要西方央行也在不断探索本国央行制度的健全与发展。尤其是在新冠疫情作为重大外部变量的冲击下，各国央行的货币政策与资产负债表都发生了重大变化，央行在国家处于非常时期时不上仅要发挥最后贷款人的角色，还要在某种程度上扮演支持就业甚至与财政部联手直接救助低收入者的角色。

实际上，这是把央行的功能无限放大的即期行为，毕竟经济和社会的有序运行最终还是要依靠实体经济的发展，而非仰赖货币政策长期发挥主导作用。人们注意到，在近年来举行的 G20 或 G7 央行行长会议上，不少央行行长已经发出警告：央行资产负债表作为逆周期工具的作用已经远远超出此前预期，财政赤字货币化终非长久之计；各国央行必须确保在未来有足够的政策空间实施量化宽松政策以应对后续潜在危机。此外，技术尤其是数字技术的飞速发展和货币形式的变化，也促使各国央行思考自身在国家和社会坐标系中的角色定位，防止"去中心化"趋势成为现实威胁，进而动摇央行的根基。

就中国的情况而言，现代意义上的中国央行历史并不长。如果以中国2001年加入WTO开启银行业对外开放与金融国际化为标志，则中国人民银行探索建立现代中央银行制度的历史只有22年。若以2008年国际金融危机爆发及随后召开的G20华盛顿峰会作为中国人民银行深度参与全球金融稳定和协调合作治理的时间节点，则相关历史不过15年。而从国内的重要时间节点来看，2017年7月，中央宣布设立国务院金融委，则标志着中国正式迈入建设现代中央银行制度的新时代。设立金融委的目的，就是强化中国人民银行宏观审慎管理和系统性风险防范职责，强化金融监管部门监管职责，确保金融安全与稳定发展。此后，党的十九届四中全会将建设现代中央银行制度提到新的高度；党的十九届五中全会立足推动高质量发展、统筹发展和安全，对建设现代中央银行制度作出战略部署；等等。这一切均表明国家对建设现代中央银行制度的认识不断深化，路径逐渐清晰，战略格局不断提高。

从制度设计与完善的视角观察，任何制度建设都是针对存量问题的解决与中长期发展目标的实现而开展的。梳理近年来摆在中国金融改革决策者面前的攻坚克难清单，建设现代中央银行制度大致有如下艰深命题需要破解：一是在愈加不确定的国内外经济金融环境中，如何使中国现有的货币政策框架具有足够的弹性，以确保币值稳定？如何完善基准利率体系？中国经济货币化程度的合理边界在哪里？二是如何构建能够经受逆周期冲击、具有弹性且稳固的金融体系，包括银行体系、证券体系、保险体系、资产管理体系，以及基于新技术驱动的新金融体系？如何提升整体金融体系的吸损能力，对冲长期积累的系统性风险，以及可能爆发的海外金融风险对中国经济金融体系的冲击，确保经济增长与金融稳定？三是如何通过建设高标准金融市场体系培育能够主动参与全球竞争的金融力量，以及能够与国际金融资本相抗衡的超级金融机构或中介机构？四是如何打通金融服务实体经济的渠道，发挥中国人民银行在优化金融市场结构、促进储蓄投资有序转换中的窗口指导作用，切实解决民营企业、中小微企业的融资难、融资贵问题？五是如何在稳步推进利率市场化、汇率市场化、资本市场开放和加强资本跨境跨期监管，并最终掌握复杂金融系统管理经验的同时，充分发挥金融作为国家重要核心竞争力的资产定价与财富增值作用？六是如何在金融高水平开放背景下，建立和完善与国内外金融市场的有效沟通机制？在推进人民币国际化和上海国际金融中心建设的过程中，如何把准人民币国际化的脉搏，在全球金融治理中发挥重要的国际作用？这也是中国人民银行在推进实施现代中央银行制度建设中必须完成的历史使命。

防范化解系统性金融风险有了政策基准

2021 年 12 月 31 日，中国人民银行发布了《宏观审慎政策指引（试行）》（以下简称《指引》）。就执行层面而言，这是第五次全国金融工作会议明确要求中国人民银行作为建立宏观审慎管理框架的牵头单位以来，中国人民银行贯彻落实党的十九大关于"健全货币政策和宏观审慎政策双支柱调控框架"重大决策的直接部署。就政策目标而言，这是在当前日趋复杂的国内外经济金融形势下，金融监管部门在总结国内外金融监管经验的基础上，通过确立防范化解系统性金融风险的政策基准，做到纲举目张、"关口前移"，推动宏观审慎政策可理解、可落地、可操作，以切实提高中国防范化解系统性金融风险的能力。

《指引》一共九章三十八条。就其内容而言，既反映出中国金融监管部门在精准把握宏观审慎政策框架方面已做到将高水平理论研究与前瞻性的政策设计相配套，也体现了在经过近年来的监管实践与探索，并牢牢守住不发生系统性风险的底线以后，中国金融监管部门仍以十二分的紧迫感和高度的责任感审视和应对国内外金融领域随时可能发生的各类风险。正如中国人民银行有关部门负责人就《指引》答记者问时所指出的，宏观审慎政策的理念和实践属于新领域，各界对宏观审慎政策的认识仍在持续深化，主要经济体的实践还在不断发展。这意味着包括全球主要央行和主要国际经济组织在内的有实力参与主体，对经济金融领域系统性风险的认知、识别、预警和防范化解等环节仍存在诸多盲点，亦即需要持续学习、探索、总结以解决长期困扰金融监管者的本领不够问题。

金融是现代经济的核心与血脉，也是保障实体经济运行和市场主体参与国际竞争的必备前提。自从有了现代金融以来，人类的生产生活尤其是交易活动尽管受益于金融发展与创新带来的诸多便利，并享受随之而来的财富增值效应，但一直很难在金融创新与风险防范之间找到最优解。事实上，从 20 世纪以来爆发的两次全球危机的特点来看，金融危机因其爆发时间的不确定性、传导机制的高度敏感性，以及对经济金融体系的巨大破坏性而反复困扰着人类。金融危机究竟能不能预测？人类迄今为止究竟有没有找到足够精准的先行指标去预警？这些难度极高的命题，在真实世界里很难找到精准的答案。事实上，即便是金融业最发达、金融学水平最高的美国，也在 2008 年爆发的那场百年一遇的国际金融危机面前，表现出预测不准、惊慌失措、进退失据等本领不够的问题。加上金融危机本身只能被转移而不能被消灭，这使得各国唯有采取一致行动才能携手克服金融危机带来的诸多挑战。但是，在真实世界里，不少国家在面对金融危机时采取"以邻为壑"的政策往往又是常态，从而突显了在全球与国家层面制定和执行宏观审慎政策框架的重要性和必要性。

2008 年爆发的国际金融危机及其后全球货币金融领域不断积累的系统性风险昭示世人：随着全球经济金融化程度的加深，金融创新的两面性表现得越发明显。如果主要经济体的金融深化过度，乃至经济增长主要依靠信贷扩张或提高债务杠杆来支撑，那么在实体经济体系竞争力未能相应提高的情况下，因系统性经济金融风险的爆发而触发世界性金融危机的结果恐将难以避免。

就中国的情况而言，需要防范的系统性经济金融风险主要来自经济体系内部。正如中国人民银行在《指引》中指出的，必须高度重视系统性金融风险的顺周期积累以及跨机构、跨行业、跨市场和跨境传染，只有切实提高金融体系的韧性和稳健性，才能增强抵御金融危机的能力。2008 年国际金融危机以来的十多年里，随着中国金融资产规模的不断扩大，风险向银行部门集中、向债务融资集中的趋势愈发明显。众所周知，宏观杠杆率是关乎金融稳定的第一问题。从国际比较的视角来看，中国的总体宏观杠杆率水平尽管低

于发达国家的平均水平，但仍须将稳定系统性风险的着力点放在国内经济体系上，密切关注国内金融风险的敞口。

同时，中国在防范化解系统性金融风险的过程中，必须高度警惕外部风险传导与内部风险交织的叠加效应。尽管中国人民银行等金融监管部门在防范化解系统性金融风险方面已经积累了较为丰富的经验，政策工具箱里的相关工具也较为丰富，但中国在管理复杂金融系统方面的能力仍需加强。在金融市场高水平开放的背景下，中国金融业的整体竞争力仍有待提高，金融制度环境与国际接轨程度也有待提升，宏观审慎政策要做到"宏观、逆周期、防传染"可谓说易行难。

增强微观主体活力与实体经济竞争力是防范化解系统性金融风险的前提，而要切实防范化解系统性金融风险，就必须做到高水平的政策落地与监管政策的协调。防范化解风险是实现宏观经济政策目标的重要保障而非终极目标。从经济学意义上来说，中国金融监管的最重要目标，是在守住不发生系统性金融风险底线的基础上，最大限度地发挥金融作为实体经济血液的流动性支持与财富增值效应。为此，中国在确立防范化解系统性金融风险的政策基准之后，应进一步明确金融服务于实体经济的相关指标，控制经济金融化的行为边界，持续整固以制造业尤其是先进制造业为代表的实体经济的竞争力，加强对核心金融信息的管控与监测系统的统筹协调，提升应对突发金融事件的快速反应能力，做到金融政策与发展规划、财政政策、信贷政策、产业政策的有效协调，形成政策合力，适时校正宏观审慎政策在执行与传导中所出现的偏差。所有这些，应当是提升宏观审慎政策执行能力的基本要素。

第四篇

建立更好的发展经济学

非常时期，欧美再启"国有化"药方

2020 年，新冠疫情作为一个超级"黑天鹅"事件，以突袭方式阻遏了世界经济脉动。美欧主要国家领导人都面对不同程度的"保经济"难题，严峻局面迫使他们快速打开前辈决策者当年的危机应对工具箱并重组操作系统。其中，国有化便是一个经典政策药方代表，有些欧洲媒体甚至开始讨论这是不是疫情冲击面前欧洲经济的救命稻草，尽管在经济繁荣时期，美欧财经领袖、市场人士与经济学家，甚至包括一些媒体，都对国有化多有批评。

在最具资本主义底蕴的英法两国，当执政者发现既有应对措施在新冠疫情面前经不起大规模试错时，立即重拾"国有化"。例如，2020 年，为避免英国铁路运输集团因疫情冲击而倒闭，英国政府宣布暂停铁路特许经营协议，铁路系统随即进入国有化程序。而在此前稍早，法国财长表示政府将采取一切措施支持法国大企业。如有需要，政府将支持包括两大汽车巨头在内的企业进行国有化。另外，财大气粗的德国政府不仅拿出 7500 亿欧元的一揽子刺激与救助方案，还警告海外投资者不要对戴姆勒、大众、宝马等德国王牌企业进行恶意收购，德国政府必要时将全力援助本国企业。

至于全球第一经济大国且经济基本面在主要资本主义国家中仍算较好的美国，面对新冠疫情在全国引发的金融冲击，不仅宣布将国家切换到紧急状态至 2020 年 4 月底，还通过了 2 万亿美元刺激方案。该法案将为航空公司等遭受疫情冲击的企业提供 5000 亿美元援助。

美欧国家政府在面对新冠疫情这一超大规模系统性风险冲击的关键时刻再度拥抱国有化，背后的政策逻辑与操作手段与 2008 年国际金融危机时期的场景高度相似。假如将时间光谱前推到 1933 年，则过去约 90 年来，无论富兰克林·罗斯福还是小布什和特朗普的华盛顿执政团队，在国家经济处于生死存亡的非常时期，均无一例外地将自由资本主义教条抛在一边，祭出在危难时刻一再被证实最管用，也最具动员力和执行力的"国有化"大招。即便危机时期的这些措施与他们一向宣扬的自由资本主义理念背道而驰，可谓自我打脸，也全然不顾。

倘若新自由主义经济学家弗里德曼还在世，想必会大肆抨击美国政府对积极不干预的资本主义市场原则的粗暴践踏；倘若与"中央计划经济"不共戴天的哈耶克（Friedrich August von Hayek）能够活到上一轮大危机爆发的 2008 年，他也一定会拼命跺脚并谴责一向标榜自由资本主义的小布什政府在经济政策上实则是个彻头彻尾的变色龙；倘若作为上世纪 30 年代著名"社会主义大论战"的两大主角——路德维希·冯·米塞斯（Ludwig von Mises）（见图 11-1）和奥斯卡·兰格（Oskar Lange）（见图 11-2）重回人间，兰格或许将致信米塞斯，约定开启社会主义经济大论战的续集，并嘲笑米塞斯：你可以赢得一时甚至一段时期的争论，但不能赢得永远。

图 11-1　经济学家路德维希·冯·米塞斯　　图 11-2　经济学家奥斯卡·兰格

经过 300 年打磨的资本主义制度演化史一再证明，纯粹的自由市场经济很大程度上一直都是个假命题，是在黑板经济学里才能得到完美呈现的现实假定。而经济政策尤其是特殊时期的经济政策，本质上服务于政治，或者说是以国家利益为依归的。无论拥有最多诺贝尔经济学奖得主的美国，还是经典资本主义云集的欧洲，其执政者尽管平日里经常抨击国有化或国有企业的"弊端"，可一旦到了危急时刻，国有化往往又是他们眼里扮演白衣骑士角色的国家天使。

这是一种国家理性。毕竟在危急时刻，没有哪一位政治家敢在国家最为倚重、具有系统重要性的一些企业面临突然死亡危险时选择袖手旁观。

邓小平同志曾指出："计划经济不等于社会主义，资本主义也有计划；市场经济不等于资本主义，社会主义也有市场。计划和市场都是经济手段。"① 这段至理名言在今天看来尤其具有历史的穿透性。一直特别崇尚自由的法国，对国有化的价值有着独特认知。法国1946年《宪法》曾明确宣布："所有一切已经具有和将要具有为全民服务或事实上具有和将要具有垄断性质的财富和企业，必须全部成为全社会的财产。"时至今日，法国一直执行着某种意义上的"计划市场经济"，国有经济成分广泛渗透到涉及国计民生的一些工业企业和金融业等关键领域。

同样，二战后，美国历届政府也一直试图在国家干预和放任之间找到平衡点。例如，当凯恩斯主义因为撞上滞胀之墙而失灵后，新凯恩斯主义应运而生。弗里德曼的货币主义尽管影响甚大，但无法制止政府干预经济的本能与冲动。而由货币主义和理性预期学派糅合而成的新古典宏观经济学，提出了独具特色的失业—通胀关系、经济周期和政府政策的新理论。但在政策手段高超的时任总统克林顿看来，还是把凯恩斯主义、货币主义、供给学派和理性预期学派中和起来最为现实，于是克林顿政府既反对完全放任，又反对过度干预，因而造就了美国经济的一段巨大繁荣期。至于后来的小布什、奥巴马、特朗普以及今天的拜登政府，也都不断在两者之间寻找最优均衡点。

美欧发达国家在新冠疫情严重冲击经济的非常时期再度拥抱国有化，虽然为的是救市，保住资本主义经济的命根子，但也像历史上不止一次发生的

①《邓小平文选》（第三卷），人民出版社1993年版，第373页。

那样，再一次为"国有化"这个被它们反复污名化的经济药方正了名。至少眼下，它们应该不会急着给"国有化"贴上不公平竞争的标签了吧。

全球何以避免萧条经济学回归？

新冠疫情冲击引起的经济大衰退，几乎将全球宏观经济学家的智慧供给逼到了墙角。

与 2008 年国际金融危机所造成的全球经济衰退不同，本次疫情带来的冲击几乎找不到基线场景。或者说，主要经济体根本来不及作应对预案，就即刻遭遇瘫痪型外部冲击。病毒对人类生存与生产生活的侵害，将致命威胁与恐慌发酵形成的双风险螺旋演绎得淋漓尽致，并对各国供给侧与需求侧同时造成冲击。

美国时任总统特朗普之前还洋洋自得，失业率降为 50 年来最低点，但在疫情暴发后却不得不面对接近 4000 万人申请失业救济的困局。

统计数据显示，2020 年 4 月，美国的失业率飙升至 14.7%，为 1930 年来的最高。另外，商品零售暴跌了 16.4%，工业生产指数也下降了 11.2%，均为历来最大单月跌幅。这些灾难性的经济数据，是特朗普再怎么掩饰也无法抹掉的。

欧元区则迎来 1999 年以来最严重的衰退局面。当时在疫情相对较轻的日本，政府对经济的悲观程度也上升到 10 年来之最。而较早受到疫情冲击的中国，尽管举国上下千方百计复工复产，但 2020 年一季度的 GDP 还是同比下降了 6.8%。这也是中国自 1992 年公开季度 GDP 以来，首次出现季度负增长。

2020 年，在巨大不确定性之下，中国最高决策层将经济困难局面提升至最高级。至于那些抗击能力更弱的中小经济体，尤其是最不发达国家，更是备受煎熬。

稍显宽慰的是，本次全球范围内的经济大衰退，并非由于全球经济基本面显著恶化，或者金融失衡所引起。这也意味着只要疫情能够得到一定程度的控制，则经济常态化的恢复时间将不会太久，甚至有不少专家在憧憬随之而来的报复性增长。

非常时期发钱才是硬道理

疫情在全球蔓延以来，美欧等国祭出的货币与财政应对措施，如下几类是必需的：一是为稳住市场情绪而投放流动性；二是直接援助乃至接管因受疫情冲击而面临破产的企业；三是直接救助底层百姓等。

就第一个动作而言，如果美联储在 2020 年 3 月不紧急开闸大规模放水，可能美国股市早就腰斩了。第二类救助措施，尽管严重背离了黑板经济学原理，但作为国家政府，如果在核心企业面临破产的关键时刻袖手旁观，无异于政治白痴。至于第三类举措，尽管被一些美国富人代表嘲笑，但美国老百姓普遍存在低储蓄偏好，使得他们在面对疫情所带来的大规模失业潮冲击时，几乎没有防御韧性。这个时候，政府直接发钱才是硬道理。

另一方面，由于事先没有预案，导致各国政府所释放的各种应对之策，不可能做到一一精准，有的甚至是带有强烈利益偏好的政策刺激。在后工业化时代，信贷扩张已在很大程度上支撑着经济信心，发达国家货币当局承担的角色越重，意味着债务风险越不断积累。

2008 年爆发的国际金融危机给世人带来的严重教训是，在实体经济效益未能得到同步提高的情况下，一国如果持续推动金融深化，乃至经济增长主要依靠天量的信贷扩张来支撑，最终会对经济体系造成难以修复的破坏。

偏偏这些年来，全球实际经济增长、产业发展与技术进步无法有效对冲泡沫和风险累积，使得不少大型经济体普遍跌入债务驱动型增长陷阱。

宏观经济学早已证明：经济衰退和金融危机本质上都与劳动生产率下降、资本回报率显著下降密切相关。如果大量信贷和货币创造继续用来购买存量资产，而非生产性投资与技术研发，则下一轮金融危机的到来将为期不远。

回到内生经济增长轨道

疫情作为重大公共卫生事件终将过去，但美联储开具大额救市与救助支票而超发的货币，却很难快速收回。对其他大型经济体而言也是如此，经济体系或经济生态系统，与人体一样，是不能经常受到刺激，尤其是大规模刺激的，否则一定会发生功能性紊乱。

有远见的经济决策者不会不知道 2018 年诺贝尔经济学奖得主罗默（Paul Romer）的内生增长理论（endogenous growth theory）的历史穿透力。罗默的研究表明，驱动经济增长的最重要因素，是知识创新、科技进步和提升人力资本。真实世界的经济实践已证明，罗默的新增长理论不仅能解释诸多经济增长现象，而且能促进不少国家和地区的经济增长转型。

尽管内生增长理论的诸多政策建议，在疫情暴发时似乎缓不济急，但事实已经证明，全球经济在 2008 年至 2014 年之间所取得的复苏成果，就本质而言是内含巨大不确定性的。主要发达国家并未将新一轮经济增长的逻辑起点放在检讨既有增长模式的缺点，并加大技术研发的投入与人力资本提升上，而主要依靠信贷投放获得了表面繁荣。

从长期来看，经济增长一定要依靠技术内生性进步和人力资本的显著提升；而经济金融化与债务安排从来都是双刃剑，并非经济增长的动力。

正如经济危机是由一连串的事件引爆一样，各国期待的经济复苏也需要一连串的重大事件来激活。摆在全球决策者面前的重大课题是，如何在后疫情时代以精准的政策投放激活微观主体的营商禀赋与创新活力。

供给侧改革为发展经济学提供验证支撑

中国的供给侧结构性改革，既要完成市场出清与新动力、新动能的培育，又要高度重视在全球经济一体化的逻辑框架下，对市场不稳定性和经济复杂性，尤其是对复杂经济与金融系统的前瞻性研究。这要求我们实现对均衡优化的新古典经济学的超越，以建立一个既能有效约束"经济人"自利行为，又能保持对市场适度干预的市场经济模式，促进经济依靠技术进步和人力资本增长等核心内生变量实现增长。如此，就有可能建立一种能使经济保持持续活力的增长机制。

IMF 发布的一份研究报告认为，只要能处理好"僵尸企业"的问题，中国长期经济增速有望每年提高 0.7—1.2 个百分点。报告指出，处理缺乏活力的僵尸企业是中国当前面临的关键挑战之一。差不多同时，在 IMF 主办的第五届统计论坛上，与会专家高度关注中国在"数字化转型"方面取得的巨大进展。有市场人士认定，中国是全球数字化转型的一个独特样本。作为全球最大的移动互联网市场，中国在电子商务、移动支付等方面的世界领先地位将帮助中国成为趋势引领者。

充分的信息、准确的数据、科学的分析框架是理性判断的前提。无论是经济学研究还是经济政策分析与研究，如果没有基于信息萃取和数据处理的分析框架，是很难得出理性结论的。而放眼全球，中国作为现代经济发展史上极为独特的后起国家，经济改革与发展的参照系没有可资借鉴的样本。中国之所以启动大规模的供给侧结构性改革，其目标指向十分明确，即清除经济发展沉疴，消化前期刺激政策，将新一轮经济增长建立在结构均衡的新逻辑起点上。而已有的改革进展表明，随着供给侧结构性改革的持续推进，未来中国的资本和劳动力资源有可能迎来一个较为重要的优化配置过程，无论是国有资本、民营资本还是外资，都将在动态优化中寻找市场机会。基于技术进步、组织创新、专业化和生产率提高的全要素生产率，将是未来中国经济可持续增长的最主要来源。

作为仍处于工业化阶段的超级新兴经济体，中国的经济增长对既有路径的依赖性较强。一旦出现既有动力的衰退，而替代性动力发育不足，则意味着经济增速的滑落。中国经济的下一个繁荣周期一定来自经济体制改革的深层次推进，也就是如何将拉动经济增长的引擎转到有效消费与技术进步驱动上来。

始于 2015 年的供给侧结构性改革，在煤炭、钢铁等行业去产能计划的持续推进下，迄今已经取得了相当进展，新供给已成为中国经济增长的重要驱动力量。以重化工业为代表的传统产业集群的增长日益放缓，而以高端制造业和现代服务业为代表的新兴产业集群正在快速成长。得益于政府负面清单改革和"双创"的推动，以及研发投入的持续增加，微观主体创新活力不断释放，经济增长潜能也在不断激活。在"双创"热潮下涌现出的独角兽公司，正逐渐成为中国参与新一轮全球经济与科技竞争的重要支撑。

当下，一个普遍的共识是，中国经济正逐步告别以政府投资为主导的重化工特征明显、粗放型增长模式的时代，经济结构和发展阶段正在发生重大变化，并开始步入消费主导的新发展阶段。统计数据显示，2016年中国服务业占GDP比重达到51.6%。（中国服务业占GDP比重变化情况如图11-3所示）2017年1月至10月的社会消费品零售总额累计同比增长10.4%，超过固定资产投资累计同比增长7.5%的增幅。与此同时，数字经济发展迅速，共享经济、互联网信息经济、人工智能、服务业经济呈井喷态势。中国在先进制造领域正迅速赶超美国等发达国家，在量子通信、高温铁基超导、载人航天、民用航空、深海探测、智能电网、核电站等研发与建设中相继取得了一系列重大突破，相关前沿技术积累与复杂管理能力不断提高，涌现出一批极具市场前景的企业。2017年前三季度，中国制造业上市公司净利润占所有上市公司净利润的比重为25.8%，较2016年上升3.53个百分点，制造业上市公司的净利润同比增速高达47.28%，说明供给侧结构性改革的成效早已在实体产业中得到体现。存量资金"避实就虚"的趋势正在发生改变，金融体系回归服务实体经济本源正逐步得到实现。

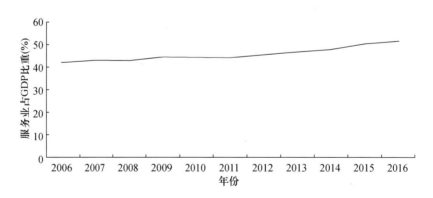

图11-3 中国服务业占GDP比重变化情况

数据来源：国家统计局。

理论既来源于实践，又高于实践。因而，从某种意义上说，在新发展理念的指引下，处于关键时期的供给侧结构性改革取得的相关进展和下一步改革重点，已经并将继续为发展经济学提供极具价值的研究样本和验证支撑。中国必须通过深层次改革逐步告别债务推动下的增长模式，证实金融深化与金融创新更多时候是服务于实体经济的辅助性存在，而非绝对主导力量，并通过深化对中国转型的经济学分析与研究，在充分考虑经济非均衡性的基础上，探索出适应中国经济发展的市场经济模式。

在经历了 70 多年的发展后，发展中国家的经济社会发展发生了深刻变化。其中普遍的特点和趋势是，发展模式多样化和发展过程不平衡。而中国独特的发展道路、发展轨迹，为丰富和创新传统发展经济学提供了重要的实践基础和理论来源。

瞩望中国成为现代经济思想的创造中心

十九届三中全会提出，要坚决破除制约使市场在资源配置中起决定性作用、更好发挥政府作用的体制机制弊端，围绕推动高质量发展，建设现代化经济体系，调整优化政府机构职能，合理配置宏观管理部门职能，深入推进简政放权，完善市场监管和执法体制，改革自然资源和生态环境管理体制，完善公共服务管理体制，强化事中事后监管，提高行政效率，全面提高政府效能，建设人民满意的服务型政府。显然，这是中国在迎来改革开放 40 周年之际，为启动新一轮重大改革所做的重要准备工作。

在人类历史的长河中，40 年只是极为短暂的一瞬间，但 1978 年至 2017 年这 40 年，对中国经济改革与发展的时间光谱而言却是彪炳史册的波段。用美国股神沃伦·巴菲特的话来说，人类的潜力在中国的发展中表现得特别充分，中国人用 40 年完成了美国人花了 200 年所取得的成就。如今，占世界人口绝大多数的发展中国家公开承认，中国取得了人类史上最伟大的经济成就。进入 21 世纪以来，中国更是迅速超过英、法、德、日等发达经济体，成为除美国之外唯一能将经济规模做大到 10 万亿美元的国家，而且在不断缩小与美国的经济差距。英国学者预判，伴随经济发展和人民币国际化进程，中国很可能将创造 21 世纪上半叶全球经济与货币变迁史上的最大红利，具有独特金

融文化与国际区位优势的英国必须紧紧把握这个难得的历史机遇。中国在这40年里经历的经济改革与制度变迁，既在一定程度上借鉴了包括美国在内的发达市场经济国家的经验，更植根于中国的国情，在国企改革、经济转轨和市场与政府关系等重要领域进行了不懈探索。

如今，越来越多的西方主流经济学家认为，中国有着悠久的商业历史与贸易历史，家族企业和集市长期存在，而且中国使用纸币的时间远远早于西方，这是毋庸置疑的历史事实。因此，中国在对市场经济的追求过程中，既重视借鉴西方的制度经验，更返身求己，在悠久的商业传统发展史中找到自己的文化根源。如今，中国的市场化改革依然在路上。中国在构建现代化经济体系过程中，必须发挥市场在资源配置中的决定性作用。虽然关于市场经济的基准从来就没有一个统一的范本，但从现有的理论探讨和国际社会有关的法律规定，以及各国经济实践来看，中国今天对五个被广泛视为成熟市场体系必备要素的认识是相当深刻的，且正在通过改革不断落实。这五个要素是：政府作用和行为是否规范，企业权利和行为是否自由，生产要素市场化程度（包括要素价格是否由市场决定、企业成本是否真实等），贸易条件公平程度，以及金融参数合理化程度等。

改革开放以来，中国经济改革给经济学家们带来的重要启示是：激活微观主体的市场活力是最好的增长药方，而激活市场活力显然需要政府在微观规制和宏观规制方面切实提升水准。这就倒逼要素价格市场化改革尽早取得突破性进展，倒逼握有最多经济资源的国企尽早完成自身角色的市场化转换，消除制约经济转型的体制机制障碍。这也正是十九届三中全会强调要坚决破除制约使市场在资源配置中起决定性作用、更好发挥政府作用的体制机制弊端的立论所在。

当然，市场是有限的，有效市场假设已被证明是古典经济学色彩浓厚的黑板经济学。市场失灵是真实经济世界里的常态，即便是有限市场也不一定都是有效的。政府应尽力创造条件，拓展企业在市场中的行为空间。经验早已证明：经济行为由企业和居民根据市场信号来作出，往往要比政府决策更稳妥；政府的作用不在市场内，而在市场之外——界定和保护产权，保证合同的执行。

中国经济增长与发展转型为包括中国学者在内的全球经济学人提供了极具价值的研究样本。关于上述问题的研究不仅将丰富现有经济学的研究视角，更有可能改变既有主流经济学的一般结论。

而从历史的发展逻辑来观察，中国在基本实现现代化进而成为产业与资本强国之后，将会产生一整套能够解释中国经济发展与制度变迁，尤其是中国经济增长内生性机理的宏观经济学理论，进而成为全球主流经济学的重要组成部分。就此而言，笔者相当认可清华大学中国与世界经济研究中心主任李稻葵的观点：中国经济学界必须有紧迫感，要讲好中国故事，要有中国的理论，理论上不去、讲不圆，我们在国际上、在政策发展问题上就会永远吃亏。

从经济发展历史逻辑演变的趋势来看，中国植根于伟大的经济实践而渐成体系的经济理论，已经到了应当转化为具有一定国际普适性与范式影响力，且从趋势上应能与西方主流经济学理论相抗衡的时间窗口。中国不断推进与深化的经济改革，已经并将继续为探索独特新兴大国的可行性发展路径提供验证支撑，进而为充满活力的思想市场的形成与发展奠定基础条件。随着中国成为全球经济的力量中心，中国也必将成为现代经济思想的创造中心。

瞩望中国在 21 世纪经济学体系中的新坐标

2021 年 5 月，WTO 总干事恩戈齐·奥孔乔—伊维拉任命来自中国、美国、法国和哥斯达黎加的 4 名贸易专家为新任副总干事，该项任命被广泛视为深度契合当前国际贸易的格局版图与趋势变迁，更反映出 WTO 对中国作为全球第一大贸易国的重要期待。

从时间序列来看，中国自 2001 年加入 WTO 以来，得益于持续扩大的对外开放以及促进中外产业链、供应链的有效对接与深度融合，用了不到 20 年的时间即成为全球最重要的贸易参与主体之一。这不仅在全球贸易变迁史上

具有特殊的实践探索价值，更具有经济学意义上的大国样本研究价值。联合国贸发会议曾发表评论文章指出，中国的经济发展或许是近代史上最史无前例的故事之一。例如，上世纪 70 年代末，中国在全球贸易中所占份额还不到 1%，40 年后的 2020 年，中国在全球贸易中的份额接近 15%。（2000—2020 年中国贸易额占世界贸易额的比重见图 11-4）

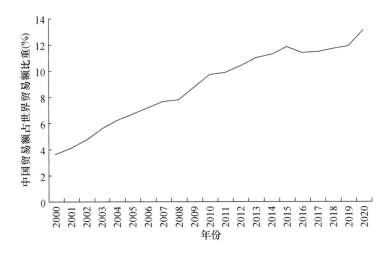

图 11-4　2000—2020 年中国贸易额占世界贸易额的比重

数据来源：国家统计局、WTO。

为什么说中国的开放与发展具有经济学意义上的大国样本研究价值？因为中国在高水平对外开放过程中更加重视发展红利的对外释放，尤其是宏观经济政策的国际协调；更加重视对外开放政策的贯彻落实，尽力避免全球有实力参与主体在对外经济政策上的"以邻为壑"、单边主义与保护主义对全球经济与贸易体系的冲击，体现了中国作为负责任的新兴大国致力于全球经济增长与可持续发展的国际担当。

尽管全球经济、贸易与金融一体化趋势不时遇阻，但技术的进步不会因为人为设置障碍而停滞，尤其是大数据技术与人工智能的突飞猛进，使得全球范围内的市场扩张与财富重新配置不可避免。基于要素自由流动和交易成本节约的全球化内生动力很难被长期遏制。无论是美欧等发达国家，还是中国等广大发展中国家，没有任何一方可以无视产业链、供应链、服务链乃至价值链的大范围断裂带来的巨大沉没成本，也没有任何资本力量和国家力量能够通过构筑各种壁垒阻挡全球要素的合理流动。

研究中国经济改革与发展的国际经济学界权威人士很早就认为，中国改革开放是在没有现成参照系的情况下取得巨大成就的。中国在经济改革与发展进程中的许多成功探索，不仅改变了现代宏观经济学的部分结论，而且正逐渐成为主流经济学的研究主题与关注焦点。包括备受关注的国企改革领域，中国的实践探索正在引起西方经济学界的高度关注。国企改革问题一直是世界各国普遍面临的高难度命题。中国的成功实践让世人明白，尽管产权明晰非常重要，但并非是促进经济发展的唯一安排，只有在市场经济其他制度相应完善的背景下，产权的内生才会明晰化，从而进一步促进经济的发展。而在一个有效政府的引导下，国企不仅能适应市场化，还能在市场竞争中构筑新优势。这就需要建立清晰的政府规制、合理的股权结构、良好的公司治理、持续的创新精神以及赋予国企负责人应有的行为空间，确定剩余索取权的分配原则。即必须明确国企作为市场主体的真实身份，厘清国企在市场与社会中的行为边界，防止在日趋固化的利益格局中强化国企作为特殊群体的利益诉求，以解决困扰国企改革多年的"道德风险"难题。

中国将继续深化改革并推动高水平对外开放，以构建和完善能有效支撑经济高水平发展的现代化经济与金融体系。这将为21世纪宏观经济学的发展提供极具价值的研究样本，也将由此形成具有划时代意义的宏观经济学发展框架。

期待更多创新主体给全球经济注入新动能

国际货币基金组织曾在 2019 年发布的《世界经济展望》中对 2019 年的世界经济增长表示担忧，预计全球经济增长率将降到 3.5％，此数据较前一期《世界经济展望》的预测低了 0.2 个百分点。按照 IMF 的解释，全球增长面临风险，偏于下行。包括一些显而易见的不确定因素正在对全球经济增长产生不利影响。IMF 据此建议各国加大合作化解分歧，并采取措施促进潜在产出增长，加强包容性，并在债务负担重、金融状况收紧的环境下增强财政和金融缓冲。

作为对全球经济与金融稳定负有重要责任的国际经济组织，IMF 对全球经济增长的担忧在相当大程度上反映出当前国际经济格局面临的一些结构性问题亟待破解。其对各国经济政策开具的药方尽管并无多少新意，却是各国财长和央行行长们必须面对的。不过，正所谓说易行难，如果当真让 IMF 去负责运营某个国家的经济，其管理成效未必更好，尽管这家云集了诸多大牌经济学者与财经领袖的组织未必苟同。

笔者倒是关注 IMF 在致各国政府的建议中有关采取措施促进潜在产出增长的部分，这是理应得到各国高度关注的高质量建议。一般而言，潜在产出增长率是指经济中所有资源得到充分利用时国内生产总值可以达到的增长速度。因此，潜在产出增长率是指潜在的总供给增长率，是以生产要素的潜能得到充分发挥为前提的。以中国的情况为例，根据 2018 年 12 月 24 日由中国社会科学院经济学部、中国社会科学院科研局、中国社会科学院数量经济与技术经济研究所与社会科学文献出版社共同发布的 2019 年《经济蓝皮书》的相关观点：由于中国劳动力供给自 2012 年进入拐点以来逐年持续下滑，近年来全要素生产增长率在低位运行，而资本存量增速也随着固定资产投资增速的下降而下滑，由于以上诸多因素短期内很难得到显著改变，这意味着 2019 年中国 GDP 潜在增长率依然在适当区间内小幅下滑。当然，笔者认为，除上述因素之外，导致中国 GDP 实际增速低于潜在产出增长率且产出缺口有扩大趋势的原因还在于：中国经济在逐渐失去比较优势的同时尚未真正构筑起稳固的竞争优势，而经济再平衡的时滞性使得供给与需求之间的错配现象在短期内依然较为严重，且供给结构的调整速度跟不上需求结构的变化等等。

正是因为注意到中国经济增长存在的相关约束条件，时任国家统计局局长宁吉喆认为要加大逆周期政策调节力度，推动中国经济持续健康高质量发展；并为此提出了六点建议，包括要着力深化创新驱动，推动制造业转型升级。笔者认为，这是促进中国经济潜在产出增长的关键之举。事实上，不仅中国，包括美国、日本、德国、英国、法国等发达国家的政府和企业，越是在经济困难时期，越是特别重视研发投入与创新驱动。2008 年国际金融危机期间即如此，当时，尽管全球正受到百年一遇的金融危机肆虐，但微软、苹果、谷歌等美国科技企业却普遍扩大了研发投入。而根据欧盟委员会针对全球 46 个国家或地区的 2500 家主要企业 2017 会计年度研发投入进行的调查，进而形成的《2018 年欧盟工业研发投资排名》，美国、欧盟、中国、日本和韩国的企业是进行工业研发投入的主力。其中，三星以 134.37 亿欧元的研发投入位居世界第一，排名第二至第八的分别是谷歌母公司 Alphabet、大众、微软、华为、英特尔、苹果、罗氏。而在排名前 50 的研发投入榜单上，来自美欧日的企业占据了 96%。这说明全球经济增长的主要技术驱动力仍来自发达国家的超级企业。

但是，全球经济增长与发达国家的繁荣不能建立在发展中国家普遍落后的基础之上。全球经济亟待更多创新主体引领增长与繁荣，这其中当然包括新兴经济体与相对落后的发展中国家。2018 年，由康奈尔大学、欧洲工商管理学院和世界知识产权组织联合发布了涵盖 126 个国家的"全球创新指数"（GII）。该研究指出，尽管南非、肯尼亚、卢旺达、马达加斯加、马拉维和莫桑比克等撒哈拉以南非洲国家取得了令人瞩目的创新成就，利用科学技术和熟练劳动力提高了这些国家的竞争力，从而能够吸引更多的外国直接投资，并进一步增加了其企业的收入来源。但该地区的多数国家的创新指数排名仍在 100 名以后，拉美部分国家也是止步不前。这其中最大的制约因素是资金投入不足，以及缺乏可行的政策扶持、市场生态环境较差与工程师培养有待提高等。

令人欣慰的是，随着金砖国家和韩国创新活动的不断发展，全球技术和知识正呈现双向流动趋势。特别是随着中国和韩国企业对前沿技术研发投入的扩大，对传统发达国家产生的正溢出效应逐步显现。

而从技术层面来看，判断全球是否在未来某个时段进入新的经济周期，大致有三个维度：一是支撑全球经济发展的内生性因素是否稳定；二是新的全球增长动力是否强劲；三是基于技术进步与金融创新的微观主体的市场是否具有活力。

在全球经济增长趋缓、不确定性与风险可能升高的当下，各国既要保持多边合作以确保既有规则与体系的相对稳定性，亦要有足够的风险意识与敏锐的直觉；更要通过国内政策的调整广泛激活微观主体的创新禀赋，加大对关键产业与前瞻性技术领域的研发投入，促进产业化应用提速，以将全球经济的有效增长建立在更多创新主体合力推动的基础之上。

发达国家别忘了"先富"的初衷和责任

围绕 WTO 改革，以美国为代表的发达国家和以中国、印度等为代表的发展中国家分歧严重。其中最主要的分歧在于：维护还是削减发展中国家在 WTO 框架下享有的"特殊与差别待遇"。美国建议，WTO 成员满足下列要件之一：被世界银行列为高收入经济体，是 OECD 成员，属 G20 成员，占全球贸易份额达到 0.5% 以上等，就不能算发展中国家。该提案意在剥夺发展中国家在 WTO 享有的最惠国待遇原则、非歧视原则、制定规则的多边框架、特殊与差别待遇等，理所当然遭到中国、印度、南非等发展中国家坚决反对。

这延伸出一个经济学中常被讨论的问题：何谓发达国家的标准？众所周知，得益于一代又一代经济学人的探索，现代经济学在过去 300 多年发展进程中形成一系列被称为"模型""定理"的基础理论。这些基础理论不是现实世界的直接描述，而往往是无法在现实世界兑现的黑板经济学，但它们为分析现实世界的问题提供了基准或参照系，也提供了重要的分析视角。事实上，关于发达国家、发展中国家、最不发达国家等概念的界定及相关标准的划分，1944 年以来，无论世界银行、IMF、WTO 还是 OECD 的经济学家，都做了大量严谨而扎实的研究，也据此为以扶贫与促进发展为重要使命的国际组织提供了诸多有价值的政策建议，对缩小南北鸿沟发挥了一定作用。

笔者认为，发达国家、发展中国家以及最不发达国家等概念的划分，既有符号意义，也有实体意义。更关键的是，这些概念本身很大程度上是工业化导致全球分工发生重大变化乃至资源配置显失公平的产物。

某种意义上，发达国家与先行工业化国家是同一概念，即工业革命以来，以英国、法国、德国、意大利、美国等为代表的欧美国家，借助技术进步和人力资本积累率先完成工业化，并在完成财富原始积累的同时，迅速扩大其在区域乃至全球的资源配置权。东亚的日本，也经明治维新完成工业化，迅速赶上欧美列强，由此跻身最发达资本主义国家之列。世人皆知，G7 就是世界上工业化最先进的 7 个国家在上世纪 70 年代形成的俱乐部。

在 G7 国家看来，历史以及绝对实力赋予了他们全球政治、经济、安全体系担保人的角色。其中，作为世界上最早实行工业化的国家，英国先于美国成为全球超级大国，是 19 世纪全球真正意义上的担保人，也是金融帝国主义的早期代表，英镑本位制曾长期主导全球金融体系。甚至在二战后，英国依然凭借帝国惯性和精明的国家战略，与美国一道扮演全球经济与金融体系的担保人角色。而英美之所以先后成为全球体系担保人，依靠的除了傲视他国的工业与贸易体系，更有其他一些特殊优势，比如密布全球的海上力量投送与打击体系、柔性商业干预和无形的金融控制体系。

作为超级大国的美国，在二战后建立起了一套严密的机制化霸权。所谓机制化霸权，是美国通过左右一系列国际组织、机制和联盟建立起来的秩序范式。美国凭借对世界银行、IMF 等国际组织的主宰，把持制定国际金融规则的权力与话语、敲定金融市场价格水平的霸权以及有关各种金融工具与头衔的创意决定。华尔街、G7、各式精英俱乐部、独霸全球的金融专才资格注册机构等，都是美国主宰世界金融秩序的符号。

美联储自 1913 年成立以来，很快与美国财政部以及庞大的商业银行与投资银行体系结成一体，共同服务于美国的国家利益和战略。从经济角度看，美国的国家利益首先表现为对美国全球金融分工地位的维系，其次是经由美元本位低成本地占有别国资源，或是对外辐射经济成本。当年，苏联试图以军事力量为先导，取代美国成为世界头号强国，但苏联领导人忘了：苏联傲视美国的地方确有不少，如自然资源、强大的动员能力等，但苏联有一样东西远远赶不上美国，那就是卢布。虽然卢布当时看起来也很强大，但只限于苏联势力范围之内，而美元却能用来配置世界范围内的资源。于是，同样是搞军备竞赛，苏联一开始还能咬牙坚持，渐渐就难以维系了，而美国根本不愁没钱，因为它可以只花自己的一部分钱和资源，大多时候花的是别国的钱或低成本占有的别国资源。

时移势易，曾经的"日不落"帝国早已力不从心，曾经的唯一超级大国美国也日益难凭一己之力担任全球经济担保人。西方世界在感慨，世界格局正朝着如下形势演进：美国作为霸权国家仍具领导地位，但越来越丧失绝对优势地位；多个次级经济和军事力量中心迅速崛起；数种储备货币并存，全球公地保护职责由一国扩散到多国，竞争和动荡成为新的常态。只是正如英国《金融时报》所言，对美国和其他一些富裕或发达国家来说，坦然接受这种格局演进似乎并不容易。

以美国为代表的一些发达国家好像忘记自己是如何"发达"的了，它们越来越不愿对促进整个世界共同发展承担义务和责任，而是光想着怎样维护自己已有的一亩三分地。以中国、俄罗斯、印度、印尼等为代表的新兴国家，尽管在经济增长、技术进步、国际贸易乃至金融领域取得耀眼的成绩，但就大多数指标而言，与美国等发达国家确实还有很大差距，还是不折不扣的发展中国家。

经济学家过去对于发达国家、发展中国家和不发达国家的界定与划分，目的之一就是促进各国之间"先富带后富"，实现共同发展，发达国家不能忘记这个初衷，不能形成"我是发达国家就得永远绝对领先"的范式依赖，不能只允许自己富裕而不允许其他国家也富起来，甚至以阻断别国的发展权相逼。

刺激之下，全球经济有效增长路径何在？

2020 年，由于受到新冠疫情的冲击，全球经济事实上已步入没有基线场景的衰退区域，世人对经济复苏的期待如同患者对疫苗的热切盼望一样，格外令人纠结。全球经济当时面临的急务是，既要防止主要国家出现自由下落式大衰退，又要在稳住经济基本盘的基础上，迈向复苏与有效增长的轨道。

对疲于应对的各国货币与财政当局而言，疫情就像一记闷棍，瞬间打乱了 2020 年的政策框架。在救人、救市、救企业、保民生成为第一要务的前提下，流动性释放与财政补贴作为主要应对工具正在持续发挥作用。对"既缺钱又不缺钱"的各国政府尤其是主要国家的财经部门来说，自 2020 年 3 月份以来，在短短两个月的时间内就拿出了超过 8 万亿美元的综合应对安排，确实是布雷顿森林体系建立以来仅见的超常规举措。向来作为最后贷款人的美联储，在疫情蔓延之后，不仅将自己的角色迅速转换为第一贷款人，直接从一级和二级市场买入商业票据、抵押贷款和企业债券，并且还把当时有着107 年历史的政策工具箱里的存量与增量工具几乎用了个遍，至 2020 年 4 月22 日当周其资产负债表也膨胀至 6.6 万亿美元。与此同时，美欧大企业也以创纪录的速度借钱或直接向政府求助。全球经济的萧条场景，直观投射在美欧各大城市的空旷街道上。

英国《金融时报》描绘了新冠疫情大流行造成的经济后遗症，包括产出急剧下滑、企业大范围倒闭、失业率上升和财政赤字积累；全球最富裕的国家将在短时间内纷纷变穷，债务负担更加沉重，边境控制将变得更加普遍。

上述场景描绘并非耸人听闻，各国必须严肃对待并拿出有效对策。

在经济生产出现大面积萎缩、发展预期尚处于重大不确定的 2020 年，讨论经济复苏似乎有点不切实际。但是疫情作为全球性的公共卫生安全事件，在人类漫长的生存与发展周期里，却是一次持续时间较短的外部冲击。各国与全球经济发展不会因为疫情带来的大规模冲击而长期停滞。而备受关注的全球化及其趋势，虽然受到一定影响，但不会踟蹰不前。

汇聚了全球主要发达国家或地区以及新兴经济体的 G20，在疫情暴发后承诺为有需要的国家提供卫生与医疗领域的支持，并同意世界最贫困国家自 2020 年 5 月 1 日起至 2020 年底可暂停偿还债务。这是 G20 作为全球主要经济力量在关键时期应有的国际责任感。G20 之所以没有直接承诺债务减免，主要是因为这些国家或地区本身也面临较大的财政压力与增长缺口。美国作为世界第一大经济体，也面临刺激过度带来的一系列严重问题。美联储本次拧开货币水龙头并非高难度动作，但是如何收回严重超发的流动性即所谓的"缩表"，则说易行难，对严重依赖美元体系的绝大多数国家而言，更是一个痛苦的过程。

世人应当记得，曾被格林斯潘（Alan Greenspan）誉为"过去二十年里美国经济活力之父"的前美联储主席保罗·沃尔克（Paul Volcker）（见图 12-1），在上世纪 80 年代初期美国面临大衰退时，决定放弃对美元货币供应量的管制，改用利率作为调控宏观经济的货币手段。从此，美国越来越依赖债务驱动经济增长。顶着"经济沙皇"光环的格林斯潘在向市场注入流动性方面则有过之而无不及。然而，对全球经济增长与金融稳定负有重大责任的美国，自 2008 年以来，其边际贡献呈现整体递减趋势。在过去十多年的全球实际经济增长和技术进步无法有效对冲资产泡沫和风险积累的背景下，全球经济在 2009 年至 2014 年的复苏，以及 2015 年至 2019 年的增长，更多的是依靠债务杠杆的力量。基于技术与人力资本积累引致的全要素生产率，则在过去十多年里并未取得显著进步。这使得经济复苏与经济增长在很大程度上内含了不稳定因子。

图 12-1 经济学家保罗·沃尔克

鉴往知来的教训一再明示：没有一个国家的经济在长期的高杠杆区间运行还能一直免于债务危机。同时，经济环境越不稳定、金融体系复杂度越高，就越容易爆发金融危机。对使命在肩的宏观经济学而言，从来只有求解不尽的命题，而无最终的完美答案。各国迄今为止祭出的诸多刺激政策，已在一定程度上起到了应急止血的作用，但要避免重蹈上一轮危机应对的覆辙，急需宏观经济政策更多投向实体经济与产业发展，关注民生福祉尤其是公共卫生安全体系的补位与升级完善。基于此，G20 成员应率先将金融发展服务于实体经济作为各国的一致行动安排，商讨制定并执行金融服务于实体经济的操作性政策框架，以防止信贷扩张被继续用于大量购买存量资产或主要投向大型企业。同时，各国在保持政策适度弹性的同时，应加大对技术研发和产业化的投入，切实提升制造业的竞争力，重启内生性经济增长模式。

守护 WTO 这个"自由贸易守护者"

有着 70 多年历史底蕴的 WTO，如今陷入全球性公共产品通常都有的历史尴尬。

在原本颇具个人魅力与国际雄心的阿泽维多决定挂冠而去之后，WTO 启动了新总干事遴选程序。2021 年 2 月 15 日，WTO 正式任命尼日利亚候选人伊韦阿拉为第七任总干事，其任期于 2021 年 3 月 1 日开始。"新舵手"的出现对争端机制陷入停摆状态超半年的 WTO 而言，是一次重塑自身形象和唤醒机制活力的机会。

作为 GATT 的升级版，WTO 是经济全球化和贸易自由化的制度变迁产物。自 1995 年正式运作以来，它在推进贸易领域的公平竞争、确保多边贸易机制的有效性，以使每位成员都能在平等竞争环境中相互提供便利化的贸易与服务等方面，做出了历史性贡献。WTO 也因此与世界银行和 IMF 一道被公认为全球经济领域的三大主要公共产品，有着"经济联合国"之称。

不过，正如自由贸易在真实世界里往往是难以找到最优解的高难度命题一样，WTO 尽管有着辉煌的过去并曾受到一向标榜自由贸易的美欧力挺，但随着新兴国家陆续加入 WTO 且不断融入全球贸易体系，发达国家开始改变对 WTO 的态度，以致这个主要国际贸易组织越来越难以做到"刀切豆腐——两面光"。尤其作为 WTO 主要机制设计者的美国，近年来越来越不喜欢 WTO，甚至多次威胁退出。

美国指责 WTO 的现有机制令国际贸易陷入市场失灵疲态，声称 WTO 争端解决机制上诉机构的法官们在解释 WTO 法律过程中经常"越界"，"滥用"WTO 相关法律法规中并未赋予他们的权力。美国多次表示将使用一切可用的手段确保 WTO 对发展中国家地位进行改革，阻止那些"自我宣称"为发展中国家但并不具备合适经济指标支持的国家在 WTO 谈判中享受特殊和差别待遇的灵活性。以此为借口，蛮横的美国政府干脆在 2019 年底对 WTO 中负责裁决贸易争端的解决机制——上诉机构来了个釜底抽薪，通过迟滞和阻挠上诉机构新法官的任命，使这一机制无法继续审议 WTO 成员间的贸易争端，全球多边贸易争端解决机制事实上处于脑瘫状态。

现在看来，美国以退为进，通过让 WTO 争端解决机制停摆或干脆休克来分化支持多边贸易体制的力量，同时通过拉拢个别新兴国家为突破口，诱使一些成员追随美国脚步，最终目的只有一个：按照美国的意志改造 WTO。

毋庸置疑，WTO 是守护自由贸易的最重要载体之一。随着数字经济的迅速发展，WTO 亟待建立数字贸易的国际标准，这是 WTO 需要自我变革以适应技术进步与贸易发展的原动力和迫切性之所在。新冠疫情的暴发又大大加快了全球贸易的数字化进程，甚至可以说在一定程度上确立了数字贸易的主导性地位。而在数字贸易时代，WTO 在加速推动电子商务谈判、加强跨境商品和服务贸易的数字化建设、缩小"数字鸿沟"以及加强隐私保护与提供公平竞争环境等方面，显然有着广阔的行为空间。

即便保护主义和单边主义冷风不时吹起，即便全球贸易规则的块状化与集团化博弈严重阻碍全球经济一体化进程，并且显著增加了双边或多边贸易摩擦与交易成本，WTO 也没有任何理由自我边缘化。

在 WTO 改革面临停摆的关键时刻，作为负责任的新兴大国，中国尤其应当最大限度团结其他成员，共同推动 WTO 改革朝着积极与建设性的方向发展。为此，我们可以探讨将中国针对 WTO 改革提出的三个基本原则和五点主张，与欧洲、日本等发达国家或地区以及新兴国家、广大发展中国家的改革主张或诉求有机结合起来；另一方面，我们在坚决反制美国任何经贸霸凌行为的同时，也要展现出适当的灵活性，防止中美经济与贸易联系陷入美国一些对华鹰派推动的全面"脱轨"和"脱钩"，可以探讨中美在 WTO 改革方面可能的合作区间，如关税和非关税壁垒、技术转让等，都可以展开建设性对话。

毕竟，零和博弈有害无益。全球经济治理目标的实现，"内生性"地要求 WTO 各成员在合作性博弈的过程中展现出应有的国际责任感，致力于消除分歧，促进商品和资本的自由流通，以便从共享中获取利益，共同守护 WTO 作为"自由贸易守护者"的形象。

经济保守主义会迎来退潮期吗?

在全球已度过本世纪以来最难熬的 2020 年之后，展望"后疫情时代"的经济保守主义走向，是判断全球经济中长期发展趋势的必要前提。

2020 年 4 月，对全球金融稳定负有重要责任的 IMF 总裁格奥尔基耶娃（Kristalina Georgieva）警告，尽管全球金融体系的韧性足以抵御新冠疫情冲击，但政策制定者不能把金融稳定视为理所当然，须加快行动以恢复经济增长并避免大范围的财务困境。IMF 总裁的担忧更多是从技术层面给出的，并未深度触及超出经济范畴的政治因素。

众所周知，任何重大经济问题某种程度上又都是政治问题。事实上，过去几年，全球经济发展不仅受到包括新冠疫情在内的一系列重大外部变量的冲击，更受到具有浓厚国家利益色彩的经济保守主义的拖累。同时，对某些经济保守主义政策偏好带来的巨大不确定性，即便最具市场直觉的分析师也难以精准预测，在常规的政策应对逻辑框架中找到最优应对之策更是难上加难。而全球经济的发展，既取决于技术进步、人力资本的积累与交易成本的降低，也离不开世界各国政府以及厂商、消费者等市场主体对未来发展的乐观预期和理性预判。

概言之，越是在全球经济面临巨大不确定性的危急时刻，各国越需避免经济政策的"合成谬误"，这样才能提升应对外部冲击的韧性。这也是中国近年来持续扩大开放并在区域乃至全球力推贸易与投资便利化的政策出发点之一。

新冠疫情暴发后，不断有人宣扬疫情将使更多跨国公司重新思考依赖中国供应链的脆弱性，甚至将加速中国与发达国家的产业链、供应链"脱钩"进程。但从全球抗疫物资的供给端与接收端（消费端）对接来看，把鼓噪"脱钩"的分贝拉得最高的美国，却是全球抗疫物资流转中的最大受益国。来自中国官方的统计数据显示，截至 2020 年 11 月 22 日，中国已累计向美国出口口罩约 394.3 亿只，外科手套约 8 亿双，防护服约 6.5 亿套，护目镜约 4676.2 万副。

充分的信息和准确的数据是理性决策的前提。这些数据恰恰表明，当今世界，没有任何国家、任何政治力量可以无视产业链、供应链乃至价值链的深度融合现实；没有任何国家力量能够通过构筑各式各样的壁垒来人为阻挡全球生产要素的合理流动；也没有任何一个经济体能轻易取代中国在全球供应链中发挥的重要作用。更关键的是，中国并未因为掌握着全球部分产业的核心供应链而对外执行任何形式的经济保守主义。

值得肯定的是，日韩作为近邻且在产业链、供应链方面与中国联系紧密的 G20 成员，在疫情暴发初期即高度支持中国抗疫，希望中国尽快恢复经济常态，以保持东亚地区的供应链顺畅。随后，中日韩三国不仅加强疫情防控合作，共同承担确保区域经济稳定和供应链安全的重任，还携手消除分歧，加快推进区域经济一体化进程。RCEP 的成功签署，既是中日韩和东盟等国合力打造共赢性区域公共产品的标志性成果，也表明协定各成员在以实际行动修复因受保护主义、单边主义干扰而严重受损的全球经济体系。预计业已推进的中日韩自贸区谈判也将因 RCEP 的签署而进一步加快，而一旦经济规模总和超过 20 万亿美元的中日韩三国最终达成自贸区协定，那将是夯实 RCEP 成果的最大支撑。

作为全球第二大经济体，中国一方面在 RCEP 签署半个月后即部署加快做好 RCEP 生效实施的有关工作，这突显了中国在维护自由贸易、谋求区域和全球合作共赢方面的国际责任感。另一方面，中国在审慎评估的基础上，主动对接以严苛规则准入为重要特征的 CPTPP，既是对本国经济改革与对外开放取得巨大成就的充分自信，也是基于 RCEP 和 CPTPP 在货物贸易领域零关税覆盖面高度重合的现实，以及有关"十四五"及至 2035 年中长期发展阶段内改革进展与开放成果的乐观预期。换句话说，在全球经济一体化不可逆转的逻辑框架下，以构建高水平社会主义市场经济体系为导向的中国，不仅无须回避相关的高标准自贸协定，更可顺势深度融入全球经济，积极引领全球范围内的要素自由流动，促进贸易与投资更趋便利化，进一步降低交易成本。同样值得关注的是，部分国家正在或业已启动的新一轮政治周期以及 G20 大多数成员 2020 年以来在促进经济全球化过程中所展现的政策理性，也使经济保守主义有望迎来退潮的时间窗口。

把准绿色金融发展与全球产业变迁的脉搏

在中央和国家层面将实现碳达峰、碳中和界定为一场广泛而深刻的经济生活系统性变革，并将其纳入生态文明建设整体布局之后，基于碳中和目标而备受关注的绿色金融，不仅是当前金融领域最热、最具挑战性的话题，也是摆在监管层和其他各类市场参与主体面前的一道必须跨越的门槛。

2021 年 3 月，央行行长易纲在谈到绿色金融时，既指出了气候变化与绿色转型对既有金融资产与金融体系稳定可能带来的冲击与影响，也表达了央行对践行绿色发展理念、大力发展绿色金融时不我待的态度与决心。在碳中和约束条件下，中国金融发展、产业结构与技术变迁路径都将发生质的变化，包括绿色贷款、绿色债券在内的绿色投融资规模将在 2020 年末的 13 万亿元的基础上扩大到百万亿元级别，巨大的投资缺口显然需要通过成熟而完善的市场体系来弥补；如何推动建立一套既有刚性约束又有一定适配性的绿色金融标准体系，还能实现国内外标准的无缝对接，显然也是一个高难度命题；在推进碳排放权市场化交易的同时，通过技术进步与社会治理体系的现代化逐步降低清洁能源使用成本或单位 GDP 的能耗，既是上海在"十四五"及至 2035 年中长期发展阶段内的重要机遇，也预示着上海和全球主要国际金融中心首次在几乎没有起点差的赛道上展开竞争。

其实，这也是一场针对所有经济与市场主体的发展范式革命，甚至对已有的经济学理论框架提出新的挑战。目前，中国正在积极为实现碳达峰、碳中和目标创造有利条件。例如，中国已建立起具有世界先进水平的数字基础设施，产业数字化能力已达世界先进水平，使得中国有条件、有能力在绿色发展框架下实现对能源和资源的有效配置与优化利用；中国在制定与推行绿色标准方面的前瞻性行动，使中国在发展绿色金融领域建立了一定的先导性优势；碳交易一级市场制度建设的加快，尤其是碳排放权交易的启动上线，将有利于在生态文明整体建设布局下，形成市场主体对促进低碳转型广泛的行为自觉。

从经济学意义上看，碳排放权在 21 世纪的今天，本质上是一种稀缺的有价经济资源，可以交易意味着它有很强的金融属性，而这种权利对广大发展中国家来说又蕴含不平等的分工与交易体系。一个不容忽视的约束条件是，在 2030 年前必须实现碳达峰的刚性约束条件下，那些主要依靠化石能源并且技术改造成本巨大的行业与企业，将被迫与减排目标展开某种意义上的"生死时速"。2019 年中国煤炭消费占能源消费总量的比重达到 58%（2011—2020 年中国煤炭消费量占能源消费总量的比重如图 12-2 所示），碳排放总量占全球比重达到 29%，人均碳排放量比世界平均水平高 46%，单位 GDP 能耗约为 OECD 成员平均水平的 3 倍，尽管节能空间很大，但是对人均 GDP 迈上 1 万美元门槛不久的中国而言，实现碳达峰意味着必须在对庞大的制造业工业体系进行摸底的基础上，对标减排采取行动或者关停并转。而从碳达峰再到碳中和的时间跨度来看，30 年左右的时间似乎很长，但是从实际操作来看，意味着 2030 年之后中国的碳排放每年都须快速下降，以完成到 2060 年前超过 2/3 的能源由清洁电力提供、约 1/5 的能源消费通过碳捕捉方式实现的预期目标，这中间实际上没有缓冲期。

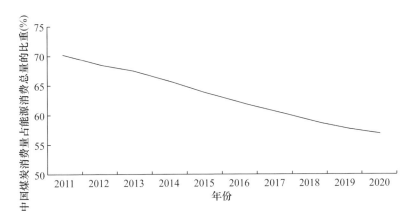

图 12-2　2011—2020 年中国煤炭消费量占能源消费总量的比重

数据来源：国家统计局。

对金融行业来说，正如易纲行长所言，2030 年前碳达峰和 2060 年前碳中和的发展目标对金融工作提出了新的更高要求，既需要天量投资，也会影响金融稳定和货币政策，尤其是绿色转型可能使高碳排放的资产价值下跌，影响企业和金融机构的资产质量。在碳中和的路径安排下，现代金融越来越成为一国科技、产出、创意、绿色发展、资本的资产定价权以及国际协调力与领导力的有效综合。如何把准绿色金融发展与全球产业变迁的脉搏，稳步推动金融资产的绿色转型，积极争取绿色金融资产的定价权，以在全新发展路径上实现经济高质量发展，将构成未来 40 年中国宏观经济学的核心内涵。

纲举目张，"十四五"时期，中国在加快建设高标准金融市场体系的过程中，尤其要把健全完善绿色金融体系作为重中之重。目前，中国绿色金融标准体系建设已进入制度化、系统化并与国际领先国家或地区同步协调的阶段，我们应当抓住这难得的时间窗口，加强国际协调，积极推进绿色金融标准体系的国际认定，尤其是数据标准的统一性、可比性和透明度，这对推动形成可持续的全球数据标准极为关键。另一方面，在加快构建绿色金融市场交易体系的过程中，作为最具资源配置能力的上海，要充分利用市场机制引导金融资源向碳中和领域加强配置，提高绿色金融产品的深度与广度，优先支持适应碳中和发展目标的绿色产业企业上市融资，鼓励商业银行提升绿色信贷服务能力，建立并不断加强基于绿色发展导向的债券、保险、基金、信托、资管等金融市场体系。上海作为全国最重要的碳排放权交易市场，不仅在发展碳金融，鼓励碳市场的远期、期货、期权等金融产品交易方面有着得天独厚的优势，而且结合金融中心建设能级的不断提升，完全有条件成为具国际影响力的碳市场定价中心。

最后，碳中和目标催生的绿色科技及其产业化应用，将引导能源电力发展与碳脱钩、经济社会发展与碳排放脱钩，进而引致能源体系的低碳乃至零碳革命。结合上海和全国各地正在加速推进的数字化转型，中国完全有可能如期解除碳锁定，将经济发展路径尽快切换到绿色、低碳、循环、可持续的轨道上。

第十三章
中国经济高质量发展的底基

新发展理念翻开中国经济增长新篇章

就时间光谱而言，2017 年是中国迎来改革开放 40 周年里程碑的承上启下之年。之所以说是承上启下，一是因为举世瞩目的中共十九大明确提出了中国全面建设社会主义现代化国家的"两步走"战略，把基本实现社会主义现代化的目标提前了 15 年。这个战略对全党和全国各族人民的奋斗目标，既有相当清晰的内涵设计，也有微观层面的具体描述，给出了国家中长期发展路线图。二是因为 2018 年恰逢中国开启具有划时代意义的改革开放 40 周年，在这 40 年时间里，从最初的摸着石头过河，到上世纪 90 年代以来建立与不断完善中国特色社会主义市场经济体系，再到十八大以来主动创设全球公共产品，释放中国经济增长的福利效应，并积极参与全球经济治理，进而在全球经济格局变迁中形成独具中国特色的发展范式与中国主张，体现了中国遵循经济发展规律与相关政策逻辑的国家智慧。而中国提出基于"创新、协调、绿色、开放、共享"和有关实现政府与市场、供给与需求、公平与效率、经济发展与生态保护、国内发展与对外开放关系的有效均衡的新发展理念与均衡思想，实际上也为新环境下的国际竞争与合作提供了中国版的政策设计样本。

谈到发展，当然离不开数据。2017 年，中国 GDP 增速达到 6.9%，全国规模以上工业企业利润取得 21% 的可喜增幅，尤其是国有控股企业利润同比增长 45.1%，这显然十分有利于推动当时正在进行的国企混改。2017 年，在全球主要经济体 10 年来首次出现同比增长的背景下，尽管有地缘局势风险与某些国家贸易保护主义的干扰，但呈现温和反弹态势的全球投资与贸易增长，还是为中国经济发展提供了一定的外部支撑，这使中国出口在经历了两年的负增长之后，取得 10.8% 的同比增长，全年外贸进出口再破 4 万亿美元大关。（2000—2017 年中国进出口总额变化情况如图 13-1 所示）而人民币单边贬值预期被成功打破，进而实现了外汇储备的企稳回升。至于各级各地政府极为关注的钱袋子，增收形势也相当乐观，财政收入实现 7.4% 的增速，为各项事业的推进提供了坚实的财力支撑。

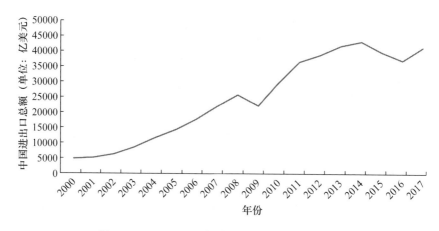

图 13-1　2000—2017 年中国进出口总额变化情况

数据来源：国家统计局。

　　总体而言，随着 2017 年供给侧结构性改革的稳步推进，投资与出口形势的好转，中国经济在逐步别告 "最困难时期" 之后，将在新一轮改革的驱动下，为迎接新周期的到来积极做好准备。

　　谈到发展，当然离不开对现有问题的梳理，尤其是对风险的评估与预警。如果要选 2017 年中国经济运行的关键命题，则非 "守住不发生系统性金融风险的底线" 莫属。无论是十九大报告中还是中央经济工作会议上，无不把守住这个底线作为经济与金融工作的重中之重。而肩负重要使命的国务院金融委成立伊始即宣布将重点关注影子银行、资产管理行业、互联网金融、金融控股公司等方面的问题，查找风险点，扎紧防风险篱笆。

的确，就债务率而言，容不得我们丝毫放松。2016 年末，中国的宏观杠杆率为 247%，其中企业部门杠杆率达到 165%，特别是部分国有企业债务风险突出，"僵尸企业"市场出清迟缓。地方政府债务风险尽管总体可控，但财政部的报告显示，个别地方政府仍继续通过融资平台公司、PPP、政府投资基金、政府购买服务，或以各类"明股实债"等方式违规加杠杆，风险不容小觑。鉴往知来的教训早已警示我们：迄今世上没有一个经济体在长期运行于高杠杆债务区间时，还能与债务危机乃至系统性金融危机绝缘。显然，这个底线不能破。

中国要实现的高质量发展，应该是适应需求、引导需求并提升需求的发展，这需要建立发现需求、适应需求并引导需求的多层次、多样化资源配置机制，因此必须按照有效经济增长的基准对经济结构展开换血式改革。具体而言，通过深化改革完善市场机制，进一步完善服务于市场机制的法律体系，加快政府体制改革的步伐，严格控制地方债的风险敞口，提升金融市场主体的免疫力。各级各地政府及有关市场主体尤其要做好新常态下经济政策调整、增长动力切换的相关准备，尽快清除经济发展沉疴，确定新常态下中国经济的增长逻辑：通过建立基于持续有效研发投入的技术进步和专业化人力资本积累水平的显著提升，促进内生性经济增长模式的形成。

从更长的发展周期来看，中国迄今关于发展理念和经济增长方式的探索实践与业已取得的长足进展，无论是在全球经济思想史上还是在现代经济发展史上，均具有一定的范式价值。中国经济改革与发展，既为中国特色社会主义政治经济学的理论应用提供了独特的实验土壤，也为构建既具有理论普适性又不乏中国特色的新经济增长模型提供了极具价值的研究样本。纲举目张，新发展理念无疑划定了中国经济新的增长逻辑。

以经济体系升级换代确立国际竞争新坐标

建设现代化经济体系是一篇大文章，既是一个重大理论命题，更是一个重大实践课题，需要从理论和实践的结合上进行深入探讨。建设现代化经济体系是中国发展的战略目标，也是转变经济发展方式、优化经济结构、转换经济增长动力的迫切要求；只有形成现代化经济体系，才能更好地顺应现代化发展潮流和赢得国际竞争主动，也才能为其他领域现代化提供有力支撑。中国已将建设现代化经济体系提升到关乎国家前途命运的战略高度，因为直面国际竞争需要构筑体系性国家竞争优势。

40多年前，中国的经济改革是在没有现成国际参照系的前提下启动的，这对一个人口庞大的发展中大国而言，是极为艰难的探索，也是蕴含着诸多不确定性与风险的历史性尝试。当然，在当时的历史条件下，中国尚且可以摸着石头过河，通过局部地区、局部领域的先行先试，探求可复制、可推广的改革路径与发展模式，现在看来，这方面积累的大量改革样本也为转轨经济学与发展经济学的研究提供了极为丰富的素材，进而带动了国际主流经济学进一步关注中国经济改革与发展。例如，迈克尔·斯宾塞（Michael Spence）（见图13-2）、约瑟夫·斯蒂格利茨（Joseph E. Stiglitz）（见图13-3）等多位诺贝尔经济学奖得主最近10多年来越来越倾向于以中国经济改革为研究对象。其中，斯宾塞和林重庚合著的《中国经济中长期发展和转型：国际视角的思考与建议》，就是国际主流经济学家观察中国经济改革与发展趋势的智慧之作。斯宾塞有关中国经济改革的若干建议在某种程度上也已为中国决策层所吸收。斯蒂格利茨则从上世纪80年代起便对中国经济改革建言献策，在包括采取何种改革模式与路径、厘清政府与市场之间的关系、国有企业改革、金融市场监管、资本项目开放、收入分配及构建新公共产品等一系列重要问题上，提出了许多前瞻性的建议。以这几位为代表的国际主流经济学家和以吴敬琏、厉以宁、楼继伟、郭树清等为代表的国内经济学家与改革实践者，他们有关中国整体经济改革与目标设计的诸多建议，如今已转化为中国经济改革的相关决策。

图 13-2　经济学家迈克尔·斯宾塞　　　图 13-3　经济学家约瑟夫·斯蒂格利茨

　　只是在 40 多年后的今天，中国在推进深层改革的时候已很难再摸着石头过河了。毕竟，中国早已不是当年那个封闭的经济体，而是深度参与全球经济一体化，并且在某种程度上引领着全球化的新兴经济体，甚至中国的行为正直接影响着全球化的进程。换句话说，中国在 2010—2017 年的 8 年时间里实现了 GDP 翻番固然是惊世奇迹，然而今日中国呈现在世人面前的，却不应只是一系列令人震撼的经济数据，更应该有支撑这些数据背后的经济逻辑和范式特征，即中国是依靠什么样的体系和动力来求得经济持续发展的？这些体系和动力本身是否具有持续性？放在国际市场环境中，中国改革开放 40 多年来所构建的经济体系和增长动力是否具有可借鉴性？

　　不妨从先行工业化国家的增长逻辑与发展路径来看，除了美国基于技术进步与金融霸权的机制化体系使得经济能够保持长期增长，进而成为这个世界上率先突破 10 万亿美元的超级经济体之外，迄今尚无其他发达国家能够企

及美国的发展高度。昔日发展势头咄咄逼人的日本，经济规模曾在上世纪80年代中期达到了美国的2/3，但泡沫经济破灭后，与美国的差距越拉越大，此后20多年经济规模始终在5万亿美元左右徘徊，时至今日已不及美国的1/4。欧洲作为全球经济的整体一极，规模足以与美国抗衡，其发展理念更可圈可点，然而在国家依然是全球经济竞争最重要主体的今天，这种横向对比并无多少实际意义。或许在美国看来，德国可能是唯一需要格外重视的重量级对手，这是因为德国不仅以较大的经济规模与雄厚的竞争力傲视欧洲，而且也是2008年国际金融危机以来经济治理最为成功的欧洲国家。从某种意义上可以说，德国的经济体系是当今欧洲最能适应全球竞争的范本。德国对实体经济尤其是先进制造业的专注与投入，是全欧洲做得最出色与最有定力的。德国在工业4.0领域取得的显著进展，对金融发展与实体经济关系的精准把握，对教育医疗与社会保障的高水准投入，对提升出口产品质量的精益求精，以及国家软实力的区域与国家辐射等，是其能成为欧洲领头羊的根本。

因此，从国内外的经验来看，建设现代化经济体系既是20多年前中国提出经济转型升级以来在理论与实践两个维度的系统性总结与提炼，也是中国在跨越10万亿美元经济规模大关之后，着眼于21世纪全球经济竞争而对国家现有经济体系的未来发展坐标给出的战略设计与执行路径。

建设现代化经济体系，意味着要着力发展实体经济，建设现代产业体系，完善社会主义市场经济体制。具体而言，要加快建设制造强国，大力振兴制造业，加快实施《中国制造2025》；要发展现代互联网产业体系，深入实施"互联网+"行动计划，鼓励支持制造业大企业搭建一个基于互联网的开放式的双创平台，以汇聚全球的资源与智力，为制造业服务；要加快发展现代服务业，推动生产性服务业向专业化和价值链高端延伸、生活性服务业向精细和高品质转变。

由此可见，在现代化经济体系的背后，不仅是一系列完善的制度设计以及经济结构的优化与安排，更是国家哲学在一国经济领域的具体体现。可以这么说，今日中国在供给侧结构性改革上的推进，在《中国制造2025》所涉及的重点领域不断取得的进展，在金融领域针对系统性风险的全面体检与风险爆发点的管控，在促进创新驱动和均衡发展方面的一系列战略步骤等等，无一不是为构建现代化经济体系而做的相关准备。

正如全球迄今为止也找不到唯一且最优的公司治理模式一样，各国关于本国经济体系的改革与重塑也没有统一的基准，而在拖延改革就有可能增加转型边际成本的年代，任何使命在肩的政府都不敢懈怠。

资本与创新高效对接：上海这一步怎么跨？

2018 年，为推动落实国家关于在上海证券交易所设立科创板并试点注册制的开放承诺，上海有关部门展开了拟挂牌企业的名单征集工作，要求被推荐企业在全球或国内行业地位突出，强调研发投入占收入比和已授权发明专利数，企业不限于盈利但收入应具有一定规模。相关工作组陆续成立，将重点培育推荐优质科创企业，建立科创板上市"白名单"机制。其他省市纷纷行动，组织推荐科创板后备企业。据参与推荐的创投机构介绍，推荐企业所处行业集中在国家鼓励的航天军工、大数据、云计算、生物医药等领域，行业内的隐形冠军最受青睐。

众所周知，在中国现有的四个层次资本市场结构中，最具影响力的是上交所和深交所的主板市场，中小板和创业板市场以及新三板近年来各自面临一些发展瓶颈。随着科技进步与经济发展，尤其是建立现代化经济体系的需要，对资本市场的制度设计与相关改革提出了新的要求，注册制的适时推出是资本市场发展的自然逻辑延伸。2023 年 2 月 17 日，全面实行股票发行注册制正式实施，在中国资本市场改革发展进程中具有里程碑意义。

根据中国资本市场目前的实情，建立类似纳斯达克的成熟科创板说易行难，急需良好的制度设计与运行机制，尤其是建立相对成熟的市场发现机制，通过建立发行、交易、退市、投资者适当性、证券公司资本约束等方面的新制度以及引入中长期资金等配套措施，增量试点、循序渐进，新增资金与试点进展同步匹配，在科创板实现投融资平衡、一二级市场平衡、公司的新老股东利益平衡，并促进现有市场形成良好预期等等。显然，这是相当复杂的系统工程。

当今世界的科技与产业发展正在发生不完全以政府规划为指标参照的变化，但是政府又必须在科技与产业发展中承担比以往更为重要的职能：既要营造"积极不干预"的创新环境，又要以精准的服务对接技术变迁与市场变化的趋势，以便为有巨大潜力但苦于融资约束的创新型企业找到突破式发展的加速器。

回顾纳斯达克的发展史，正是当年华尔街的一次偶然创新引爆了硅谷科学家和极具冒险精神的年轻人的创新与创富热情，才缔造了今日以英特尔、微软、苹果、亚马逊、谷歌等为代表的美国高科技企业方阵，才有了苹果、亚马逊等创造的市值突破万亿美元的市场回报。可以说，只有 52 年历史的纳斯达克把硅谷模式在资本市场上的表现诠释得淋漓尽致，是美国高科技产业发展的重要支撑。

中国要建设高效透明、机制健全、运行安全的多层次资本市场，类似纳斯达克那样为高科技企业融资的成熟交易市场当然不能缺位。腾讯、阿里等科技企业之所以选择在港交所、纳斯达克上市，某种程度上也是由于以往中国内地相关市场发育程度不够。随着全球财富配置中心与资产定价中心呈现东移趋势，以及中国企业研发投入强度的加大和融资需求的日趋强烈，上海作为十万亿美元级别的新兴经济体资本市场的集中地带，有责任，也有条件为中外高科技企业提供更加便利的上市条件，包括为中资概念股回归创造条件，加速新经济产业龙头的形成。上交所的国际化也将由于科创板的建立和发展而逐步得以实现。

中国企业家从来不缺营商禀赋，科学家亦不缺创新冲动，而是需要能激活上述要素的营商与创新环境。在很大程度上，营商环境可以理解为能够激活营商禀赋与创业积极性的公平有序的竞争性市场体系；至于创新环境，需要的不仅是行政管理部门高效有序的服务意识，更需要所有参与主体对创新的高度认同感，对创新失败的某种宽容，当然也包括风险防范意识。

从全球经济与金融的发展逻辑来看，无论是货币与资本市场的国际化还是金融中心的升格，尽管离不开政府对金融生态环境的深度培育，但内生性的关键要素仍在于市场主体的充分竞争与金融要素的高密度集聚，尤其是全球企业的深度参与。只有在此基础上形成了广受国际认可的金融要素集聚平台与金融气质，一国的金融发展目标才可水到渠成。

现代金融是对一国或地区科技、产出、创意尤其是财富配置与资产定价能力的全面"萃取"。金融与创新既是上海实现发展能级跃升的重要支撑，也是上海迈向全球核心城市进程中亟待强化竞争能力的关键领域。如何以制度化和市场化为基础，吸引优质企业登陆上海证券交易所，最大限度激活创新禀赋，实现资本市场服务与科技创新需求的高效对接，中外市场各方正瞪大眼睛看上海这一步怎么跨。

推动金融业高质量发展，锻造中国"金融资本力"

2019 年 2 月，习近平总书记在主持中央政治局有关完善金融服务、防范金融风险的集体学习时强调，金融是国家重要的核心竞争力，要深化对国际国内金融形势的认识，正确把握金融本质，平衡好稳增长和防风险的关系；并就深化金融供给侧结构性改革，增强金融服务实体经济能力，坚决打好防范化解包括金融风险在内的重大风险攻坚战，推动中国金融业健康发展等作出了战略部署。

透过习近平总书记自党的十八大以来有关金融本质、金融改革和防范系统性金融风险的一系列论述，可以发现，在全球经济一体化趋势无法逆转的逻辑框架下，随着中国经济由高速增长阶段向高质量发展阶段切换，随着中国向建设现代化经济体系的目标迈进，中国必须站在全球金融竞争与国内经济安全尤其是关乎中国全球分工地位的战略视角，审视金融这个极为复杂系统的本质，审视其在国家发展与国际坐标系上的重要地位，绝不能局限于以比较静态的眼光来看待现代金融，亦不能简单搬用国际上有关金融创新、金融监管的理论来指导中国的金融改革与发展。

上海国际金融中心建设是党中央、国务院从全局高度提出的一项重大国家战略。根据上海市"十四五"规划，到 2025 年，上海国际金融中心能级显著提升，人民币金融资产配置和风险管理中心地位更加巩固，风险管理功能明显增强，为到 2035 年建成具有全球重要影响力的国际金融中心奠定坚实基础。

2022 年，上海市金融市场成交总额 2932.98 万亿元，同比增长 16.8%。金融改革创新实现新突破。在保险领域，启动了国际再保险业务平台建设；在证券市场上，支持"沪伦通"拓展至瑞士、德国等欧洲主要市场；推出了中证 1000 股指期货和期权、上证 50 股指期权、中证 500ETF 期权等产品。同期，新增持牌金融机构 52 家。上海作为与国际金融市场对接的主要窗口，既是国际金融风险输入的主要接口所在地，也承担着金融风险管理的重要使命。

近期，美欧银行业危机传导效应显现，从硅谷银行破产到瑞士信贷银行被收购，非银行金融机构、保险公司和基金正在经历各种"连锁反应"。这说明即便是金融业高度发达的美国和欧洲，在对经济金融领域系统性风险的认知、识别、预警和防范化解等环节仍存在诸多盲点，难以在金融创新与风险防范之间找到最优解。

上海如何更加积极地探索建立与上海国际金融中心建设和超大城市精细化管理相适应的金融风险防控体系，是加强金融风险管理中心建设的急务。

梳理近年来摆在中国金融业者面前的改革清单或曰攻坚克难清单，大致有如下艰深命题需要破解：一是在愈加不确定的国内外经济金融环境中，中国如何以深层次的金融开放来提升金融竞争力，确保经济增长与金融稳定？二是如何构建弹性且稳固的金融体系，包括银行体系、证券体系、保险体系以及基于新技术驱动的新金融体系？三是如何培育能够主动参与全球竞争的金融力量工具，即能够与华尔街金融资本抗衡的超级金融机构或中介机构？四是如何打通金融服务于实体经济的渠道，防止金融败德行为泛滥？五是如何在确保不发生系统性金融风险的前提下，充分发挥金融作为国家重要核心竞争力的资产定价与财富增值效应？

上述每一项清单都是蕴含着诸多约束条件的高难度命题，同时也是中国在迈向产业与资本强国过程中必须跨越的坎。至于相关求解路径，既有赖于决策层基于金融监管与改革实践经验的不断积累引致金融本领的不断提升，又来源于包括国务院金融委在内的决策层建立与金融市场的有效沟通机制，以更加广泛地听取金融市场的声音，更好地发挥专家学者在金融决策中的作用。正如中国人民银行的工作人员不能指望美联储官员教他们如何稳定汇率以及应对国际金融危机一样，本质上没有金融改革与监管参照系的中国，必须主要依靠自己的力量与智慧，来求解复杂金融系统中不断衍生的难题。何况即便是拥有全球最多诺贝尔经济学奖得主的美国，也在金融危机面前表现出预测不精准、恐慌情绪发酵以及修复金融危机的信心不足等等。尽管早就有人指出，美国证券交易委员会（SEC）的内部监察报告在 2006 年就准确识别出了导致金融危机爆发的诸多风险因素，但在诸多大牌经济学家均认为美国经济体系是坚固且有足够弹性的背景下，过于自信的 SEC 并没有运用监管权力引导金融机构降低风险。而所有懂得金融危机发生机理的人都知道，金融危机本质上与劳动生产率和资本回报率显著下降密切关联。随着全球经济金融化程度的加深，金融创新与发展的两面性越发表现得明显。如果一国金融深化过度乃至经济增长主要依靠信贷扩张来支撑，则在实体经济绩效未能同步提高的情况下，金融危机的爆发将难以避免。因此，加强对金融危机的早期预警固然十分重要，但真正有效的稳定机制在于：告别债务推动型增长模式，彻底走出信贷扩张支撑经济信心的怪圈，广泛激活微观主体的创新禀赋，真正实现内生性经济增长。一言以蔽之，通过改革提高资本回报率，强化既有金融稳定机制，才能实现中长期金融稳定。

另一方面，在全球经济一体化的时代，已深度融入全球金融体系的中国金融业，还需随时关注来自内部与外部市场的各种压力与冲击。迄今为止，中国的金融体系面临如下几个方面的重大考验：一是既有金融体系长期积累的系统性风险如果大面积爆发所产生的巨大冲击；二是未来可能爆发的下一场全球性金融危机对中国经济系统可能产生的重大冲击；三是人民币高度国际化之后，中国作为全球金融体系重要担保人应尽的全球责任与风险防范能力持续供给之间可能出现的矛盾。

金融作为全球最高层面分工的表现形式，既是"国之重器"和国家最为重要的核心竞争力之一，也是破坏力极强的系统性风险极易滋生的重要领域。中国要实现由制造业与贸易大国向产业与资本强国迈进，急需通过深化金融业供给侧结构性改革，将金融业高质量建立在制造业竞争优势稳固、贸易价值链不断提升以及主动掌握金融安全的基础上，进而锻造能够有效维护中国经济主导权和国际金融秩序变迁主动权的"金融资本力"。

就金融监管而言，无论是对系统性金融机构安全边际的密切关注，还是对核心金融信息的管控以及监测系统的统筹协调，乃至应对突发金融事件的快速反应等，都还需要长期的经验积累及技术保障。而如何做到金融政策与财政政策、产业政策的有效协调，防止不同部门之间在政策目标上出现的不一致，避免不同行业机构的监管套利行为，校正监管政策在执行与传导中出现的偏差，更是中国构建现代化金融监管体系的重中之重。

就金融服务于实体经济而言，不能简单执行适度宽信用政策，而应通过供给侧结构性改革包括适当的产业规制改革，降低民营资本参与产业发展的准入门槛，以提高资源配置效率，提升企业的盈利空间和投资回报；同时还要明确金融服务于实体经济的相关指标，控制经济金融化的边界，持续整固制造业竞争力，这是构建适应于 21 世纪全球经济竞争的弹性金融体系以守住不发生系统性金融风险的根本。

最后，在全球金融格局面临大洗牌的历史时期，中国迫切需要总结以往金融发展的经验，吸取美欧金融业教训，前瞻性地分析全球金融竞争的未来生态，以尽早成为能全方位参与全球顶层金融分工的种子选手。为此，以市场化为导向的中国金融改革，在稳步推进利率市场化、汇率市场化、资本市场开放和加强资本跨境监管的同时，当以培育银行和证券市场的核心竞争能力为突破口，从而培养和造就一大批既懂得国际经济与金融规则，能熟练驾驭全球性金融管理工具，又有很强的国际沟通能力且善于表达中国主张的战略金融人才为杠杆与依托，提升中国在全球范围内的资本配置能力。当前和今后一段时期尤其要培育人民币在国际市场的声望机制，着力提升国外市场主体持有和使用人民币的偏好，引导人民币深度介入全球各个层次的资产定价与交易体系中，形成以人民币为核心金融符号，经由市场化操作产生组合影响力，即"金融资本力"。

以科创板撬动中国经济高质量全面发展

2019 年 6 月 13 日，中国证券市场发展史上具有重大指标意义的科创板，在具有重大国际影响力的陆家嘴论坛上正式开板。科创板从宣告启动到凝聚海内外智慧完善改革方案再到正式开板，前后仅 200 余天，这再清楚不过地昭告世人：中国正以时不我待的精神推动新生事物与全新改革大步向前，兑现加大资本市场对外开放的承诺。

中央之所以把进博会交给上海举办，就是对上海作为中国现代工业文明最发达地带所具有的对先进理念、先进产品、先进技术与服务的强大对接能力的高度信任，也是看重上海这座超大规模商业城市本身所具备的独特国际气质，更看重上海在举办超级国际盛会方面的丰富经验尤其是强大的综合动员能力与出色的城市治理水平。而就习近平总书记在首届进博会上宣布将支持上海进一步开放发展的三大政策来看，无一不体现出中央对上海在新一轮高水平开放与高质量发展中所扮演角色的殷切期待。从 21 世纪上半叶全球经济竞争与产业变迁的趋势观察，作为中国新一轮改革开放的排头兵尤其是参与国际顶层分工的先锋，上海肩负的国家使命与作为高质量发展样本的先行先试，都将构成这座城市在当前乃至更长时间内自我变革的内生性驱动力。

进入 21 世纪以来，全球主要经济体之间的经济竞争越来越表现为对产业控制力、贸易与金融价值链高端环节的争夺。而现代金融发展到今天，早已不是一般的资本品，而是深刻影响实体经济走向的体系化存在与永不休眠的交易行为。

事实上，自上海 2015 年 5 月出台《关于加快建设具有全球影响力的科技创新中心的意见》以来，上海的科创中心建设成就举世瞩目。相关数据显示，关于党的十九大报告列举的 6 项重大科技成果，包括蛟龙、天宫、北斗、天眼、墨子和大飞机，上海都做出了重要贡献。在世界前沿科技方面，有全球规模最大、种类最全、功能最强的光子大科学设施群。2017 年，超强超短激光装置实现 10 拍瓦激光放大输出，脉冲峰值功率创世界纪录。2018 年，诞生国际上首个体细胞克隆猴，国际首次人工创建单条线型染色体的真核细胞。在 2014 年至 2018 年 50 项全国重大科学进展中，上海参与了 11 项。在面向经济社会主战场方面，大飞机 C919 飞上蓝天，集成电路先进封装刻蚀机等战略产品销往海外，高端医疗影像设备填补国内空白，产业创新影响力越来越大。如今，上海研发投入占 GDP 比重达 4.2%，每万人口高价值发明专利拥有量达到 40 件左右，综合科技进步水平指数始终处于全国前两位，科技对经济发展的贡献稳步提升。

科创中心的建设，本质上是对上海国际金融中心建设的强大支撑。上海要建成国际金融中心，目标指向是以人民币计价的全球主要财富配置中心与资本的资产定价中心。若能实现这一战略目标，则不仅意味着上海发展能级的整体性跃升，更标志着上海是中国成为全球经济与金融体系重要担保人进程中极为重要的战略支点。

从功能定位与使命担当来看，上海科创板的设立与发展，旨在通过良好的制度设计与适配的准入门槛，为一大批伟大企业的诞生和成长提供创新禀赋表达与资本市场有效结合的最佳交易平台，为培育伟大的企业给予制度保障与相关的激励约束。例如，真正落实以信息披露为核心的证券发行注册制，切实树立以信息披露为中心的监管理念，完善市场激励约束机制，压实中介机构责任，积极推动增加司法供给，大幅提升违法违规成本，严厉打击虚假披露、欺诈发行等各种乱象，净化市场生态等等。

这些年来，中国在深耕前沿科技发展、致力经济转型、着力营造创新生态环境方面取得了实质性进展，并已逐渐形成了能批量催生伟大公司的厚实土壤。而全球经济发展史已表明：任何一个经济体要实现高质量发展，前提都是确保以知识创新、技术进步和人力资本为核心内生变量引致的规模收益递增。技术进步内生化，正倒逼中国持续加大对人力资本的投资，促进劳动力要素合理流动，提高全要素生产率。若能通过人工智能、大数据、"互联网+"等对传统产业技术与商业模式进行改造，加大对前瞻性技术的研发投入与产业化应用，最大限度激活民营经济的营商与创新禀赋，基于全要素生产率显著提升的内生性增长将是支撑高质量发展的最重要基础。

从这样的新高度来看，科创板的开板，不仅是中国证券市场制度设计与执行的重大改革突破，由此打通了科技、资本和实体经济的循环与联动机制，更使经济高质量发展、全力营造创新生态环境、激发经济保持强劲创新能力与竞争活力有了强大的支撑点。

"碳中和" 对银行业提出怎样的范式变革？

2021 年 12 月 28 日，工业和信息化部等八部门联合印发的《"十四五"智能制造发展规划》提出，到 2025 年，规模以上制造业企业大部分实现数字化网络化，重点行业骨干企业初步应用智能化；到 2035 年，规模以上制造业企业全面普及数字化网络化，重点行业骨干企业基本实现智能化。上述关于制造业智能转型的发展规划的编制，既是中国经济整体数字化转型的关键步骤，也是中国实体经济的核心领域应对"碳达峰""碳中和"的技术准备。作为现代经济的血液，金融在服务实体经济的功能框架下，如何以"碳中和"为目标完善绿色金融体系，并顺势实现自身发展的全面转型，显然是摆在数以百万计金融从业者面前的重要课题。

国内外已有研究显示，基于现有的相对成熟的绿色低碳技术和商业化运行体系，中国有望在 2050 年将碳排放在 2020 年的水平上降低 70%左右，并在 2060 年之前实现净零碳排放的目标。而作为对市场高度灵敏的银行业，近年来纷纷向绿色金融转型。央行公布的数据显示，自 2016 年《关于构建绿色金融体系的指导意见》印发以来，国内绿色金融市场规模持续扩大，截至 2020 年末，中国绿色贷款余额为 11.95 万亿元，存量规模居世界第一，其中直接或间接投向碳减排项目的贷款余额为 8.08 万亿元，占整体绿色贷款余额的 67.6%；六大国有控股银行的绿色贷款余额共计 6.27 万亿元，占国内存量的一半以上。股份制商业银行中，以兴业银行、招商银行、浦发银行等为代表的金融机构近年来不断加大对绿色信贷的投放力度。部分银行为提高信息披露质量，开始尝试以环境、社会责任与公司治理（ESG）框架披露社会责任信息。在绿色债券发行方面，截至 2020 年末，中国绿色债券的存量仅次于美国，位居世界第二。2021 年，中国绿色债券发行规模为 682 亿美元，美国的发行规模为 835 亿美元，显示出中国金融机构和实体企业向绿色与低碳转型的决心与行动。

从中国人民银行与欧盟以及德国、英国、法国央行的合作进度来看，中欧双方已经在推动两个市场的绿色投资分类标准趋同的基础上，于2021年底前实施一套共同认可的企业环保资质分类体系，从而有助于在区域内构建强监管的绿色定义框架。预计随着全球碳交易市场的建立与不断完善，全球增量资金将更多流向风能、太阳能与生物燃料等低成本领域，减少对高成本化石燃料的投资，以帮助实现全球净零碳排放的目标。

对现有资产规模超过300万亿元的中国银行业而言，基于"碳中和"目标的经济转型当然会带来巨大商机，但是另一方面，由于绿色转型和绿色金融体系的构建是一项系统性的长期工程，国内外银行在这方面的能力体系都存在不少短板，普遍面临本领不足等问题。基于已有的认知，在"碳中和"的目标框架下，银行业预计至少面临如下三个方面的挑战：

一是高碳资产的风险识别、评估与信息披露方面的挑战。尽管近年来国内银行业普遍加大对适应绿色转型的专业人才队伍的建设，一些有实力的银行已经建立专门从事环境风险分析与评估的研究团队，有的金融机构已在探索运用人工智能手段来监测企业环境表现，但据笔者了解，银行业要摸清庞大的资产体系中究竟有多少属于高碳资产，以及投贷标的在可预期的未来将面临哪些风险，殊为不易。这其中，既有绿色标准不统一、信息披露缺少强制性约束等因素，也与存量金融人才面临转型瓶颈以及绿色金融人才供给不足有关。

二是绿色金融业务创新与转型支持、绿色投融资的需求对接与资源供给能力等方面的挑战。从银行业披露的绿色金融发展情况来看，尽管新增贷款"绿"化比重不断提高，如普遍加强对传统行业的节能环保改造、技术升级以及清洁能源领域的贷款融资支持，并限制对传统高碳排放行业的贷款投放等。但银行业要完成存量金融资产的低碳转型与增量金融资产的高质量运行，仍面临一系列问题，包括如何参与低碳转型方案或转型工具的设计、绿色金融业务的创新与发展，以及信贷资金的供给等。

三是全球绿色金融标准一体化趋势下的风险定价与国际合作能力的挑战。由于国内银行业的绿色转型是在中国迄今尚未真正完成工业化的大背景下进行的，不少金融机构尚处资产积累与业务能力提升的中期阶段。传统金融强国英国和美国的金融机构在绿色金融发展尤其是 ESG 方面整体保持世界领先地位，中国银行业则在可再生能源和材料的相关投资领域有一定优势。未来一段时期，中国银行业急需提升对绿色金融国际标准的理解与执行能力，加强在风险定价与国际合作方面的能力建设。

中国基于落实可持续发展目标和实施气候变化协定即《巴黎协定》而提出的"二氧化碳排放力争于 2030 年前达到峰值，努力争取 2060 年前实现碳中和"，预示着"十四五"时期乃至今后近 40 年里，中国都将经历一场广泛而深刻的经济生活系统性变革。而对现有资产规模超过 300 万亿元的中国银行业而言，"碳中和"目标既会带来 21 世纪上半叶的巨大商机，也是存量资产风险敞口存在显著不确定性且面临价值重估的外生变量。中国银行业必须在服务经济绿色转型的过程中，尽快培育匹配绿色金融发展所需的风险识别、评估与信息披露能力，绿色金融业务创新与转型支持能力，绿色投融资的需求对接与资源供给能力，以及全球绿色金融标准一体化趋势下的风险定价与国际合作能力。

完善央企公司治理，构筑内生竞争优势

2021 年 5 月，中共中央办公厅印发了《关于中央企业在完善公司治理中加强党的领导的意见》，要求进一步加强中国特色现代企业制度建设，在完善公司治理中加强党的领导，加快建设世界一流企业。

总资产已超过 80 万亿元的央企，是国计民生和战略性产业发展的核心支柱，也是中国参与全球分工进而提升全球资源配置能力的关键依靠。自上世纪 80 年代中期开始，包括央企在内的国有企业改革长期处于中国经济体制改革的中心环节。这不仅是因为中国拥有全球最大的国资与国企体系，还由于国企改革问题一直是世界各国普遍面临的高难度命题。美国、日本、德国、法国、英国等主要发达国家，均没有忽视国企的价值。倘若中国对此获得重大突破，则不但具有国家经济治理和发展逻辑上的重大意义，还具有很强的经济学意义。最近 20 年来，中外经济学家不断加大对中国国企改革理论的研究，并尝试提出具有范式价值的解释。

我们知道，公司治理（corporate governance）是所有权与经营权分离之后管理可能性边界受约束的产物。在真实世界里，企业创始人往往会发现，自己管理 5 亿元的资产时还比较轻松，但等到企业不断发展壮大之后，要管理 50 亿元的资产就有点吃力了，而要管理 500 亿乃至千亿元级别的资产，就得求助于更现代的制度设计了。现代公司治理的概念由诺贝尔经济学奖得主奥利弗·威廉姆森（Oliver Williamson）（见图 13-4）于 1975 年提出，在此之前，伯利（Berle）、米恩斯（Means）、詹森（Jensen）、梅克林（Meckling）以及科斯（Coase）等都对公司治理理论的创立做出了里程碑式的贡献。此后，随着企业理论、产权经济学、博弈论与信息经济学、新制度经济学以及金融经济学的发展，公司治理不仅取得了理论上的不断突破，而且成为现代企业存续与发展的关键要素之一。

图 13-4　经济学家奥利弗·威廉姆森

中国学术界和决策层对现代公司治理的理论研究与实践探索始于上世纪 80 年代中后期，是随着中国经济改革由农村转向城市并启动国有企业改革而逐步展开的。在此过程中，一代代经济学人和改革实践者结合中国国情，通过对现代公司治理理论与模式的引进、消化、吸收、再创新，在包括国有企业在内的公司治理领域不断提出新思路、新路径和新模式，也由此推动了全球关于公司治理改革研究与实践探索的发展。

人类数千年来的生产、生活与交易活动已经证明：人是有限理性的，是极为复杂的行为个体，由于个体的经济行为具有有限理性和机会主义的特征，因此契约几乎在任何时候都是不完全的，更多时候是以关系契约的形式出现。尽管所有理性的市场主体都明白，这是一个无契约不可想象的时代，但即便是再理性的市场主体也有违反契约精神，以及隐瞒核心信息的冲动。因此，最优契约设计在真实世界里往往是假命题，人们之所以期待这种最优契约设计，是希望在信息尽可能对称的情况下最大限度节约交易成本，促进经济和社会发展。另一方面，随着委托—代理理论与实践的发展，由谁代表股东对企业进行最优化管理，防止"内部人控制"与"败德行为"，以及强化企业的社会责任感等，对此就得建立一套完整且不断完善的现代公司治理体系。中外企业，概莫能外。

作为全球第二大经济体和拥有世界 500 强企业数量最多的国家，中国的经济增长、企业发展与国际化为包括中国学者在内的全球经济学人提供了极具价值的研究样本，关于上述问题的研究，不仅将丰富现有经济学与管理学的研究视角，更有可能改变既有主流经济学与现代管理学的一般结论。而从历史的发展逻辑来看，中国在实现第一个"百年目标"之后，将会产生一整套能够解释中国经济发展、制度变迁尤其是中国经济增长内生性机理的宏观经济学，必将随着包括央企在内的中国企业，对现代公司治理实践的探索而诞生具有前瞻性与适配性的公司治理理论与现实框架，进而成为全球公司治理体系的重要组成部分。

伟大的时代必将催生伟大的企业。1995 年，《财富》杂志第一次发布世界 500 强排行榜时，中国还没有加入当年成立的 WTO，中国企业在全球经济版图上的地位远远落后于美国、日本和欧洲资本主义国家。但得益于持续扩大的对外开放以及不断融入全球产业链、供应链和价值链，中国在 28 年后的今天已成为全球最为重要的产业与供应链枢纽之一。

就央企的改革以及公司治理发展而言，在经过"放权让利"与建立"现代企业制度"两阶段的改革之后，进入新阶段的央企改革，其目标指向应当是：在清晰的政府规制框架下，培育和发展具备合理股权结构、有效激励约束机制且真正适应市场化与全球资源配置竞争生态的企业集群。在此过程中，既需要艰苦的理论研究和实践探索，更需要一大批具有国际化视野、全球化运营意识与创新意识并且能熟练驾驭全球性管理工具的战略型企业家来引领。因此，必须在加大监督与约束的同时，赋予央企负责人应有的行为空间和分配原则；明确央企作为市场主体的真实身份，厘清央企在市场与社会中的行为边界，消除困扰国企改革多年的"道德风险"难题，以形成新时代的中国企业家精神，提升央企的内生竞争优势。

上海浦东打造全球资源配置高地正逢其时

上海浦东将争取尽早启动建设、落地运行一批金融高能级功能性平台。

据上海市政府副秘书长、浦东新区区长杭迎伟介绍，为落实中共中央、国务院 2021 年 4 月印发的《关于支持浦东新区高水平改革开放、打造社会主义现代化建设引领区的意见》（以下简称《意见》），金融方面，浦东将重点推动国际金融资产交易平台、全国性大宗商品仓单注册登记中心、私募股权和创业投资股权份额转让平台等重要项目。

在部署一批高能级的金融功能平台建设方面，《意见》首次提及，发挥上海保险交易所积极作用，打造国际一流再保险中心。

"浦东是上海作为国际金融中心的核心地带，中央让浦东担纲参与全球资源配置的引领区，正逢其时。"笔者于 2021 年接受界面新闻专访时，就浦东如何取长补短打造全球资源配置能力高地，以及浦东要建设国际金融资产交易平台、国际一流再保险中心、私募股权和创业投资股权份额转让平台、科创板做市商制度等背后的深刻含义及发展路径进行解读。

以下是专访实录，经界面新闻整理：

浦东打造全球资源配置高地正逢其时

界面新闻：陆家嘴管理局 2021 年 7 月 29 日发布了《落实中央〈引领区

意见〉,建设全球资产管理中心核心功能区的若干措施》,旨在进一步发挥其全球资源配置能力,更好地服务于构建新发展格局。您能谈谈浦东如何提升全球资源配置能力吗?这方面其他国家有什么值得借鉴的经验?

章玉贵: 全球资源配置能力,从经济学意义上来理解,可以用 12 个字概括:全球平台、市场定价、成本节约。它是在全球经济一体化的背景下,基于开放与竞争性的市场体系,实现全球资金、技术、信息与人才等资源优化配置的相关能力。这个能力的形成,不是一天两天就能实现的,而是需要不断探索、实践与发展。

就浦东在全球金融资源配置格局中所具有的基础性条件而言,浦东目前集聚了 13 家金融要素市场和基础设施平台,聚集了包括中外金融机构在内的超过 1100 家持牌金融机构,已成为全球金融要素市场最完备、交易最活跃、最具市场活力的区域之一。

可以说,浦东是上海作为国际金融中心的核心地带,中央让浦东担纲参与全球资源配置的引领区,正逢其时。

浦东经过 30 余年的开发开放,不仅是上海参与全球价值链分工的先锋,而且在本区域经济发展的能级提升中承担着极为重要的引领作用。在新的发展格局中,长三角核心城市带,将以上海为龙头,以浦东为"力量杠杆"与"桥头堡",比照国际最高开放标准,发挥浦东在金融市场、研发设计、高端制造、系统集成、全球供应链管理能力等方面的专业服务优势,成为吸收国际高端产业与金融资本的超大规模平台,服务于国家打造产业与资本强国的发展战略,最终实现在全球范围内配置资源。

从历史的经验来看,全球资源配置能力的提升早已不局限于一国或地区本身的努力,而是需要有关国际市场主体的深度介入与合作共赢。换句话说,浦东能否显著提升全球资源配置能力,不仅取决于中国经济发展能级的提升、人民币国际化的进度以及上海高水平改革开放的进展,还要看全球金融资本是否会将浦东视作持续分享中国经济发展红利和人民币国际化红利的最重要平台,以及国际产业与金融资本是否会无后顾之忧地将上海作为其在亚太乃至全球价值链管理的总部。

全身密布金融基因的英国,最近几年一直在铆足劲推动伦敦作为欧洲人民币离岸中心的建设步伐。这对于"脱欧"之后的英国而言，是一次国家发展战略机遇期的把握。作为老牌金融强国，英国迄今仍握有不少竞争优势：伦敦是全球最有历史底蕴的顶尖金融中心和初级产品定价中心；在国际金融市场，伦敦的服务水平长期位列世界第一；伦敦的全球最重要外汇交易中心地位更是多年来无人可以撼动；伦敦还是全球最顶尖金融专才和金融创业的集中地带。所有这些无疑是非常重要的海外资源。

在迈向具有全球影响力和竞争力的国际金融中心的进程中，上海需要特别重视吸收伦敦等老牌国际金融中心建设的历史经验，补齐相关体系与要素短板。作为金融要素最为密集的浦东，更要深深植根于中国作为全球最大新兴经济体的基本国情，将建成以人民币计价的全球财富配置中心与资本的资产定价中心作为突破口。

界面新闻：根据《意见》部署，中央支持在浦东设立国际金融资产交易平台，那么浦东如何打造具有全球影响力的国际金融资产交易平台？

章玉贵：中央支持在浦东设立国际金融资产交易平台，是加快推进上海国际金融中心建设尤其是全球资产管理中心建设的关键步骤。

根据上海市政府《关于加快推进上海全球资产管理中心建设的若干意见》，上海将加快推进全球资产管理中心建设，构建以人民币资产全球配置为核心的国际金融资产交易平台。这里面的关键词是"人民币资产"，意味着上海将在加快推进全球资产管理中心建设的过程中，以人民币计价的资产为底基，通过市场化平台的搭建，在夯实国内金融资产交易中心的同时，为境外投资者日益增长的对人民币资产的配置需求提供便利化的交易安排。

就操作与执行层面而言，预计浦东将在两个维度、两个市场扩大人民币资产交易的品种、规模与能级，不断丰富人民币资产的全功能交易体系，逐步形成全球范围内的人民币资产定价与配置中心，助推全球投资者对人民币资产的交易偏好，进而积极提升对全球金融资产定价的影响力。

所谓两个维度、两个市场，即在适当借鉴全球美元资产体系的交易与发展路径的基础上，结合上海作为"一带一路"建设的桥头堡和高水平改革开放引领区的定位，将以人民币计价的股票、债券、外汇、期货、保险、票据等标准化金融产品和信托资产、资管资产、债权融资等非标准化金融产品纳入可交易的国际金融资产范畴，在具备国际通道的平台或暂不具备国际通道但可找到国际接口的平台上进行交易，实现在岸人民币资产和离岸人民币资产的双向对接，境内与境外两个市场的高度联动。

界面新闻： 在这些改革措施中，重点会在哪些方向持续发力？主要基于哪些方面的考虑？

章玉贵： 就境外投资者配置人民币资产的需求而言，基于中国经济基本面的不断修复与货币政策的稳健，人民币资产收益率在全球主要货币资产中表现相对突出，人民币资产不仅具备了一定的避险属性，也开始显现出较大的投资价值与中长期获益度。

来自法国农业信贷银行和香港债券通计划的数据显示，2020 年，境外投资者持有的中国股票和债券增至约 8060 亿美元，其中，债券 6780 亿美元，股票 1280 亿美元，高于前一年的 5700 亿美元。这突显出境外央行和投资者对人民币资产的持有与交易偏好随着中国金融高水平开放和经济增长福利效应的不断提升而显著增加。

就构建多层次、有影响力的金融资产交易平台而言，浦东将在稳步提升债券市场流动性与稳健性的过程中加强债券市场跨境交易平台的建设；加强"沪伦通"通道下的存托凭证发行力度以吸引更多优质境外企业在上海融资，在条件成熟时推出 A 股面向境外优质企业便利化融资的制度安排；构建面向境内外投资者的人民币资产管理产品交易平台，以及金融衍生品交易平台；等等。

打造国际一流再保险中心的"三板斧"

界面新闻： "发挥上海保险交易所积极作用，打造国际一流再保险中心"一句，成为这份重磅文件中唯一重点提到"保险"的发展要求之处。纵观国际，重要的金融中心城市都拥有发达的保险、再保险市场。那么于浦东而言，如何"打造国际一流再保险中心"？

章玉贵： 从国际金融中心的建设与发展经验来看，一流保险与再保险中心是必备的要素支撑。

从技术层面来看，再保险是国际性最强的保险制度安排，被称为"保险

的保险"，它是保险市场不断深化发展并高度契合一国金融市场高水平开放的产物。

上海是中国近代保险业的发祥地，承担着建设 21 世纪国际保险中心的历史使命，中央此次明确提出要发挥上海保险交易所的积极作用，打造国际一流再保险中心，既是对上海作为有影响力的国际保险中心能力建设的肯定，也是赋予上海保险交易所作为国家级金融基础设施在服务上海国际再保险中心建设中的重要引领与平台支持的历史使命。

打造国际一流再保险中心，既需要国内外再保险市场主体，如再保险公司、自保公司、保险经纪公司的深度参与，也离不开再保险登记清结算平台的数字化赋能，更离不开国际一流再保险机构及其负责人对上海作为国际再保险中心的城市气质的广泛认可。

浦东已成为全国再保险机构集聚度最高的区域，目前拥有 8 家再保险机构，包括 1 家外资再保险法人机构和 4 家外资再保险分公司，外资再保险机构数量占全国外资再保险机构总量的 60% 以上。与再保险产业高度联动的精算公司、评级公司以及专业律师事务所也在集聚。浦东应充分利用中央文件赋予的改革契机，积极提升上海保险交易所的技术与交易结算能级，强化数字化建设水平，强化国际再保险会议交流机制的沟通协调功能。

浦东有望开设国内第二家 S 基金交易平台

界面新闻：《意见》提出在浦东开设私募股权和创业投资股权份额转让平台意义何在？有无经验可循？

章玉贵：上海在加快推进国际金融中心以及全球影响力的科创中心建设的进程中，私募股权和创业投资股权份额转让平台的作用不可或缺。

随着金融市场的细分和创业投资市场的发展，中国私募投资行业（包括私募股权与创业投资、对冲基金和二手份额等）发展迅速，特别是创业投资市场发展尤为突出。

在私募投资行业最发达的北京、上海、深圳，随着相关制度设计与转让平台的陆续推出，将有利于金融市场要素配置对科创活动的大力支持。

2021 年 4 月，北京股权交易中心发布了股权投资和创业投资份额转让相关的业务规则，率先为基金份额转让交易（S基金）提供了规范和指引，填补了当下国内 S 基金交易规则体系的空白。

2021 年 6 月，北京市地方金融监管局等部门联合发布了《关于推进股权投资和创业投资份额转让试点工作的指导意见》，系国内首个基金份额转让交易（S基金）指导意见。该意见明确提出，鼓励现有母基金引入 S 策略，参与受让在北京股权交易中心份额转让试点转让的优质基金份额或已投项目股权。

随着浦东开设国内第二家 S 基金交易平台，结合浦东张江等地科创中心建设的推进以及科创板引入离岸人民币交易，将有可能催生类似当年"华尔街+硅谷"的化学反应。

科创板迎来 QFII、做市商等新政策红利

界面新闻：《意见》试点允许合格境外机构投资者（QFII）使用人民币参与科创板股票发行交易意义何在？

章玉贵：该试点新政向国际投资者发出三大信号。

第一，科创板代表的是中国最优质科技企业在以人民币定价的资本市场上的体系化存在，科创板企业在资本市场上的估值与投资价值对一向嗅觉敏锐的国际投资者而言，本身就是较为稀缺的投资标的。

第二，目前已有超过 20 只科创板股票纳入沪港通，明晟指数（MSCI）也将科创板指数纳入其全球指数体系，科创 50ETF 已在美国、英国、日本等地上市，显见科创板已获得国际市场尤其是国际机构投资者的初步认可。自 2021 年以来，外资持有科创板股票的比例大幅上升，一方面说明外资对人民币优质资产配置的偏好正显著上升，另一方面也说明外资通过持有科创板股票获取了可观的回报。

第三，从技术层面而言，试点允许合格境外机构投资者使用人民币参与科创板股票发行交易，意味着规模日渐扩大的离岸人民币，将通过人民币合格境外机构投资者（RQFII）这一官方认可的市场主体，作为网下投资者参与科创板新股的网下配售。这不仅拓宽了外资原有的投资渠道，更丰富了科创板的投资主体以及国际市场对 A 股的参与度。尤为重要的是，离岸人民币

通过合规渠道进入科创板，既有利于境外人民币的回流，也有利于科创板本身的竞争性市场定价体系的完善以及国际化程度的显著提高，从而推进上海全球人民币资产配置中心的建设。

界面新闻：在科创板引入做市商制度，涉及做市商制度资格准入、市场监管等，需要制定配套制度规则。证监会此前表示，相关部门和单位正在做各方面的前期准备工作。您觉得推动做市商制度落地，各方需要做哪些方面的努力？金融机构如何支持？

章玉贵：中国沪深股票市场目前采用的是竞价交易制度，做市商制度在新三板交易中已先行引入，运营实践表明，有做市交易的新三板个股，其交易也相对活跃。

从市场发育状况和科创板本身发展的需要来看，将做市商制度引入科创板，有助于解决科创板合格投资者门槛较高导致的市场流动性不足等问题，提高市场流动性，促进科创板形成专业与理性的定价机制，通过做市商相对严谨的双向报价，对冲机构和有实力参与个体对股价的操纵，促进二级市场交易的健康发展。

从科创板上市公司的整体表现来看，科创板当前上市公司数量已超500家，但板块内部分化明显，量价齐升的热门股与成交低迷的弱势股并存，市场整体交投活力有待提升。

由于券商和大型金融机构是做市商制度的主要参与者，因此在科创板引入做市商制度的过程中，如何防止资金实力雄厚的上述交易主体反过来利用做市商身份掌握核心信息，滥用权限甚至操控市场，是监管层的重要责任。

此外，为防止国际通行的做市商制度在科创板股票交易中"变味"，监管层需做好制度设计与适配性监管工作，特别是要进一步明确科创板为"硬科技"企业融资的定位，坚持信息披露的高标准、严要求，防止做市商的败德行为滋生；强化券商、会计师事务所、律师事务所等中介机构的责任，引导市场主体归位尽责；积极研究完善新股发行定价机制，强化业绩引导与成长预期的发展导向，加强政府规制与市场监管。

资本市场新变化或助金融经济学新革命

中国证监会主席易会满在 2021 年 9 月第 60 届世界交易所联合会年会开幕式上的致辞，被广泛认为是一篇"干货满满"的高质量讲话。透过该篇讲话，中国金融监管层既向全球市场主体及其管理者表达了中国进一步加大资本市场开放的意愿与决心，更对近年来全球资本市场出现的新技术、新业态、新模式、新变化给监管带来的冲击，提出了一系列值得深入研究的重大课题。这表明在全球经济一体化的逻辑框架下，中国金融监管层愈加敏锐的市场直觉、风险意识与战略思考。

众所周知，资本市场是工业化的产物，而工业化是技术革命的产物，技术革命则有赖于科学家与发明家的推动。它们之间的逻辑联系相当紧密，既体现人类经济社会发展的一般规律，也深刻影响着人类社会的生产与生活。而今天，资本市场对开放型经济体的影响更是超过以往任何时期。

笔者自 2008 年以来一直在警示下述风险：后工业化时代，信贷扩张越来越成为主要经济体应对经济下行风险的技术工具，并形成了惯性依赖。发达经济体货币管理部门承担的角色越重，就意味着债务风险越集聚，系统性危机越有可能爆发。2008 年爆发的国际金融危机给世人留下的深刻教训是，在实体经济的效率改进未能得到同步提高的情况下，一国如果持续推动金融深化，乃至经济增长主要依靠天量的信贷扩张来支撑，则最终会对经济体系造成难以修复的破坏。

因此，尽管包括资本市场在内的金融要素市场，在经济常态化或非常态化的环境中发挥着日益重要的作用，但无论是决策层、市场人士还是有责任感的经济学家，都不应忽视对关乎资本市场长远可持续发展的一些战略性基础问题的研究，尤其是找到金融风险防控和服务实体经济的有效应对之策。

就金融经济学的视角而言，自上世纪 50 年代以来，华尔街先后发生了两次金融革命，即 1952 年马科维茨（Harry Markowitz）（见图 13-5）的资产组合选择理论的问世和 1973 年布莱克（Fischer Black）（见图 13-6）、斯科尔斯

（Myron Scholes）（见图 13-7）的期权定价理论的问世。这两次金融革命的出现，很大程度上是因为资本市场发展和财富配置需求对理论界提出了重大现实命题，然后经济学家对此在理论创新上作出了适配性回应。近年来，数理金融学的发展，加上计算机与信息技术的广泛应用，极大影响着金融交易生态和投资者行为。例如，美国著名的"散户运动"、部分境外市场通过特殊目的收购公司（SPACs）的上市融资活动给 IPO 模式带来的冲击，以及量化交易、高频交易滥用给市场带来的震荡与风险等，都对现代金融经济学研究提出重大而现实的课题。

图 13-5 经济学家　　　　　图 13-6 经济学家　　　　　图 13-7 经济学家
哈里·马科维茨　　　　　　　费希尔·布莱克　　　　　　迈伦·斯科尔斯

随着股票交易成本的不断降低，人们会发现，最大受益主体越来越集中到机构投资者尤其是实力雄厚的大型资产管理公司。同时，随着算法交易在金融市场中应用的不断展开，以及市场信息流的逐步分解，散户"集群化"对市场监管的挑战和给投资者本身带来的风险越来越不容忽视。如果说，SPACs 是硅谷对现行 IPO 成本刚性规定的另类反抗，那么作为资本市场的监管者与金融交易平台，是否也应该对基于技术和产业发展带来的商业模式变迁作出适配性变革与回应？显然，监管者既要保持前瞻性的预警能力，更要保持足够的市场定力，决不能被无休止的金融创新或金融冒险主义牵着鼻子走。

最后，就金融经济学发展的现实需求与理论积淀而言，资本市场的新变化的确是无法回避的现实命题，必须展开持续而深入的研究。无论是高科技与高端金融的耦合带来的新挑战，还是对大数据时代风险资产的管理，以及对各种交易风险进行有效管控等，均离不开对底层资产、定价体系、交易结构、交易行为以及风险评估的系统性研究。金融经济学也将在此过程中不断得到发展，并为资本市场的发展与改革提供理论支撑。

以实证研究助推中国证券市场行稳致远

2021 年诺贝尔经济学奖颁给了对自然实验与因果关系分析方法做出开创性贡献的大卫·卡德（David Card）、书亚·安格里斯特（Joshua D. Angrist）和吉多·伊本斯（Guido W. Imbens）三位经济学家，在彰显诺贝尔经济学奖评审向来秉承的关注学术研究原创性贡献的同时，也向全球经济学界和市场主体发出了经济学研究越来越重视现实问题的重要信号。

众所周知，一位严谨的经济学家既要精通黑板经济学的研究机理与方法，也要正视真实世界里的经济现象与经济问题，必要时还要在国家和世界发生重大经济危机时给出政策建议。这从被公认为 20 世纪最伟大经济学家之一的凯恩斯的一生经历中得到了体现。凯恩斯不仅在应对 1929 年至 1933 年的资本主义大萧条过程中发挥了关键作用，还在建构布雷顿森林体系中表现出了经济学家和英国政府代表双重身份的智慧与力量。

21 世纪尤其是 2008 年国际金融危机以来，面对资本主义国家普遍存在的经济持续低迷、失业问题严重、两极分化加剧、社会矛盾加深等严峻的现实，不少西方主流经济学家越来越关注真实世界里的上述经济现象与社会问题。其中最具代表性的人物当属法国经济学家托马斯·皮凯蒂（Thomas Piketty）。他在《21 世纪资本论》这部著作中不仅梳理分析了资本主义表象问题背后的经济学逻辑，还用翔实的数据证明，以美国为代表的主要发达国家的不平等程度已经达到或超过了历史最高水平，认为不加制约的资本主义加剧了社会财富分配不平等，而且将继续恶化下去。该书出版之后立即引起了国际学术界的广泛关注与持续讨论。

显然，无论是凯恩斯还是皮凯蒂，都重视因果分析，这和尤金·法玛（Eugene Fama）（见图 13-8）的"有效市场假说"的研究范式并不矛盾。为什么这样说，因为"有效市场假说"的前提，即"在一个充满信息交流和信息竞争的社会里"，是学术研究本身的需要。所有懂得经济学常识的人都知道，真实经济世界是不可能存在信息完全对称与完全竞争的。因而法玛所说的"只要市场充分反映了现有的全部信息，市场价格代表着证券的真实价值，这样的市场就称为有效市场"本质上也是因果分析。只不过市场要达到有效运行的约束条件太多，经济学家们因而希望政府尽量为证券市场的有效运行创造适配的制度环境与法治环境。而"有效市场假说"之所以被诟病，并不在于理论本身有错，而是西方国家的政府在面对一群唯利是图的金融寡头时，居然把经济学假定当作制定经济政策的重要依据，放任金融自由化，忽视了政府作为市场秩序维护者的有为性一面！

图 13-8　经济学家尤金·法玛

就证券市场而言，一个较为理想的证券市场当然是在信息尽可能对称和充分竞争的条件下，以有效的价格发现机制，实现资源的最优配置，但这只是广大市场参与主体和监管者的良好愿望。众所周知，证券交易是人们在不确定性环境中进行跨期资金配置的决策行为，证券投资决策的成本和收益是在时间上分布的，而且决策者和任何其他人都无法预先明确知道交易结果。对于数以千万计的个体参与者在同一时间的交易行为与交易决策变化，即便在计算机与大数据技术高度发达的今天也无法做到预期管理。而个体参与者的决策如何影响证券市场的整体行为；证券资产的价格如何影响资源的配置；如何对风险证券进行有效定价；如何识别进而防范金融风险，维护市场稳定有序运行等，都是高难度命题。因而，证券交易与市场监管也被认为是人类迄今为止最为复杂、最难预测的经济活动之一。

就中国证券市场的制度设计与运行而言，经过30余年的改革与发展，中国不仅已成为全球仅次于美国的第二大证券市场，而且在构建成熟证券市场应有的基本条件方面，如有效的价格发现机制与配套的市场监管、健全的金融体系以及制度环境、透明和有效的契约法及执法体系、良好的会计制度与惯例、完善的公司治理制度和可靠的支付与结算制度以及市场追责体系等方面，均取得了长足的进步。

在此过程中，不仅凝聚了包括证券市场设计者、监管者、市场中介以及其他参与主体的智慧与力量，也离不开几代金融研究者对中国证券市场的本质、功能、运行体系、风险管理等理论与实际问题的研究与探索。例如，如何建立更有效的股票发行机制；如何进行有效的资产定价；如何建立真正意义上的竞争性股票市场体系；如何有效发挥证券市场对实体经济的支持作用；如何在全球经济一体化的背景下，实现证券市场的高水平开放与高质量发展；如何完善现代金融监管体系，健全宏观审慎、微观审慎、行为监管三支柱，守住不发生系统性金融风险的底线等具有强烈问题意识的证券市场改革与实践，吸引了一批又一批有责任感与敏锐市场直觉的研究者深耕理论前沿，注重国际比较，找准问题逻辑，给出答案。尽管由于社会科学（金融学）的属性使得随机控制实验的难度很大，但是研究者们依然不懈地探索如何采用更加有效的方法对证券市场进行前瞻性或补位性的研究，从而使经验性实证分析日益受到重视。

如今，随着诺贝尔经济学奖对实验经济学与真实经济问题研究的重视，可以相信，自然实验、因果关系分析方法不仅将在劳动力与就业市场等问题的研究中继续得到运用，而且也将很快在资本市场改革与监管实践的相关研究中得到应用与发展。越来越多的研究者将带着强烈的问题意识，针对中国证券市场运行与发展中存在的问题，通过构建适配的实验研究方法，应用统计分析筛选出海量金融数据中可信度较高的关键数据，不断提高因果关系分析能力，进而给出严谨的研究结论与政策建议，助推中国证券市场的发展行稳致远。

构建经济高质量发展的人口与人才支撑体系

近期，有关中国人口问题的讨论与政策措施备受关注，包括人口出生率、人口结构以及国家和地方为应对出生率较低和人口老龄化问题而出台的一系列政策措施等，显见国家和社会越来越从战略层面和可持续发展的角度来求解与关注人口问题。

尽管有不少人对 2020 年全国人口出生率首次跌破 1% 的数据感到意外，但是在长期观察中国人口增长趋势的研究者看来，则是迟早要出现的现实问题。民众之所以对这个问题格外关注，是因为这在很大程度上意味着中国人口红利趋减，乃至在将来某一个时间点会消失。人口红利对中国经济中长期发展而言极为重要。众所周知，中国经济之所以能在改革开放 40 余年来保持年均 8% 以上的高速增长，主要得益于改革开放带来的市场活力与相关发展红利的释放，尤其是人口红利、"入世"红利以及国际产业转移红利三大红利的支撑。

相关研究表明，中国经济的有效增长在很大程度上是基于资源优化配置的内生性选择结果，尤其是"入世"大大激活了市场主体的营商禀赋与参与全球资源配置的积极性。加上 FDI 的推动，以及在民营经济、外资企业的效率辐射和市场竞争推动下，国有企业与国有资本的改革持续深入推进，引致经营效率不断增进与国有资本能级不断提升，共同构成了 21 世纪以来中国经济持续增长的最重要支撑。而最近几年的相关研究进一步显示，中国经济增长越来越取决于知识、信息、数据、研发或创新等所产生的规模收益递增以及技术进步、人力资本增长等核心内生变量的推动。

不过，在上述内生变量中，人口与人才始终是不可替代的基础性要素，这也是国家和社会极为关注人口出生率、人口老龄化以及人口质量的出发点。其实第六次全国人口普查的数据已经在提示人口老龄化问题的严峻性，当次的普查数据显示，中国内地 60 岁及以上人口总量为 1.78 亿，人口老龄化水平达到 13.26%，比 2000 年全国人口普查上升 2.93 个百分点，其中 65 岁及以上人口占 8.87%，比 2000 年全国人口普查上升 1.91 个百分点。而第七次全国人口普查得出的数据将老龄化问题的严峻性提升到新的临界点：60 岁及以上人口超过 2.6 亿，占总人口比重达 18.7%，其中 65 岁及以上人口超过 1.9 亿，占 13.5%。（具体见图 13-9）出生率降低的直接结果是人口净增长数趋减，不过中国仍可从日渐消减的人口红利中获益。随着"刘易斯拐点"的真正来临，中国经济必须进行增长方式的彻底转型，必须着力提升人力资本的增值和全要素生产率以抵消人口红利的消减带来的相关缺口。

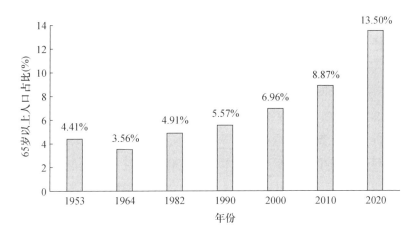

图 13-9　七次全国人口普查中 65 岁以上老年人口占比

数据来源：国家统计局。

另一个无法回避的事实是，中国在人均收入尚处于中下水平阶段进入资本深化过程，未能充分利用上世纪末至本世纪初较为丰富的劳动力资源以更有效地发展劳动密集型产业，在技术进步与技术应用方面进展相对滞后，使全要素生产率在 1995 年以后未能得到显著提高。例如，衡量资本配置效率的关键性指标——增量资本产出率，在过去一段时期出现下降态势；而作为考核企业经济活动重要指标的全员劳动生产率，尽管近年来有了较大提高，但与国际领先水平相比仍然较低。2018 年，中国全员劳动生产率（按 2018 年平均汇率折算）为 17529 美元，是人均 GDP 的 1.79 倍；美国全员劳动生产率为 132344 美元，是人均 GDP 的 2.11 倍，美国全员劳动生产率是中国的 7.55 倍，即便是中国经济最发达的上海，全员劳动生产率也只有 36948 美元，相当于美国的 28%。当然，如果按世界银行公布的购买力平价 GDP 数据测算，1952 年，美国全员劳动生产率是中国的 66.5 倍，到了 2018 年，这一数字已经缩小到 4.03 倍，说明中美之间的差距呈现大幅缩小态势。总体而言，中国企业职工创造价值的能力仍有很大提升空间。

乐观预期，中国在出台"三孩"生育政策以及各地采取富有特色的支撑保障措施之后，有望在"十四五"末期形成有中国特色的"福利经济学"，包括国民收入显著提高，高质量的教育和社会保障体系基本建成，基本公共服务水平不断升级，公共资源广泛覆盖与服务能力相应提升，城镇公共服务向农村延伸，以及城乡协调发展能级提高等，进而在更高层面推动物质文明、精神文明和生态文明协调发展，实现对经济可持续增长的有效支撑。

中国要在"十四五"时期实现从要素驱动的高速增长阶段转向创新驱动的高质量发展阶段，既要保持适配性的投资规模与较高的资本积累，更要重视对人力资本的投资，促进劳动力要素合理流动，保持高素质人力资本的持续供给，尽快改变社会一般人力资本和专业化人力资本脱节现象，特别要注意提高专业化人力资本的积累水平。如今，人才强国战略已经上升为国家战略，各地正在探索适合国内外人才发展的人才工作机制，完善人才政策体系，建立健全公开、平等、竞争、择优的人才资源配置机制以及有利于人才集聚的政策措施，营造有利于高端专才工作的综合支持体系，由此带来的创新与营商禀赋的进一步激活，将与其他生产要素一起形成能使经济保持活力的增长机制。

从四个维度夯实上海经济发展能级的战略优势

根据成熟国际经济金融中心的发展经验，上海全球要素资源配置与资产定价能力的提升，既离不开中国经济高质量发展与高水平开放的持续推进，也离不开比照国际最高开放与市场运营标准，而若要在要素市场、研发设计、高端制造、系统集成、全球供应链管理能力等方面锻造出竞争优势，还需要强化浦东作为吸收国际高端产业与金融资本超大规模平台的引领作用。

上海是中国参与全球顶层分工的王牌

作为中国最大的经济中心城市，上海在"十四五"规划的开局之年即扎实稳步推进经济高质量发展与高水平开放。近年来，上海经济运行稳中向好，发展彰显韧性，主要经济金融指标与纽约、伦敦、东京等国际大都市相比尽管还存在一定差距，但发展势头良好，特别是在国际金融中心建设方面取得了重大进展，基本建成了与中国经济实力以及人民币国际地位相适应的国际金融中心，为下一步发展奠定了坚实基础。

上海在新一轮发展中获得党和国家具有重大战略意义的政策支持，是2021 年 4 月印发的《意见》。《意见》不仅进一步明确了上海在党和国家工作全局中本就十分重要的战略地位，而且从目标指引、政策逻辑与操作层面，赋予上海在 21 世纪上半叶代表中国参与全球顶层分工的"正印先锋"地位。

上海在区域、全国乃至全球经济坐标中的地位与影响力，既取决于上海在"十四五"时期乃至 2035 年远景目标期内绝对经济实力的提升，也取决于上海在强化"四大功能"与发展"五型经济"基础上作为中国最具国际化气质的超级城市拥有的综合竞争力。

客观而言，从经济总量与格局变迁来看，面对全国其他地区的竞争压力，上海原先拥有的先行发展优势有的正在减弱，而新的竞争优势尚在培育、形成之中。单从经济和财力而言，1983 年，上海的工业总产值占全国的 1/9，财政收入占全国的 1/6，人均国民生产总值近 1500 美元，遥遥领先于其他省

份。而到了 2020 年，上海的国内生产总值不足全国的 1/25，只相当于第一大经济省份广东的 38%。但是，在财力方面，上海 2020 年的财政收入依然位居全国前列，仅次于广东、江苏和浙江。至于上海在战略产业、研发设计、先进科技与高端制造、要素市场体系与资源配置力、系统集成与全球供应链管理能力，尤其是对接国际最高标准和规则的能力方面，则是一般省份难以比拟的。国家之所以把建设全球有影响力科创中心的任务交给上海，就是看中上海在这些方面的综合竞争优势。

从全球中心城市的发展阶段来看，上海目前正处于着力发展高端服务业与先进制造业并全力推进城市数字化转型进而提升城市能级和核心竞争力的关键发展阶段。随着浦东打造社会主义现代化建设引领区的先行先试不断结出硕果，结合人民币国际化和上海国际金融中心建设在"十四五"时期乃至 2035 年远景目标期内取得重要进展，在世界级产业创新高地与对标国际高标准经贸规则的制度创新和人才高地的配套支持下，上海将显著提升在全球产业、贸易与金融分工中的战略地位。

上海的经济能级与战略优势仍需加强

上海经济总量从高峰时期的占全国 1/10 下降到不足全国 1/25，既是中国工业化、城市化以及服务业发展进程中的自然逻辑延伸，也是中国步入经济高质量发展阶段，经济布局更为均衡、经济发展更为多样化的现实体现。当然，作为中国经济的王牌，上海的经济能级必须不断上台阶才能保持量和质特别是影响力的相应提升。概言之，上海在 2035 年乃至 2060 年前既要谋求在"双碳"目标下的率先转型，更要在转型中找到能使经济迈向 1 万亿美元、2 万亿美元甚至更高能级的内生动力与战略支点。

从国际比较的视角看，目前全球前十大城市中，纽约和东京的经济总量在 1 万亿美元左右，处于第一层次；排名第三的洛杉矶约为 7500 亿美元，领先于第三层次的伦敦、巴黎和芝加哥约 1000 亿美元，高出排名第八的上海约 2000 亿美元；排名第七、第八和第九的休斯顿、上海和北京的经济总量相互之间的差距在 400 亿至 500 亿美元之间。根据上海"十四五"发展目标，预计 2025 年上海经济规模将接近 8000 亿美元，人均 GDP 将超过 3 万美元。

当然，真实世界的经济发展要兑现静态的规划，需要破解一系列约束条件。上海经济中长期发展的制约要素，既来自土地与空间布局的刚性约束，也有商务成本不断上升与部分产业"空心化"等不利因素，更有人口老龄化加剧与人力资本优势面临竞争对手挤压的重大瓶颈。而从国内国际环境来看，上海是否能真正建成国内大循环的中心节点和国内国际双循环的战略链接，既要看上海在包括经济发展、研究开发、城市治理、人居环境、社会文化、教育医疗、交通运输等诸多要素整合而成的城市竞争体系方面的成熟度与活力释放，更有赖于上海在基于金融、科技、数据、贸易等超大规模平台逐步形成的要素集聚与配置能力提升。其中，人口与人才作为最重要的变量，将始终是上海不断优化经济社会发展环境，突破发展瓶颈的关键着力点。

从现在起到 21 世纪中叶，全球主要经济体之间的经济竞争，将越来越集中到对核心产业与前沿技术控制力、贸易与金融价值链高端环节以及战略人才的争夺。上海作为中国高质量发展与高水平开放尤其是参与全球顶层分工的"正印先锋"，所肩负的国家使命与作为全球核心城市新兴发展样本的先行先试，将构成上海不断谋求发展能级提升、整固战略竞争优势的内生性驱动力。

在四个维度强化上海的综合竞争优势

宏观经济学已有的研究表明，驱动经济增长的最重要因素是知识创新、科技进步和提升人力资本。真实世界的实践经验早已证明，经济增长从长期来看一定要依靠技术内生性进步和人力资本的显著提升。而就支撑经济内生性增长的要素而言，金融交易与资产定价、贸易与投资便利化、研发与高端制造能力、供应链畅通与交易成本节约、法治与争端解决机制的确立等，是一国或地区在制定和执行经济中长期发展规划中必须高度关注并着力求解的重大核心问题。

上海是当今世界主要城市中少数集制造、金融、贸易、科技、航运等于一体且陆海空运输高度发达的城市之一，也是区域地理位置优越、战略腹地开阔、商业文化底蕴深厚的重要力量中心。在迈向全球最具竞争力的国际化城市进程中，上海应当且可以整固在长江经济带联动发展与长三角一体化进程中的核心引领地位；夯实作为全国战略产业运营管理中心地位；逐步起到在亚太经济版图中"锚"的作用；成为吸收国际高端产业与金融资本的超大规模平台，尤其是成为积极参与全球顶层分工的"力量杠杆"与"桥头堡"，并以此服务于国家打造社会主义现代化强国的发展战略。

一是通过深化科技、教育等促进经济内生增长的核心要素改革，对标全球握有分工优势的超级城市的发展逻辑，结合上海在科创与教育改革方面的先行先试经验，精准把握城市数字化转型中技术发展的脉搏，以深层次的自我革命与对未来发展趋势的跟进乃至引领，构筑上海在 21 世纪上半叶的科技和教育新优势。为此，上海需大力营造能够孕育前沿科技成果的创新生态与教育环境。一方面，需要持续激活微观主体的创新与营商禀赋；另一方面需要推动教育理念的根本性变革与科研体制的突破性变革，通过经验教育与示范引领培养学生创新思维，逐步解放相对内敛的文化个性，形成政府和全社会对创新实践的广泛支持以及对创新失败的包容、对人才创新积极性的有效保护、对产权尤其是知识产权的最优先保护等。

二是通过深刻把握全球产业变迁趋势，以精准的服务对接技术变迁与市场变化趋势，整固上海作为国家战略产业运营中心的地位。人类迄今发生的几次工业革命都是在欧美酝酿发动的。而在今天的大数据与人工智能时代，中国由于拥有全世界最大的信息基础网络设施、最大的消费市场与数字化应用场景，并已在航天科技、量子通信、人工智能制造业及新能源领域握有一定的竞争优势，加上目前正在打通制约信息工业和信息服务业发展的瓶颈、突破集成电路产业存在的短板、加速培育具备核心技术优势的企业，正在步入全球最高层面的经济与技术竞争领域。在此进程中，上海承载着建设具有全球影响力的科创中心与产业创新高地的使命，应当用更加动态与理性的视角来审视其在全球与中国产业布局与竞争中的地位，充分发挥上海在研发基础、金融服务、产业配套、新技术产业化、税收与国际化人才管理等方面的综合优势特别是世界级项目的统筹和运营管理能力，强化从设计、生产到服务的系统集成，由此孵化出一批独角兽企业并在资本市场上获得价值重估机会。

三是以浦东高水平改革开放打造社会主义现代化建设引领区为战略抓手，通过有效的制度供给与高质量落实，对标国际高标准经贸规则来吸引国内外高端要素与人才集聚，培育上海作为贸易与投资便利化的高质量样本，实现全球资金、技术、信息与人才等资源优化配置。

《意见》的出台，标志着浦东迎来新一轮发展的最佳时间窗口，也标志着上海自贸区临港新片区已站在全球经济产业与金融竞争风口的最前沿。就操作与执行层面而言，中央确立浦东在中国经济布局中的战略定位与发展目标，预示着浦东和临港新片区将在两个维度、两个市场上推动要素资源配置能力与产业创新高地建设能力的提升。所谓两个维度、两个市场，即在对标国际高标准经贸与金融规则的基础上，结合上海打造服务"一带一路"倡议的桥头堡和高水平改革开放引领区的定位，强化浦东作为吸收国际高端产业与金融资本超大规模平台的引领作用，实现在岸人民币资产和离岸人民币资产的双向对接，境内与境外两个市场的高度联动。随着科创板的成功运行，结合临港新片区以"科技创新+高端产业"为驱动，浦东将在形成全链条"智造港"方面不断取得新突破，有望锻造出从陆家嘴到临港新片区的超大规模数字产业与金融科技场景应用的集中带，进而培育出一批高度重视人类未来消费体验并进行前瞻性研发与测试的创新型企业，最终通过着力营造创新生态环境，形成能批量催生伟大企业的厚实土壤，实现培育一批千亿元级乃至万亿元级支柱产业的目标。

四是在迈向具有全球影响力和竞争力的国际金融中心的进程中，上海既需要重视吸收成熟国际金融中心建设的历史经验，更要深深植根于中国作为全球最大新兴经济体的基本国情，将建成以人民币计价的全球金融资源配置中心与资本的资产定价中心作为突破口，持续推动全球性金融公共产品供给体系的丰富与完善，厚植上海作为国际金融中心的城市气质。

从全球经济与金融强国的一般发展逻辑来看，无论是货币的国际化还是金融中心的升级，尽管离不开政府对金融生态环境的深度培育，但内生性的关键要素还在于市场主体的充分竞争与金融要素的高密度集聚，尤其是国际金融资本的深度参与。因此，要将上海视作持续分享中国经济发展红利、配置中国与全球金融资产的最重要平台。上海在当前和今后一段时期仍应继续完善金融市场体系，强化服务能力建设，展现开放的胸怀和卓越的营商环境。

最后，金融作为全球最高层面分工的表现形式，是"国之重器"和国家

最为重要的核心竞争力之一，充分发挥其在现代市场经济中的作用，离不开制造业竞争优势的稳固、贸易价值链的不断提升以及系统性风险防范能力的不断提高，而上海在这方面无疑拥有十分广阔的行为空间以及不断提高发展能级的能力基础。

以前瞻性战略设计破解上海人口与人才瓶颈

现阶段上海发展面临的人口与人才瓶颈，是上海落实"十四五"发展规划和实现 2035 远景目标过程中亟待破解的重大现实问题。上海既要以十二分的紧迫感和精准的对策稳住人口自然增长率，更要在中长期战略规划中将人口与人才置于战略优先地位。

上海急需加强顶层设计，完善重大政策制度，及时科学综合应对人口老龄化，充分发挥人才作为创造新时代上海发展新奇迹第一资源的驱动力，通过前瞻性的战略设计与综合集成改革，实现人口结构转变，从把人口与人才发展置于战略优先地位、率先形成"三孩"抚育底线安全保障体系、海纳百川与人才高地建设齐头并进、以更优化的空间布局服务人口新发展、强化教育的先导作用与人力资本投入等五个方面，"五力"并举破解上海的人口与人才瓶颈。

人口问题是当前面临的重大现实问题

人口问题尤其是老龄化问题是 2022 年全国两会代表委员热议的焦点话题之一，不少代表委员就此提交了相关建议，反映出社会各界对人口老龄化问题的高度关切。

2022 年，国务院印发了《"十四五"国家老龄事业发展和养老服务体系规划》，这是贯彻落实积极应对人口老龄化国家战略，推动养老服务体系高质量发展的重要举措，也是在全国执行层面对 2021 年 7 月《关于优化生育政策促进人口长期均衡发展的决定》的具体落实与配套实施。

2021 年下半年以来，各地政府陆续出台了具有地方特色的"三孩"生育政策及配套支持措施。其中，北京和上海的做法具有一定的代表性。2022 年 2 月 9 日，北京市委市政府印发《关于优化生育政策促进人口长期均衡发展的实施方案》，出台了 22 条相关激励生育与支持措施。上海市委常委会在 2021 年 12 月 3 日审议通过了《上海市优化生育政策促进人口长期均衡发展的实施意见》，就贯彻落实中央要求，立足上海人口发展实际，顺应人口发展规律，抓紧完善生育政策措施，推动生育政策与相关经济社会政策同向发力等方面作了具体部署。

据统计，截至 2022 年全国已有 25 个省份完成了人口与计划生育条例的修订，部分省市已制定并开始执行优化生育的实施方案，生育友好的社会环境正在全国各地逐渐形成。

毋庸置疑，包括北京、上海在内的各省份加快贯彻实施"三孩"生育政策及配套支持措施，反映出人口问题已上升为各地政府在"十四五"时期急需解决的重大现实问题。目前，中国人口净增长数为负的时间窗口已经来临，来自国家统计局的数据显示，2022 年人口自然增长率（出生率减死亡率）仅为 -0.60‰，而在 2019 年这一数据为 3.34‰，下降趋势非常明显。（具体见图 13-10）人口净增长数同样令人担忧，从 2019 年至 2021 年，中国人口净增长数分别为 467 万人、204 万人、48 万人，而 2022 年人口较 2021 年减少 85 万人。显然，国家应该加大力度全面实施"三孩"生育政策，稳住人口出生率。

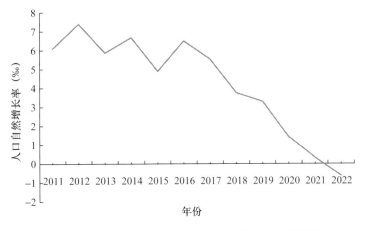

图 13-10　2011—2021 年中国人口自然增长率变化情况

数据来源：国家统计局。

上海首要目标是稳住人口自然增长率

就上海的情况而言，其人口总量难以继续保持过往高速增长的核心原因，并非因近年来严格实施控制特大城市人口规模的政策，而是主要源于如下三个方面：户籍人口出生率在低位徘徊导致户籍人口自然增长率连续多年为负；全社会已步入深度老龄化状态，总抚养比接近50%，引致人口规模红利期即将结束；备受关注的少子化趋势并未随着全面放开"三孩"生育政策而改变。

就第一个方面而言，根据上海市统计局的相关数据，从1993年至2011年，上海户籍人口自然增长率曾连续19年为负，尽管2012年上海户籍人口自然增长率转为正，达到0.26‰，比2011年的-0.68‰上升0.94个千分点，但这主要得益于代际延续的周期性而非得益于内生性的生育驱动。事实上，从2013年至2018年，上海户籍人口自然增长率只有2014年和2016年为正，其余4年均为负。2020年，上海常住人口出生12.76万人，较上年减少4.14万人，其中上海市户籍人口出生6.81万人，较上年减少2.4万人。由于户籍人口总数占上海常住人口的比重接近60%，因此，现阶段上海要破解的人口瓶颈之一就是尽快扭转户籍人口出生率和人口自然增长率的下降趋势，为实现经济和社会可持续发展提供基础性条件。

就第二个方面而言，根据国际通用标准，如果一个国家或地区65岁及以上人口占总人口的比重达到或超过7%，则意味着该国或地区进入老龄化社会；如果这一比重达到14%，则该国或地区步入深度老龄化社会。根据第七次全国人口普查的数据，2020年，在上海常住人口中，65岁以上人口占总人口的比重高达16.3%，其中户籍人口中65岁以上人口占比超过24%，可见深度老龄化社会的特征非常明显。（第七次全国人口普查中各省市65岁以上人口占比如图13-11所示）另一方面，外来常住人口中65岁以上的人口增幅最近10年来保持快速增长态势，进一步加快了深度老龄化的步伐。老龄化程度的加深，直接提高了总抚养比。统计数据表明，2010年上海的总抚养比为31%，到2020年上升至49.7%，即将触及经济学意义上的50%红线，即一国或地区的总抚养比超过50%则意味着人口规模红利期结束。

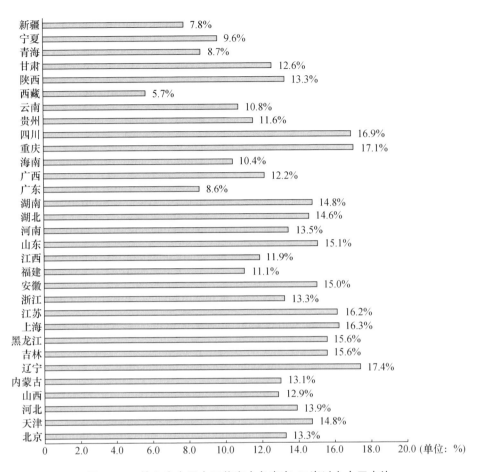

图 13-11　第七次全国人口普查中各省市 65 岁以上人口占比

数据来源：国家统计局。

　　已有的相关研究显示，在北京、上海、广州、深圳四大城市中，上海不仅是"最老"的城市而且"老得最快"。上海 65 岁以上人口的占比是广州的 2 倍、深圳的 5 倍；0 至 14 岁人口的占比中，上海是全国唯一低于 10% 的省级行政单位，仅为 9.8%。

　　就第三个方面而言，根据第七次全国人口普查数据，中国育龄妇女总和生育率为 1.3，已经处于较低生育水平。而上海育龄妇女总和生育率长期低于 1，目前已降至 0.7，"不愿生"或"少生"的生育观念较稳固。尽管国家从 2016 年 1 月起全面实施放开"二孩"生育政策，但对上海生育水平的提升作用并不显著，只是带动该年度户籍人口出生人数达到 12.92 万人，为 1995 年以来的最高点，之后便进入下降通道，足见备受关注的少子化趋势并未随着全面放开"二孩"生育政策而改变。至于 2021 年 5 月起全面实施"三孩"生育政策的即期效应乃至中长期效应，仍有待观察。少子化和深度老龄化现象交织，是上海在短期内面临的两大突出问题。

人口规模红利是人口质量红利的前提

上海市是国内人口规模最大、高等教育发达的城市，截至 2020 年末，拥有 2489 万常住人口和 64 所普通高等学校。根据第七次全国人口普查的数据，上海每 10 万人中具有高中文化程度的人数是全国最高的；具有大学文化程度的人口为 842.42 万人，与 2010 年相比，每 10 万人中拥有大学文化程度的人数由 21893 人上升为 33872 人，10 年间提高了 55%，在全国仅次于北京；上海 16 岁至 59 岁劳动年龄段人口中具有大学文化程度人口占比为 46.4%，比 2010 年提高了 20.2%。这反映出上海在高度重视基础教育与高等教育并集聚海内外优秀人才等方面所取得的成就。上海人口文化素质的不断提高以及人才红利的不断积累在一定程度上对冲了上海人口老龄化带来的不利影响，也是上海落实"十四五"发展规划和 2035 年远景目标的关键要素支撑。

不过，对承担着"五个中心"建设和长三角一体化核心引领使命的上海而言，整固业已形成的人口质量红利（含人才红利）当然极为重要，但决不能因此认为人口质量红利的重要性已超过人口规模红利。如果人口规模红利日趋消减，城市的活力必然受到影响，甚至影响经济和社会的可持续与高质量发展。

事实上，上海常住人口在 2010—2020 年 10 年间的增幅明显放缓：第六次全国人口普查期间（2000—2010 年）统计出的上海常住人口增加数为 661 万，而在第七次全国人口普查周期内，上海常住人口增加数下降至 185 万，人口规模的"天花板"效应越发明显。相形之下，全国最年轻的超大城市深圳，辖区面积 1997.47 平方公里，不及上海的 1/3，但这座城市在这 10 年内人口增长了 714 万人，总人口已达 1766 万人，约为上海的 70%。而自 2011 年 4 月起，深圳通过启动"孔雀计划"等人才工程，吸引了大批海外高层次人才落户深圳，助推深圳经济快速发展，人才红利效应非常显著，显见深圳对人口规模红利与质量红利的高度重视。

"五力"并举破解上海的人口与人才瓶颈

根据上海 2035 年远景目标，上海将在"十四五"发展规划基础上，基本建成具有世界影响力的社会主义现代化国际大都市和具有全球影响力的长三角世界级城市群的核心引领城市，综合经济实力迈入全球顶尖城市行列；高质量发展率先实现，高品质生活广泛享有，构建更高水平的医疗卫生健康服务体系，全方位全周期保障人民健康，成为社会主义现代化国家建设的重要窗口和城市标杆。

一是将人口与人才发展置于战略优先地位。对业已跨入深度老龄化社会的上海而言，要实现由"老气横秋"向"朝气蓬勃"的人口结构转变，既要稳住人口自然增长率，更要将人口与人才发展置于战略优先地位。

上海多年来生育水平较低，原因是多方面的，主要是工业化和城市化发展对居民生育观念带来冲击。一方面，上海作为中国经济发达程度最高的城市，育龄妇女的劳动参与率一向很高，晚婚晚育现象愈发普遍；另一方面，近年来独身独居、不婚不育人口的比例不断上升，再加上住房条件的约束与养育成本的高企，使得"少生"乃至"不愿生"日益成为突出问题。而 2021 年 5 月起全面实施"三孩"生育政策的即期效应乃至中长期效应，可能需要 3 年到 5 年的数据积累才能精准研判，基于对过去"二孩"生育政策实施效果的观察，中长期积极效应的发挥需要诸多配套条件的支持，这就涉及整体战略设计与配套政策执行的有机结合。

概言之，上海要全面落实优化生育政策并达到人口长期均衡发展的战略目标，不应仅局限于"三孩"生育范畴内进行政策设计，而应放置在"双碳"背景下，着眼于 2035 年远景目标乃至 2050 年时间节点来规划和设计人口发展，包括规模、结构、素质及自然、环境与经济社会发展的协调联动等。

从时间序列来看，从现在起到 2035 年已剩下不到 3 个五年规划的时间，再到 2050 年也就一代人多一点的时间跨度。这是观察评估"三孩"生育政策乃至未来可能全面放开生育政策的中长期实施效果的重要时间节点。相关的观察指标包括人口出生率、育龄妇女总和生育率、人口自然增长率等。对上海而言，育龄妇女总和生育率突破1，人口自然增长率由负转正等是亟待实现的阶段性目标。因为从保证世代更替的角度看，生育率达到或超过2才是良性的。

至于人才发展战略，则是立足于存量与增量人口规模、结构、素质的整体设计。当然，如何破解人口政策与人才政策长期以来存在的二元性，建立适配性的人口与人才管理衔接机制，也是保持城市竞争活力的关键要素。

要实现由"老气横秋"向"朝气蓬勃"的人口结构转变，还需破解存量人口的身体素质结构化升级问题。上海市"十四五"规划中明确提出"积极应对人口老龄化"的重点举措，包括进一步提升老年人生活品质和生命质量，积极开发老龄人力资源，推进老有所为。而要实现上述目标，既需要加大对卫生健康和体育基础设施的投入，同样也离不开全社会广泛的行为自觉。

二是率先形成"三孩"抚育底线安全保障体系。从政府和社会层面来看，落实"三孩"生育政策，主要涉及相关政策条例的修订，新旧政策的有序对接，人口服务体系的健全，人口监测与形势的分析，优生优育服务水平的提高，普惠托育服务体系的发展与优化，以及如何降低生育、养育、教育成本等。例如，北京市出台的22条相关激励生育与配套支持措施就有一定的代表性，给出了较为具体的实施细则，路线图也较为清晰，突出了目标引领下的改革创新与操作执行。上海应抓紧完善"三孩"生育政策措施，着重推动生育政策与相关经济社会政策同向发力。

不过，对于地方政府而言，促进人口长期均衡发展的难度要远远大于推动经济增长的难度。在推动经济增长方面，政府工具箱中的选项比较多，主动性也很强。但在促进人口增长，尤其是政府和社会极为关注的提高生育率、落实"三孩"生育政策方面的空间就小很多。这是因为人口的再生产与人类从事经济生产的机理完全不同。改革开放以来，国内有关人口问题的研究形成了较为完整的理论体系，对低生育率、超低生育率等现象给出了相关解释。有学者还提出了人口舒适生存最低需求的"基线标准"，涉及人们对居住空间、距离和生态平衡的最低需求。所有这些只是构成了促进人口增长的理论支撑。人口的再生产，尤其是"三孩"生育政策的落实，是由作为生育微观主体的育龄夫妇组织实施的，这又在很大程度上取决于夫妇的生育意愿、养育能力，以及对多孩后的生活状态、幸福平衡度所作的综合评估。根据笔者调研获得的样本数据，上海处于生育高峰期的"85后""95后"总体上对"三孩"预期偏谨慎，但亦有相当一部分育龄夫妇对"五口之家"的未来抱有乐观预期。

因此，解决影响上海中长期发展的少子化问题，关键在于加强顶层设计，进一步完善"三孩"生育政策。这方面的顶层设计，已非一般意义上的税收减免、生育保险覆盖、普惠托育服务、优生优育支持、基础教育和医疗服务等方面的配套改革，应站在中华民族伟大复兴的高度，从战略上规划和设计上海作为国家的"王牌"在人口与人才领域应有的使命担当，早日形成积极生育的多维支持体系。尤其是在生育主体极为关注的住房和教育这两大核心问题方面，上海完全可以在适当借鉴新加坡等海外城市经验的基础上，结合本地实际情况进行战略规划与设计。当然，要在真实世界中扎实兑现"三孩"生育政策的制度设计，一个重要的立足点是构建"三孩"抚育底线安全保障体系，上海要率先形成"三孩之家"生存发展最低需求基线，建构无忧生育之基。

三是海纳百川与人才高地建设当齐头并进。要逐步降低上海总抚养比进而保持人口规模红利，既需要"三孩"生育政策这一"关键变量"的撬动，也有赖于上海在人口与人才政策上的进一步创新与大胆突破，做到海纳百川与高水平人才高地建设齐头并进。

从国际经验来看，步入老龄化的城市要恢复原有的人口活力并保持国际竞争力，是一项极为复杂且漫长的系统工程。主要路径有三条：一是实行常住人口准入的弹性制度，主要是引入外部年轻人口，从而向城市人口体系注入活力；二是通过高水准的福利投放激活已有适龄人口积极生育的内生动力；三是以一流的城市竞争力与人居环境吸引国际人才常态化扎根发展。

就上海的情况而言，要在2035年前实现逐步降低上海总抚养比进而继续保持人口规模红利，在很大程度上取决于"三孩"生育政策这一"关键变量"的撬动。而对照国际相关经验，上海在积极应对老龄化以提升城市人口活力与国际竞争力方面已经出台了一系列相关政策，涉及应届毕业生落户政策改革和积极推进人才高地建设，重点引进和培养国际人才、海归人才、本土人才、特殊人才、青年人才等五大类人才，政策积极效应正在陆续显现。

不过，上海要真正确立人才引领城市发展的战略地位，形成具有吸引力和国际竞争力的人才制度体系，吸引更多海内外优秀青年人才扎根上海成就事业，还需在人口与人才政策上进一步创新与大胆突破，尤其是在吸引和留住适应"五个中心"建设的海内外青年人才方面必须有突破性改革。建议通过高水平调研获取充分的信息和准确的数据，从长周期的视角精准研判青年专才尤其是创新型人才落户上海深耕发展面临的问题清单，进而在人才政策设计上体现出前瞻性与补位性。上海若能在未来十年吸引上百万富有竞争力的海内外青年人才来沪发展，则不仅将显著提升城市的多元化与人口活力，更会带来前沿科技与创新理念，人才汇聚的乘数效应将十分有利于破解人口老龄化问题。

四是以更优化的空间布局服务人口新发展。在这方面，上海已经作了相关规划并付诸行动。例如，上海市"十四五"规划中提出"中心辐射、两翼齐飞、新城发力、南北转型"的空间新格局。上海市政府 2021 年发布的《关于本市"十四五"加快推进新城规划建设工作的实施意见》明确了嘉定、青浦、松江、奉贤、南汇五个新城规划建设的阶段性目标和远景目标：至2025 年，五个新城常住人口总规模达到 360 万左右，新城所在区 GDP 总量达到 1.1 万亿元，新城基本形成独立的城市功能，初步具备综合性节点城市的地位；至 2035 年，五个新城各集聚 100 万左右常住人口，基本建设成为长三角地区具有辐射带动作用的综合性节点城市。

从城市与区域规划的视角分析，上海的空间布局新变化尤其是五个新城的战略规划与设计，赋予上海在城市空间布局上由"一核"即市中心主城区向"多中心"的递进式均衡发展都市圈迈进。由此引致人口、人才、资金、技术等要素的合理流动与优化配置，将使上海在 2035 年前成为新时代推进新型城市化的新动力。可以预期，五个新城建设的推进，如果能够在传统与创新相融合的基础上形成具有属地化特色的"城市空间"，将十分有利于人口的吸纳与集聚，并将提供上海作为长三角一体化高质量发展核心引领城市的空间张力与功能延伸，进而提升上海的整体活力与城市魅力。

当然，如果从更优化的空间布局来看，面积相当于两个新加坡、人口目前尚不足 70 万的崇明区将是上海着眼于"双碳"目标、完成中远期战略目标的腹地支撑。因为崇明不仅区域面积相对辽阔，还是中国长寿之乡、国家级生态示范区，人居环境相当优越，更是连接上海主城区与南通的枢纽。而南通作为长三角一体化布局的重要城市，近年来经济发展迅速，预计到 2025年经济总量将突破 1.5 万亿元。随着长三角一体化高质量发展的推进，崇明的战略支点作用将得到体现。结合崇明基本建成具有全球引领示范作用的生态岛和具有世界影响力的碳中和示范区远景目标，建议进一步优化空间布局，升级交通模式，加快基础设施和保障机制建设，适时布局一批符合 21 世纪新发展理念的绿色产业和具有战略引领作用的研发基地。

五是强化教育的先导作用与人力资本投入。上海要整固并不断提升人口质量红利，达到在全球主要城市人力资本水平竞争中的领先地位，进而实现人口与经济资源的优化配置，特别需要发挥教育的先导性作用。同时，结合"五个中心"建设对专业化人力资本积累的要求，也要持续加大对人力资本的投资。

理想状态下，上海要保持并提升国际竞争力，应同时保有人口规模红利和人口质量红利，而这对业已深度老龄化的上海而言显然是一个极难实现的目标。当然，难度超高并不代表无解。如前所述，上海如果能够早日形成积极生育的多维支持体系，尤其是在生育主体极为关注的住房和教育这两大核心问题上找到优化的解决方案，将显著提升生育主体执行"三孩"生育政策的行为自觉。而上海早在 2014 年即作为教育综合改革国家试点地区，实施从幼儿教育到老年教育全生命周期的教育改革，通过教育综合改革和先行先试积累了较为丰富的经验。2021 年，上海又作为全国基础教育综合改革实验区，被赋予新的改革使命，包括探索促进学前教育普及普惠安全优质发展和义务教育优质均衡发展。因此，上海完全可以依托现有的教育资源，通过加大对普惠托育服务体系的投入，优化配置各区义务教育资源，实现优质教育资源的均衡覆盖，并适时破解外来人口子女受教育的相关瓶颈，为生育主体提供稳定的教育预期。

另一方面，继续推动教育理念的根本性变革与科技、教育管理体制的突破性变革，形成政府和全社会对创新教育的广泛支持，大力营造能够孕育前沿科技成果的创新生态与教育环境，加大对人力资本与职业教育的投资，提高劳动资源的使用效率，重视提高专业化人力资本积累水平，尽快改变社会一般人力资本和专业化人力资本脱节现象，保持高素质人力资本的持续供给，为发挥人口质量红利优势奠定坚实基础。

中国经济增长指标内涵正发生积极变化

2022 年，中国经济在国内外多重复杂因素冲击下取得了 3.0% 的增速。客观而言，这离年初的静态预期值有一定差距，但宏观经济预测向来是最复杂，也最具挑战性的工作之一，既离不开充分的信息和准确的数据，也会受到不断变化的内外因素尤其是非经济因素的影响。

中国经济在 2022 年至少面临三大约束条件：一是有效应对"三重压力"带来的多维冲击；二是在疫情防控与经济发展之间找到平衡点；三是在地缘政治冲突引发多重不确定的大背景下，尽量降低大宗商品价格上涨和供应链局部断裂带来的影响。

从实际运行来看，2022 年中国能够稳住宏观经济大盘，部分关键指标出现企稳回升的积极势头，殊为不易。如果一系列稳预期政策能够在第四季度精准发力，特别是在形成实物工作量即有效投资上收效显著，结合内需的逐步提振，则全年经济运行完全有可能在优先保障稳就业、稳物价的目标引领下，实现经济学意义上的有效增长。

对疫情以来中国经济运行的评估

分析中国经济形势，既要放在中长期经济周期的大环境中观察，也要科学分析微观主体活力在行业和区域的分布及表现情况，更离不开对疫情这一重大变量给宏微观经济带来多维反复冲击的综合评估。对各国政府而言，如何保障经济活动健康运行，是对政府能力边界的重大考验。而 2022 年爆发的俄乌冲突及其引致的金融市场动荡、大宗商品价格上涨及滞胀风险加大，又显著增加了各国稳住宏观经济基本盘的难度。

就中国而言，作为最先受到疫情冲击的经济体，尽管2020年第一季度经济下滑了6.8%，但第二季度很快由负转正，全年经济增长2.3%，是2020年全球唯一实现正增长的主要经济体。2021年取得了8.1%的经济增速，在全球主要经济体中排名第二，对当年世界经济增长的贡献率高达25%。更具指标意义的是，2021年，中国经济总量按当年平均汇率折算，达17.7万亿美元，占全球经济的比重为18.5%，人均GDP超过世界人均水平。

中国经济经受住了2020年和2021年的疫情冲击，相较于其他主要经济体呈现出经济韧性强、内需驱动足、回旋余地大、产业配套全、财政可持续性强等特点。反映在主要经济指标上，经济产出增量在2020年和2021年两年增加了3万亿美元，在全球货物出口市场份额中占比大幅跳升，2020年，中国、美国、德国、日本货物出口占全球比重分别为14.7%、8.13%、7.84%、3.64%，较上年进一步拉开了与第二名的差距；2021年，中国年度进出口规模以美元计价首次突破6万亿美元关口，同比增长21.4%。

研究显示，最近十年来，全球经济实际增长与中国出口额呈强相关关系，与中国出口增速呈正相关关系，突显中国作为全球产业链、供应链枢纽对于全球经济增长的重要性。数据显示，中国制造业增加值从2012年的16.98万亿元增加到2021年的31.4万亿元，占全球比重从22.5%提高到近30%，保持世界第一制造大国地位。

中国在面对疫情冲击时之所以能够较快稳住经济基本盘，并在一定程度上对冲外部预期不确定的冲击，其政策应对逻辑是：当微观市场主体因受外部冲击而面临存续危机时，政府即刻发挥危急时刻的市场秩序维护者乃至"最后贷款人"角色。一方面高度警惕市场随时可能出现的流动性枯竭；另一方面通过政策传导机制对接市场与企业的痛点，直接进场干预，确保宏观政策在执行过程中"不缺氧"，既重视救助那些"大而不能倒"的企业，也从民生福祉的角度力保中小企业存续发展，表现出有为政府应有的责任担当。

经济指标内涵发生积极变化

近年来，中国显性经济指标告别高增长区间的背景下，就业与物价等核心指标内涵正在发生积极变化，表明中国作为 100 万亿元量级或今后将跨入 20 万亿美元俱乐部的超级经济体，正在适应 4%—5% 的中等增速，并以此为基准逐步实现过去需要 8%—9% 的增速才能达到的宏观经济目标。

就就业这个最重要的目标而言，2000 年至 2013 年的很长一段时期，中国政府之所以将年度经济增长目标安排在 8% 左右，其中一个重要考量是要满足每年 1200 万至 1500 万人的城镇新增就业需求。那段时期，中国 GDP 每增长 1 个百分点，拉动就业的人数区间在 100 万至 170 万人。例如，GDP 每增长 1 个百分点带动的就业人数，2009 年至 2011 年是 110 万至 120 万人，2012 年至 2013 年是 160 万至 170 万人，总体呈现震荡上升的格局。

随着中国经济结构的调整尤其是服务业的加快发展，服务业这块最能吸纳就业的巨大海绵成为稳定就业基本盘和保住市场主体的关键。国家统计局报告显示，2013 年至 2018 年，服务业保持 4.4% 的增长速度，平均每年增加就业人数 1375 万人。2018 年底，服务业就业人数达到 35938 万人，比重达到 46.3%，成为吸纳就业最多的产业。2019 年和 2020 年，16—24 岁年龄段青年从事服务业占比均超过 70%。而 2013 年至 2019 年，第二产业创造就业能力不断下降，6 年里总共减少了近 2000 万的就业岗位，从另一个角度说明工业部门劳动生产率不断提高。

最近几年，中国经济增长速度与就业率的关联度正在发生变化，例如，2014 年至 2015 年 GDP 每增长一个百分点可带动约 180 万人就业，2016 年至 2017 年则可带动约 190 万人就业，2018 年和 2019 年分别带动约 203 万人和 222 万人就业。单位 GDP 带动的就业人数的不断上升，说明中国经济正向高质量增长的轨道切换。疫情暴发的 2020 年，中国经济增速为 2.3%，当年城镇新增就业 1186 万人，超额完成年度目标任务；2021 年经济增速为 8.1%，当年城镇新增就业 1269 万人，同样超额完成预期目标；2022 年经济增速为 3.0%，全国城镇新增就业 1206 万人，说明过去存在的经济增长与就业率之间的强相关关系，正被经济结构变化引致的就业驱动不均衡取代，也从另一个侧面证明中国已经形成了不确定条件下基本实现充分就业的产业支撑与微观基础。(2011 年 12 月至 2022 年 6 月中国名义 GDP 增速与城镇新增就业人数变化情况见图 13-12)进一步说,目前超过 1.6 亿的市场主体不仅是经济保持弹性与活力的坚实依靠,更是吸纳就业的顶梁柱。

图 13-12 2011 年 12 月至 2022 年 6 月中国名义 GDP 增速
与城镇新增就业人数变化情况

数据来源:国家统计局、人力资源和社会保障部。

当然,由于疫情对服务业的冲击远超预期,2020 年和 2021 年服务业提供的新增就业人数只增加了 307 万人,远低于疫情之前,而第二产业新增就业人数则增加了 480 万人,这主要是因为海外供应链受限提高了外需对中国制造业生产的依赖程度。2022 年上半年,服务业受疫情冲击较严重,导致实际失业率高于自然失业率,说明在经济增速回落的情况下,就业等民生问题已上升为宏观经济运行的首要目标。

中国经济增长指标内涵的另一个积极变化是,在复杂的国际经济环境下保持了物价总体平稳。一国经济增长是否有效,关键取决于政府在促进经济增长的同时是否能实现充分就业和控制通货膨胀。在成熟的市场经济中,衡

量一国经济是否健康运行有一个"333"晴雨表，即经济增长速度不低于3%、失业率不超过3%、通货膨胀率不超过3%。如果其中一个指标或多个指标出现较大偏差，则意味着经济运行滑出良性轨道。

2008年国际金融危机以来，失业和通胀是困扰美欧的两大难题。特别是2022年以来，美欧通胀愈演愈烈，无论是总体通胀还是核心通胀都大大高于目标水平，且短期内难以看到拐点。

在此背景下，中国能够保持物价平稳运行，呈现小幅温和波动，说明中国宏观经济基本面稳健，货币政策运用特别是预期管理能力达到较高水平。根据国家统计局数据，2021年，CPI同比上涨0.9%；2022年，在输入性通胀压力下，CPI同比上涨2.0%，全国工业生产者出厂价格同比上涨4.1%。

中国能够保持物价相对平稳，既得益于国内门类齐全、独立完整的产业体系在保供稳价方面发挥的稳定器作用，也与政府部门在供需双向调节、强化市场监管、健全风险预警机制、加强预期管理等方面的经验积累密不可分，从而奠定了控制通胀预期的基础。

中长期挑战与经济运行发展趋势

当然，中国经济短期困难与中长期发展瓶颈不容忽视。当前，中国经济面临一些突出矛盾，包括房地产企业高负债、中小银行风险敞口过大、微观层面风险以及就业压力增大等。而从国际环境来看，如果外部市场不稳尤其是高通胀持续、外需趋弱，将显著增加中国保持经济在合理区间运行的难度。某种意义上说，当前中国面临国际清算银行提出的"风险三角"困境，即增长速度放缓或生产率下降、杠杆率上升和宏观经济政策空间收窄。因此，中央在坚持稳中求进工作总基调的同时，着力推动经济高质量发展，确保经济要稳住、发展要安全特别是要全方位守住安全底线，巩固经济回升向好趋势，引领经济在合理区间运行。

笔者认为，从现在起到2035年，中国经济发展面临至少三个方面的外部挑战：

一是在日益不确定的世界里，类似疫情这样的重大外部冲击，可能成为一种随时降临的常态化存在。要提高对重大危机的早期预警能力，加强应对危机的快速反应机制能力建设，以理性与内生性发展方式和对自然生态与生物多样性的敬畏之心来降低"黑天鹅"事件爆发的概率，并在疫情造成全球化倒退、产业链和供应链断裂背景下，及时对国家公共卫生安全、产业、技术与金融安全进行全面体检，形成高质量的体检报告，紧握国家安全主导权，进而实现高质量发展。

二是从历史经验来看，中国在迈向全球第一大经济体的同时，将很难较长时间保持既是最大生产国又是最大消费国的状态。随着中国产业与金融资本寻求全球资源配置进程的加快以及人民币国际化程度的不断提高，中国有可能在 2035 年左右面临较为严重的产业空心化格局以及"特里芬难题"。届时，"再工业化""制造业回流"以及如何避免中国经济跌入债务驱动型陷阱等将是经济领域的急务之一。

三是深度融入全球产业分工体系且与国际市场高度联动的中国，如何通过良好的制度设计与对接 21 世纪的全球最高标准来推动对外开放，如何以优质产能的全球化配置、提供可复制的商业模式等一系列方式，不断释放经济开放与对外贸易发展的红利，为全球经济贸易和金融发展提供更多公共产品，促进全球经济再平衡与持续发展，这既是中国在 21 世纪承担的重大国际使命，也是对中国培育国际声望机制的能力考验。

从增长基数看，中国经济总量 2014 年越过 10 万亿美元台阶后保持着年均约 1 万亿美元的经济增量，这是只有 10 万亿美元量级的巨型经济体才具备的绝对增长能力。基于中国经济近年来的走势以及人民币对美元汇率波动等因素，预计中国名义 GDP 将在"十四五"后期突破 20 万亿美元，并在 2035 年之前越过 30 万亿美元的新台阶。

从增长动力看，中国经济在"十三五"时期处于增长动力转换的攻关期，经济发展受到既往积累的结构性、体制性、周期性问题约束较多，加上疫情冲击，导致增长动力出现衰减与不稳定。但总体而言，"十三五"时期中国经济仍保持着年均 5.8% 的中高速增长。在"十四五"时期及至 2035 年远景发展周期里，中国经济增长受到的结构性、体制性约束将逐渐减少，但周期性冲击以及人口老龄化、少子化、生育率降低等的影响将显著增加经济增长的不确定性。这就需要通过技术进步与人力资本提升，结合新一轮科技革命和产业变革，重塑中国经济结构，推动数字经济时代新生产力的发展，培育并做大做强一批新的高质量全要素模块，以有效对冲传统生产要素功能衰减带来的影响，并在人工智能、量子信息科学、生物技术与制造、绿色能源、新材料等核心科技领域迸发新动能，力争未来 15 年内推动中国经济增长在 4%—5%的合理区间高质量运行。

从经济增长的理论支撑来看，中国是世界上两个仅有的 GDP 超过 10 万亿美元的经济体之一；从历史的发展逻辑来看，中国在基本实现现代化进而迈向第二个百年奋斗目标的过程中，将会产生一整套能够解释自身发展与制度变迁的经济增长理论体系。中国经济改革与发展为全球经济增长理论与实践提供了极具价值的研究样本和超大型验证支撑。

在推动经济高质量发展、加快实现中国式现代化的过程中，一方面，中国需要高度重视对市场不稳定性和经济复杂性，尤其是复杂经济金融体系的前瞻性研究，基于研究的深化逐步实现对均衡优化的新古典宏观经济学的超越，以期建立一个既能有效约束"经济人"自利行为，又能保持对市场适度干预的市场经济模式，让政府真正扮演"守夜人"角色。

另一方面，必须培育各级管理者和市场主体对风险的敏锐直觉，建立健全前瞻性的预期管理机制。要做到早期预警与危机发生之后的有效应对，急需重视对微观主体风险与防范意识的广泛激活与培育，充分发挥有效市场与有为政府的作用，创造条件促进经济依靠技术进步和人力资本增长等核心内生变量的增长，建立使中国经济持续保持活力、运行在合理区间的良性发展机制。

算力经济发展的重要功能与战略思考

进入 21 世纪以来，全球经济增长的核心动力日渐依赖于技术的内生性进步和人力资本的提升，以"数字革命"为代表的新一轮技术与产业变革正在推动各国经济和社会发展加速向数字化转型。以数字基础设施建设为主要内容的新型基础设施建设（简称新基建）正成为各国因应 21 世纪经济竞争的新型平台。基于数字技术的产业化应用以及传统产业数字化改造而形成的数字经济随之超越传统的信息通信范畴，使人类的生产、生活、交易乃至国家与全球治理发生革命性变化，逐渐成为主要经济体构筑国家竞争新优势的关键核心领域。

作为数字经济发展的核心驱动力与必不可少的要素支撑，算力的出现与算力经济的蓬勃发展，是人类对计算机、大数据、云计算、人工智能、区块链等技术不断探索并将其产业化应用的结果，也是邓小平同志 1988 年提出"科学技术是第一生产力"的重要论断在 21 世纪得到全球印证的现实体现。算力作为数字经济时代新的生产力表现形式，越来越成为衡量一国或地区对前沿技术感知与产业化应用的重要基准。随着以算力为代表的数字技术升级迭代并与实体经济深度融合及不断赋能，各国经济正加速向数字化转型切换，并引导全球存量与增量资本加大对算力基础设施建设的投入，结合算力资源的优化与应用效能的提升，日益成为推动经济高质量发展的关键变量。

中国作为全球第二大经济体和最大发展中国家，近年来高度重视对数字技术及产业化的投入，并将发展数字经济上升为国家战略。习近平总书记关于数字经济的重要论述已成为习近平新时代中国特色社会主义思想的重要组成部分，指引着数字经济高质量发展的方向。而算力作为数字经济的引擎，必将深刻影响新一轮科技革命和产业变革的走向，进而重塑全球经济结构，推动各国经济与产业转型。

算力驱动中国经济在新时代发生深刻的结构性变化

改革开放以来，中国保持着长达 40 余年的持续稳定增长，经济总量连续迈上新台阶，特别是从 2016 年以来，中国经济总量相继突破 70 万亿元、80 万亿元、90 万亿元、100 万亿元大关，中国成为全球仅有的两个 GDP 超过 10 万亿美元的经济体之一。中国经济结构也随着创新驱动与转型发展的持续深入发生了深刻的变化：党的十八大以来，随着数字经济的蓬勃发展，中国在巩固全球第一制造业大国地位的同时，经济结构的现代化进程不断加快，服务业增加值占 GDP 的比重在 2015 年首次超过 50%，表明中国正以服务业结构高级化为基础，以技术进步与产业转型为动力推动经济迈向高质量发展阶段。

一是中国经济在新时代发生结构性变化的机理。作为中国经济在新时代发生深刻结构性变化的直接反映，数字经济在过去 10 年保持快速增长态势，产业规模从 2012 年的 11 万亿元增长到 2021 年的 45.5 万亿元，同比名义增长 16.2%，高于同期 GDP 名义增速 3.4 个百分点，数字经济占 GDP 比重由 2012 年的 21.6% 上升至 2021 年的 39.8%，中国已成为仅次于美国的全球第二大数字经济体。无论是产业数字化发展水平与经济规模还是数字产业化发展水平与经济规模都居于世界前列。与此同时，作为数字经济"底座"的算力经济，近 5 年的规模增速年均超过 30%，2021 年的核心产业规模为 1.5 万亿元，其中云计算产业规模超过 3000 亿元，互联网数据中心（IDC）市场规模超过 1500 亿元，人工智能领域的核心产业规模超过 4000 亿元。算力产业在基础设施建设、产业生态与标准化建设、技术研发与应用以及安全保障体系等方面不断取得新突破，中国已成为全球网络基础设施领域规模最大、技术领先的国家，在全球数字经济领域发挥着举足轻重的作用。

从技术层面来看，算力之所以能够驱动数字经济发展，助推中国经济结构发生深刻变化，是因为数字经济的产生与发展的基础是大数据，而大数据其实在数字经济产生以前就已是客观存在的事实，只是大数据本身的价值远不如今天这样受到空前重视。另一方面，由于技术条件的限制加上应用场景不具备，使得过去很长时间里各国在经济社会和技术等领域积累的大数据往往只是作为静态的资料存在，根本没有像今天这样被视作核心资产与关键信息在生产和生活中发挥着不可替代的作用。因此，推动大数据应用的关键推手除了政府在推动国家体系与治理能力现代化过程中对应用服务的需求以及市场直觉高度敏锐的企业家之外，计算机、5G、大数据、云计算、物联网、人工智能、区块链等技术的快速发展使得场景应用成为现实。当然，智能算法作为大数据分析的数学工具得以广泛应用以及算力平台的不断搭建与体系化建设的推进，才是数字经济成为国民经济重要支柱的最坚实基础。

二是算力驱动中国经济结构发生深刻变化的表现。从算力驱动中国经济结构发生变化的具体表现来看，主要表现在发展动力、产业形态等方面。就发展动力而言，算力是产业数字化和数字产业化的内生性动力，海量数据的处理和数字化应用从需求侧的角度对算力发展不断提出新要求，而算力的进步与算法复杂度的提高又从供给侧的角度为数字经济发展提供了源源不断的新动力。事实上，正是有了在基础算力、智能算力和超算算力等方面的飞速发展，使得中国在移动支付、社交媒体、在线零售、移动通信、流媒体视频、数字金融、智慧医疗、智能交通、国家治理等领域取得了先导性优势。已有研究显示，算力水平的提高与经济增长之间呈正相关关系，由算力、存力、运力和发展环境等构成的算力指数越高，对数字经济增加值乃至国内生产总值的提升度也越高。就产业形态而言，随着国家和地方政府以及相关有实力企业加快建设超大规模数据中心，结合数字化转型尤其是 5G、人工智能和产业互联网的协同创新，在实现消费互联网和产业互联网双向对接的同时，陆续形成具有引领性的消费与产业应用场景，由此孕育了一批具有独特商业模式与竞争活力的数字企业。另一方面，随着以云计算、边缘计算、智能计算、异构计算等为代表的算力工具在制造业领域的广泛应用，结合场景呈现、动态感知和交互体验，在对制造业进行重构和赋能的同时，也在促进智能产业生态体系的形成与发展。

算力经济具有提升中国经济核心竞争力的重要功能

在全球经济与产业竞争日趋集中到对数字经济与前沿产业发展主导权争夺的背景下，人工智能、5G、量子信息科学、生物技术、生物制造、绿色能源、材料科学、数字金融、深空与深海探测等关乎一国在 21 世纪取得核心竞争优势的关键技术领域，越来越成为主要经济体和相关企业重点关注并加大研发投入的相关领域。中国作为全球第二大经济体和第二大研发投入国，经济增长的核心驱动力从过去主要依靠资本和劳动力等要素驱动向技术的内生性进步与人力资本提升的创新驱动转变。尤其在十九届四中全会明确将数据与劳动、资本、土地、知识、技术、管理等列为生产要素之后，数据迅速成为关键要素与核心资产，以算力为"底座"支撑的数字经济在国家整体经济布局中的地位已上升到战略高度，中央和国家有关部门发布了《数字经济发展战略纲要》《"十四五"数字经济发展规划》，并明确了数字经济发展的2035 年远景目标。此外，中国发出了《全球数据安全倡议》《携手构建网络空间命运共同体行动倡议》，并申请加入《数字经济伙伴关系协定》（DE-PA），陆续出台了促进数字经济健康发展的法律法规，以实现数字经济的高质量发展，构建富有国际竞争力的数字经济现代市场体系，进而引领中国经济在转型升级过程中提升核心竞争力。

一是算力已成为数字经济时代的关键生产力。作为数字经济时代信息与通信技术产业发展的关键驱动要素，算力与工业经济时代的热力与电力一道，成为 21 世纪人类生产、生活、治理与发展必不可少的三大生产力，也是产业数字化和数字产业化进程中具有指标意义的核心驱动力。就数字产业化而言，超大规模数据中心不仅是互联网科技企业及与数据有关的数字企业赖以生存与发展的关键要素，更是延伸与拓展互联网科技企业服务边界的核心支撑；而就产业数字化而言，传统制造业、商业和金融服务业一旦引入由算力带来的数字化智能技术，不仅将引致生产效率与商业模式的创新以及用户体验的优化提升，还会促使价值链的上下游进行重构，节约交易成本，进而提升企业竞争优势。

在数字经济时代，算力能级与规模不仅与国家经济发展水平高度相关，更成为各国加快战略布局、提升国家竞争优势的重要立足点，美国、中国、欧盟和日本等高度重视对超算与量子计算的投入，将算力视作数字经济时代提升国家核心竞争力的关键生产力，全球算力竞争日趋白热化。就算力规模而言，美国、中国、欧盟、日本位居全球前四位，美国的基础算力领先全球，中国则在智能算力领域保持全球领先地位。2022 年 2 月，中国全面启动"东数西算"工程，基于西部地区在环境、气候、能源等方面的资源禀赋优势，结合东部地区的算力需求与市场化应用，东西联动，优势互补，打造一体化发展的算力网络体系，最终目标是在全国范围内实现算力资源的优化配置，服务于中国经济的高质量发展。

二是算力经济将引领中国形成新时代的竞争优势。算力对数字经济发展乃至整个国民经济体系的作用机制，不仅体现在其作为新生产力所发挥的动力支持作用上，更体现在算力本身具有的广泛应用场景以及由"算力+"赋能行业而生的算力经济发展前景上。从中长期的视角观察，由于中国拥有全球最大的信息基础设施、发达的信息与通信技术产业、领先的应用场景、庞大的消费市场以及在部分前沿技术与产业领域业已形成的竞争优势，结合中国持续增加对"卡脖子"领域的投入与联合攻关的优良传统，加上不断完善的创新与创业生态以及不断扩大的市场直觉高度灵敏的企业家队伍，在资本市场和资本力量的助推下，中国有可能通过持续提升算力水平，做大做强算力经济，加快形成数字经济时代新的生产力，进而引领一批具有独特技术优势的创新型企业紧密对接市场主体的个性化消费需求，催生新产业、新业态、新商业模式，适时孵化出一批"独角兽"企业，并通过资本市场的价值发现功能锻造中国经济在 21 世纪上半叶的核心竞争优势。

算力经济发展面临的机遇与约束条件

中国经济在改革开放以来的 40 余年里，通过结构性改革与整体战略设计，持续推进增长方式与发展模式的转型。由过去主要依靠政府主导下的投资以及发展劳动密集型产业等要素投入驱动经济增长向以全要素生产率提升来引领经济内生性增长转型，基本告别了过去那种不可持续的高投入、高能耗、高污染、低产出、低质量、低效益的粗放式发展方式。

一是中国经济转型需要算力经济发挥战略引领作用。在"创新、协调、绿色、开放、共享"等新发展理念的指引下，结合中国在落实"双碳"目标过程中的绿色与可持续发展转型，预示着在"十四五"时期乃至 2060 年之前中国都将持续推进经济转型与系统性变革，建立并完善适应全球产业与技术变迁和绿色可持续发展的现代化经济体系。在此进程中，以数字科技和算力驱动的新一轮科技革命将全面推动中国生产方式、生活方式与治理方式向数字化转型，推动中国经济深层次变革，由此释放出巨大的增长潜能。

正是由于中国深耕数字产业底层技术和交叉技术的研发投入，着力构建以大数据中心为代表的算力产业体系，使得中国在本轮科技革命与产业变革中，基本上做到了与以美国为代表的发达国家"并跑"，甚至在局部领域"领跑"。而从全球产业发展趋势来看，数字产业不仅自身就是主导性产业，而且在不断革新的算力技术驱动下形成对其他产业的有效赋能，从而在推动中国经济转型与高质量发展中陆续发挥战略引领与价值链提升作用。例如，中国蓬勃发展的智能汽车产业，就对算力、算法及相关数据处理能力提出了很高的要求，该产业能否从目前的千亿元市场规模提升到万亿元级，将在很大程度上取决于算力能否做到超前发展。

二是算力经济将发挥赋能作用及提供新的增长极。中国经济的数字化转型内在包含着数字技术赋能实体经济并在推动服务业结构高级化过程中不断孕育新的技术与产业，进而突出传统的产业划分边界，形成实体经济数字化、数字经济实体化的经济格局。

一方面，随着市场需求与日新月异的计算技术和算力水平相结合，不仅推动着算力产业链的上游产业、中游产业和下游产业迎来全新发展机遇，更通过算力赋能传统与现代制造、交通运输、金融服务、购物消费、医疗健康、传媒娱乐、社交网络、文化教育等产业，以底层技术升级改造来激活传统产业竞争力，加快新兴产业提质增效；另一方面，国家治理体系与治理能力的现代化以及经济社会的数字化转型，从需求侧的角度为高性能计算及配套产业的高质量发展提供了前所未有的市场机遇与应用空间，尤其是随着算力体系向高速泛在化、云网融合、智能敏捷等趋势发展，将在部分消费领域产生颠覆性变革，催生新的商业模式与消费业态，形成新的增长极。

三是"东数西算"将深刻影响中国数字经济发展。从算力经济发展所需的体系支撑来说，2022年2月全面启动的"东数西算工程"（简称东数西算）作为国家构筑数字经济时代竞争优势的战略安排，无论是从发展布局、现实需求还是产业协同乃至促进共同富裕的角度而言，都是一项富有深远意义的战略工程。因为中国具有发展数字经济所需的几乎所有要素支撑，且西部地区的贵州、宁夏等省份早就深耕大数据中心建设，为欠发达地区通过发展数字经济实现弯道超车进行了先行先试的经验探索，结合东部地区日益增长的算力需求，使得"东数西算"成为"十四五"时期推动中国数字经济迈向快速健康发展轨道的保障支撑。可以预见，随着以西部地区为主要布点的国家算力枢纽节点和数据中心集群全面建成，将与"西电东送""西气东输"等重大工程一道，成为中国经济高质量发展与稳健增长的基石。

尽管中国算力规模居世界各国前列，算力基础设施建设与创新能力不断增强，算力应用与产业化水平不断提高，但从算力经济高质量发展的要求来看仍在诸多领域存在短板，涉及关键技术的自主可控、算力发展环境与产业生态建设以及算力产业的国际竞争力培育等方面，需要在发展算力经济过程中逐步克服与完善。

四是中国算力经济高质量发展需要要素支撑体系。正如中国经济高质量发展要有高水平的制度供给与要素市场化配置、高水平的创新驱动与绿色可持续发展、高水平的开放与区域均衡协调等基础性的支撑要素一样，处于成长中的算力经济，要在"十四五"时期和中长期发展目标周期中实现高质量发展，同样离不开国家关于数字经济整体发展规划与布局下的机制设计与创新，包括配套的法律法规建设以保护算力产业健康发展；也离不开算力要素市场的充分发育与不断完善，更需要高水平的研发投入与成本节约以保持绿色可持续发展；此外，高水平开放与国际合作始终是算力经济高质量发展的底层逻辑，只有在高水平的国际合作条件下，中国才能在积极参与全球数字经济发展规则与标准制订过程中提高数字经济话语权。

五是算力经济高质量发展面临关键技术瓶颈。中国算力经济近年来的快速发展主要得益于数字化转型过程中日益增长的消费需求，基于自主创新的内生性增长较弱，反映算力平台发展水平的超算尽管数量位居全球第一且总算力仅次于美国和日本，但在平台建设必需的芯片、算法软件尤其是操作系统领域，仍主要受制于美国。例如，业已生效的《2022 年美国芯片与科学法案》直接针对中国大陆芯片业的软肋进行围堵。该法案规定，获得资金补贴的美国芯片企业，未来 10 年内不能在中国大陆增产小于 28 纳米的先进制程芯片，此举将对中国大陆智能手机、自动驾驶等行业造成巨大打击。美国对高性能计算机及其芯片、人工智能等领域技术出口管制的大面积收紧，将中国大陆算力产业的风险敞口进一步暴露出来，同时也倒逼中国大陆发挥举国体制优势，整合前沿科技力量，加大研发投入，早日突破制约算力经济高质量发展的关键技术瓶颈。

六是算力经济高质量发展面临产业生态瓶颈。中国算力经济发展尽管起步并不晚且应用能力较强，产业发展环境与金融支持也在不断优化，但存在的发展瓶颈，除了重应用、轻研发之外，在算力经济高质量发展所需的软件开发与整机集群协调融合、营商环境优化与商业模式创新以及政府主导的算力投入与市场力量如何有机结合等方面，尚有诸多瓶颈需要克服。从全球算力产业的发展趋势来看，政府的产业支持与对公共算力平台的投入固然重要，但市场的力量尤其是一批研发基础雄厚、市场与技术直觉高度灵敏的民营高科技企业更能发挥禀赋优势，进而成为培育算力经济新业态，创新商业新模式并将其转化为平台生产力的关键主体。

七是算力经济高质量发展面临全球竞争挤压。随着算力成为各国战略竞争的焦点，加快算力布局，加大技术研发力度，提升产业应用水平尤其是确保算力产业链的自主可控与综合竞争优势，是美国、欧盟、日本、英国等有实力参与主体的国家战略。例如，在竞争激烈的全球云计算 LaaS 市场中，美国主导着生态演进，尽管阿里云的市场份额在 2021 年排名全球第三，仅次于亚马逊和微软，并在亚太地区排名第一，但其绝大多数业务集中在国内市场，排名全球第五、第六的华为云、腾讯云也存在类似情况，说明中国算力企业亟待提高国际竞争力。另一方面，尽管中国相关企业近年来在数据中心的硬件制造能力方面不断提高，但"卡脖子"问题依然严重，美国正主导与日本、韩国和中国台湾地区建立封闭性的芯片四方联盟"CHIP4"，试图对中国大陆获取先进芯片制造技术、设备和人才进行战略围堵，最终目的是要将中国大陆排除在全球芯片业供应链之外。当然，由于中国大陆掌握着芯片业的关键零组件与原材料供应，且日韩等国对该联盟持审慎态度，使得这一企图实现的可能性并不大，但中国大陆必须高度重视算力高质量发展所面临的国际打压，未雨绸缪，以早日实现该行业产业链的自主可控。

算力经济高质量发展的战略思考与对策建议

习近平总书记在 2021 年 10 月中共中央政治局第 34 次集体学习时强调，要不断做强做优做大中国数字经济，并在此前召开的中国科学院第二十次院士大会、中国工程院第十五次院士大会和中国科协第十次全国代表大会上就加快建设科技强国、实现高水平科技自立自强作出了一系列具有战略引领作用的重要指示。习近平总书记关于数字经济的重要论述，为中国算力经济的高质量发展指明了方向。以下基于算力经济在发展中遇到的约束条件与战略瓶颈，就中国算力经济高质量发展提出相关思考与建议。

一是深刻把握全球算力经济发展的战略竞争态势。目前，全球算力产业发展既遵循计算机行业发展的一般规律，如摩尔定律仍在计算芯片领域发挥作用，但算力理论创新与实践正酝酿颠覆性变革，量子计算、光子计算、类脑计算的探索与发展将在一定程度上引领算力产业的新革命。中国在上述领域较为深厚的技术积累与研发进展将有助于推动算力产业在"十四五"时期实现跨越式发展。因此，中国急需在把准全球算力技术与产业变迁脉搏的基础上，积极营造促进算力经济高质量发展的创新生态环境，充分发挥资本市场的价值发现功能，以精准的融资服务最大限度激活算力产业市场主体的创新禀赋，深耕自主研发，赋能实体经济，尽快突破制约算力经济高质量发展的关键技术瓶颈，锻造中国在算力产业领域的竞争优势。

二是尽快掌握算力经济高质量发展所需关键技术。从全球算力技术与产业发展趋势来看，无论是发达国家还是有相关发展基础的新兴与发展中国家，都不想在基于大数据、算力、算法等技术推动的新一轮产业发展中失去先导性机会，对关键核心技术的掌握是谋求产业竞争主导权的前提。目前，中国算力产业的底层技术与关键制造仍在一定程度上存在对外部供给的依赖，一旦出现极限施压或突然断供，将严重影响产业的正常运行与发展，产业体系的脆弱性及相关风险在日益不确定的世界里愈发明显。因此，必须以时不我待的紧迫感，充分发挥新型举国体制的优势，重点攻克制约算力经济高质量发展的关键核心技术与基础前沿技术，也要尊重科学规律与产业发展规律，以战略领军人才引领算力经济的高质量发展，形成有实力参与主体对发展算力底层技术与关键制造能力广泛的行为自觉与持续探索。

三是营造算力经济高质量发展所需产业竞争生态。在数字化转型是21世纪人类社会生活与经济发展重要特征的背景下，支撑包括算力经济在内的数字经济发展所需的创新生态系统及相应的产业竞争生态也需不断优化。这就需要政府在重点推进大科技、大平台建设的同时，顺应算力驱动产业创新与技术变革的发展趋势，引领算力经济沿着尊重人类理性、服务于人类创造美好生活的路径发展，并在数据开发利用、数据资产定价、隐私保护与公共安全等方面加强立法保护与合规建设；正确处理政府与掌握海量数据的民营企业在数据确权和使用之间的关系，基于做大、做强、做优算力产业的目标引领建立健全开源运营机制，重点加大对提升经济发展能级有显著促进作用的金融服务、交通运输、医疗健康等领域的支持，共同提升平台企业的核心竞争力，营造算力经济高质量发展的产业竞争生态。

四是高水平开放与国际合作以及自主可控相结合。算力经济由于其本身具有的技术前瞻性与战略引领性，已经并将继续成为全球主要经济体战略竞争的关键领域之一，美欧日在彼此高度防范的同时，对新兴经济体的技术进步与产业发展一直高度警惕。特别是美国，近年来为打压中国算力产业发展势头出台了一系列围堵乃至制裁措施，热衷于搞"小圈子"，构筑"小院高墙"，严重背离科技与全球产业发展规律，严重破坏了各国政府与企业间的科技交流与合作关系，对中国开展算力领域的国际合作构成了严峻挑战。

不过，全球经济一体化趋势已不可逆转，中国既要高度重视并采取有力措施破解制约算力产业国际合作的诸多约束条件，更要以积极参加数字经济国际组织，稳步推进"数字丝绸之路"建设为契机，坚持高水平开放，加强政府、企业和民间的国际合作，共同促进算力经济的发展。另一方面，实现算力关键核心技术自主可控始终是算力经济高质量发展的底层逻辑，关键核心技术是买不来的，中国必须牢牢掌握算力发展的主导权。

第十四章

全球合作逻辑下的繁荣共生

中国紧握开放主导权，释放长波发展红利

自 1944 年以来长期把持全球经济、贸易与金融分工格局主导权的美国，2018 年 7 月 6 日一脚踢开中美关系的"压舱石"，悍然发动贸易摩擦。近年来，美国动用各种力量来撕裂全球政治经济与安全体系，其目的只有一个：重塑美国在这个变化世界中的超强角色。

毋庸置疑，美国是当今世界上实力最强大的国家，但在紧盯中国在两国经贸关系中的巨大贸易顺差时，却闭口不提美国长期握有的巨大对华服务贸易顺差以及在华美国企业每年获得的天量收益，也无视中国持有的上万亿美元美国国债对于美国经济增长与政府开支的重要性。

美国决意打破"美国消费—中国生产"的分工格局，其意图在于极大挤压中国在全球价值链中的核心利益，最大限度削弱中国自改革开放以来不断积累的财富基础，防止中国在实体经济领域赶超美国。

只是在全球经贸体系早已高度一体化的今天，美国即便是全球唯一超级大国，也无法做空作为全球第二大经济体的中国的贸易体系。况且经过 40 余年的改革开放，早已形成高度开放自觉的中国，不仅继续致力于市场准入的大幅度放宽、投资环境的不断改善，而且不断开辟进口渠道，主动扩大优质产品进口，更致力于搭建双边与多边自由贸易体系，以广阔的市场空间和持续扩大的产品与服务需求，向国内外参与主体释放中国改革与发展红利。

早在几年前，拥有丰富金融基因的英国人即认定：人民币国际化将会释放 21 世纪上半叶全球货币变迁史上的最大金融红利。因此，英国最近几年来倾力将伦敦打造成海外人民币离岸中心以及中国资本市场对接国际投资者的桥头堡，以率先分享人民币国际化的红利，顺势巩固伦敦的国际金融中心地位。

中国从 40 余年前的一个几乎与全球生产与贸易链条隔绝的落后经济体，成长为当今世界仅有的两个 GDP 超过 10 万亿美元的超级经济体之一，其深层原因就在于中国是以渐进式开放的逻辑谋求国家的稳定发展与国际合作共赢。事实上，得益于过去 40 余年来的对外开放和深化改革，中国已成为全球工业制成品供应能力最强的国家之一，以及深度嵌入全球价值链的贸易大国。

世人普遍认为，中国是经济全球化的最重要受益者之一，因此，中国绝不会傻到将自己关在黑屋子里。随着中国初步完成工业化，并致力于扩大开放，中国向包括美国市场在内的国际市场释放的红利，已不仅限于一般的市场机会分享，而是质优价适的体系化产品与服务，为包括美国消费者在内的各国消费者带来了长期且稳定的福利。显然，理性的市场主体是不会轻易放弃这种福利的。促进经济金融体系的进一步开放和贸易便利化，理应是各国政府与企业的理性安排。

自 1978 年改革开放到加入 WTO 之前的 2000 年之间，中国向国际投资者与消费者提供的主要是基于合资和独资带来的商机、长期处于短缺状态的市场供给、初级产品以及质优价廉的制成品，这是中国改革开放向国际市场释放的第一波红利；自 2001 年加入 WTO 到 2016 年，中国在得益于国际产业转移与入世红利的同时，也持续向国际投资者提供实体产业投资机会、基于贸易价值链延伸的投资机会以及随着金融市场不断开放带来的各种收益，这是中国改革开放向国际市场释放的第二波红利；而从 2017 年党的十九大召开至今，中国出台了大量的重大开放措施，涵盖大幅放宽市场准入、发布超预期的金融业开放措施落地时间表、建设自由贸易港、进一步优化营商环境、不断缩短外商投资准入负面清单，尤其是着力加强知识产权保护、明确反对强制技术转让、主动扩大进口等等，这彰显了中国把全面扩大对外开放作为促进经济发展和推动经济全球化重要杠杆的开放胸怀。

持续扩大的中国市场不会对美国关上大门。就中美经济关系的战略价值而言，不应只是两国每年高达约 7000 亿美元的双边贸易量，也不止于美国政府念念在兹但远远不能只看数据表达的 3830 亿美元的贸易逆差，而是经济规模位列全球第一、第二的两个超级经济体如何面对当今世界的一系列棘手难题。事实上，全球经济发展、贸易增长与金融稳定，都在呼唤中美决策者消除分歧，促进商品和资本的自由流通，找到两国经贸关系发展中的最大公约数，从共享与共赢中获取利益。

过去 300 年的全球经济发展史已经证明：自由贸易是各国要素禀赋在日趋全球化的生产与交易中实现优势互补的最优路径。美国领导人不妨重温一下曾对里根总统经济政策产生重大影响的弗里德曼的著作《资本主义与自由》的核心思想，这位芝加哥学派的代表人物毕生主张政府应当积极不干预，也主张自由贸易，减少关税。当今世界没有任何一种单边乃至多边力量可以轻易切割中国的核心价值链，美国要复制当年打压日本的策略来对付中国，注定不会成为最终的赢家，合作性博弈才是应有的策略之选。

中国经济深度开放为全球化注入新动力

2018 年发布的《外商投资准入特别管理措施（负面清单）》进一步缩小了外商投资审批范围，标志着中国全面放开第一、第二、第三产业市场准入进入实质性阶段。本次负面清单涉及金融、交通运输、商贸流通、专业服务、制造、基础设施、能源、资源、农业等 22 个领域的对外开放，是外资长期以来关注的焦点。嗅觉极为灵敏的跨国公司已在上海等指标性开放城市展开相关布局。其中最具代表性的，是特斯拉作为该版负面清单公布之后的第一家外商独资汽车制造企业，与上海市政府签订协议，在沪建立集研发、制造、销售等功能于一体的特斯拉超级工厂。同时作为全球最具吸引力的市场之一，中国在匹配国际商业逻辑方面做了扎实工作，上海的有关金融机构将为特斯拉在华建厂提供相关银团贷款服务。另一方面，据中国欧盟商会日前发布的《商业信心调查 2018》报告显示，超过一半的会员企业计划扩大在华运营规模。而在稍早，作为全球第二与第四大经济体，中德两国不仅签署了有关经贸、新能源汽车、科技，以及农业等领域的 20 多项合作文件，总金额近 300 亿美元，而且共同发声反对贸易战，要以切实合作维护多边主义。

在主要发达国家推进全球化的动力偏好显著衰减，某种意义上的"逆全球化"与明显的贸易保护主义倾向有可能成为全球经济增长与贸易发展重要制约因素的关键时期，中国尤需保持国家发展的定力与对外政策的前瞻性，精准把握全球经济发展趋势，坚决捍卫全球化和自由贸易。越是在全球经济处于不确定的时期，越是要通过深度开放进一步融入乃至引领经济全球化，并在参与全球经济一体化的进程中提升中国经济的竞争力与应对外部冲击的韧性。

一般认为，全球化在近年来遭遇保护主义的阻击，相当大程度上是由于美国持续推动全球化的动力不足，或者是由于美国在拒绝踩油门的时候并未找到有效的替代方案以让其他发动机进入现有动力系统。换句话说，当作为全球化的最大推动者和最大受益者的美国发现，全球化趋势及其引致的显性与隐性收益越来越超出其能力控制边界，而其为全球化买单意愿与能力又在不可避免地下降时，"逆全球化"的孤立主义抬头便成为国家行为的阶段性表达。而与美国本就存在某种意义上的命运共同体关系的英国选择"脱欧"，也是雄心犹在但实力显著下降的英国向来采取的精致而理性的国家主义的一种表达。

如果从全球经济竞争与格局变迁的视角观察，全球化退潮，盖因过去扮演着经济全球化最重要动力的发达国家，面对新兴国家的实力成长以及参与全球经济治理变革意愿与能力的增强，表现出一定程度上的不适应；而自工业革命以来长期傲视全球的欧美产业与金融资本发现，来自新兴国家的跨国资本越来越成为全球资源配置的重要参与主体时，同样也表现出某种程度上的不适应。尽管西方主流财经媒体认为美国企业仍然是全球化的主宰，其中最优秀的美国企业早已擅长跨国界管理以及将资源配置至可产生最高收益的地区，但他们同样承认：即便苹果在美国建厂并向美国工人发美国水平的工资，也需要很长时间才能达到其在中国与合作伙伴所能达到的制造速度、精度和灵活性。这还是在假定中国合作伙伴不再提升水平的情况下。其实，换个角度观察，自中国加入 WTO 以来逐步形成的中美产业分工格局，当然有其相当合理的一面，实际上也是一种利益共享机制。而在这种利益共享机制中，中国显然不是占优势的一方，在以苹果为代表的全球产业链分工格局中，中国尽管获益不少，但仍是不折不扣的下游打工者。如果按照部分美国人的逻辑，假如连苹果产品组装的那部分价值链都要不折不扣地留在美国，则对美国的产业资本而言，恐怕既不现实，也不经济。

所有理性的市场主体都应当明白：在科技不断进步的条件下，全球范围内的市场扩张与财富重新配置是不可避免的，而基于要素自由流动和交易成本节约的全球化内生动力也是很难遏制的。当今世界，没有任何国家、任何企业可以无视产业链、供应链、服务链乃至价值链的互相链接；没有任何资本力量和国家力量能够通过构筑各种壁垒阻挡全球要素的合理流动。换句话说，政客们可以通过短期政策选出来满足某些利益团体的行为偏好，甚至是国家层面的利益偏好，但仅凭一己之力促使全球化发生逆转，或者全面撤出全球化的既有轨道，几乎不可能。

作为有责任感的新兴大国，中国理应最大限度团结与引领全球化参与主体，推动资本、技术与相关要素流动，构建利益共享机制，持续释放全球化红利，带领全球化走出动力结构的"公地悲剧"困局。

在全球经济担保人面临结构性缺位、国家层面的利己主义明显抬头、自由贸易发展不时面临"缺氧"的今天，中国以实实在在的深度开放行动推动全球资源配置的进一步国际化与便利化，既是向全球市场主体提供新的市场机会并释放相关开放红利的国家行为表现，更体现了向受制于不确定因素干扰的全球化注入新动力的坚定意志。历史已经证明并将继续证明：并非帕累托最优的全球化尽管并不完美，但却是促进全球经济有效增长的不可替代路径。

"疫情加速中西脱钩论"为何荒谬？

2020年，新冠疫情爆发和持续过程中，陆续有西方媒体就疫情影响发表评论，认为这将加速中国与一些发达国家的产业链脱钩进程，并可能促使更多跨国企业重新思考依赖中国供应链的脆弱性，进而预测新冠疫情可能引发亚洲乃至全球范围的一场产业链大洗牌。不过，就连他们也承认，至少到目前为止还没有任何一个经济体能轻易取代中国在全球供应链中的中枢角色。

客观而言，西方媒体关注新冠疫情对中国和全球经济与产业的影响，甚至格外关心在华西方跨国企业面临的暂时困难，都是可以理解的。但作为主流媒体，对当时疫情究竟会产生何种影响，还是应该在掌握充分信息和准确数据的基础上进行专业分析，并作出客观全面的报道。在全球经济和社会高度依赖信息生产与传递的今天，媒体在国家乃至全球治理体系中扮演着越来越重要的角色，这就需要媒体时刻保持理性和责任感。

本次新冠疫情是一场突发事件，类似事件在人类历史上并非第一次出现。事实上，没有任何一个国家、社会或个人能够隔绝于各种不确定性之外。毋庸置疑，新冠疫情已对中国经济带来一定影响，但中国自改革开放以来尤其加入 WTO 以来日益完善的"全球最完整产业链"，不可能因为这场疫情，就出现西方舆论所渲染的那种所谓"断裂"，或出现某些国际贸易怀疑论者所"期待"的全球两个最大经济体间的产业链脱钩。

第一，无论是中美之间的产业链分工与合作，还是中国作为全球供应链中枢的形成与发展，都有其内在经济逻辑，既具有全球工业生产与产业格局变迁的周期性与阶段性特点，也具有周期内的稳定性特征。

从全球产业发展史来看，18 世纪下半叶至 20 世纪 80 年代，全球相继出现了由英国、美国和日本作为"世界工厂""世界制造中心"的产业分工格局，前后持续了 200 年左右。随着中国在 20 世纪 90 年代起深化改革、扩大开放并以 2001 年加入 WTO 为标志全面融入全球产业链，中国在得益于对外贸易条件改善、全球产业转移的同时，依靠劳动力成本等比较优势，迅速成长为全球第一出口大国和制造大国，并在全球价值链分工环节取得相对稳定的收益。中国制造业增加值已连续 13 年位居全球第一。（2011—2022 年中国制造业增加值如图 14-1 所示）中国也得以在 2010 年左右成为在全球制造业中高、中、低三个产业链均比较完整的新兴经济体。

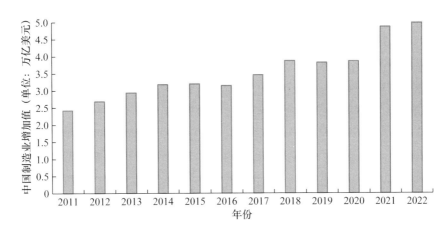

图 14-1　2011—2022 年中国制造业增加值

数据来源：国家统计局。

尽管 2009 年前后，主要发达国家纷纷推出"再工业化""制造业回流"等举措，但迄今为止收效甚微。这也在另一个方面印证了，即便是最具资源整合力的发达国家政府，也很难让全球产业链分工格局以人为的意志为转移。而以印度、越南等为代表的新兴国家，由于受基础设施领域、经济发展水平以及相关禀赋的约束，短期内根本不具备取代中国的基础性条件。笔者估计，到 2030 年左右，全球产业链的分工格局都将保持相对稳定的局面。

第二，中国基于制造业发展、贸易价值链提升以及金融深层次、高水平开放而向区域和全球释放的巨大发展红利，将构成 21 世纪上半叶全球化红利的核心环节，也是全球经济一体化不可能人为阻止的重要动力所在。

中国通过持续扩大对外开放和不断嵌入全球贸易价值链，正在逐步推动自身由制造业和贸易大国向产业与资本强国升级；同时探索以良好的制度设计推动经济的新一轮对外开放，通过优质产能的全球化配置，提供可复制的商业模式设计、金融服务的区域和全球化搭建；另外还通过相关国际协调力和动员力提升，结合人民币国际化，不断释放经济开放与对外贸易发展的红利，中国也由此构建了更具活力的内外经济联动体系。

第三，在全球经济一体化的今天，零和博弈有害无益。对有远见的政治家和商业领袖以及其他参与主体而言，无论是全球层面的经济增长、金融稳定、贸易规则完善，还是产业链的升级与变迁，乃至各国贸易争端等复杂问题的有效解决，都既离不开对市场规律与国际规则的尊重，也离不开共识和协调基础上的分工与合作。

经过持续几年的争论与反思，全球化不可逆转再次成为国际共识。既然如此，全世界都应合力，让非理性冲动走开。

"1+6" 圆桌对话：展望后疫情时代的中国与世界经济

2020 年 11 月 21 日至 22 日，新冠疫情依然严峻考验着人类集体智慧以及各国经济与社会治理能力的关键时刻，以视频方式举行的 G20 领导人第十五次峰会批准了《G20 应对新冠肺炎、支持全球贸易投资集体行动》，并在发展数字经济、维护多边贸易、实现全球经济与金融稳定等重大问题上取得了积极共识，展现出全球主要经济体携手应对共同挑战的决心。

G20 峰会刚刚落下帷幕，中国前国务院总理李克强即与世界银行行长马尔帕斯（David Malpass）、IMF 总裁格奥尔基耶娃、WTO 前副总干事沃尔夫（Alan Wolff）、国际劳工组织总干事赖德（Guy Ryder）、OECD 前秘书长古里亚（Ángel Gurría）和金融稳定理事会主席夸尔斯（Randal Quarles）等主要国际经济组织负责人以视频方式举行第五次 "1+6" 圆桌对话会，就世界经济形势与后疫情时代的全球经济治理、中国 "十四五" 发展特别是深化改革开放等问题进行讨论交流。这既是业已成功举行的四次圆桌对话会的机制化延续，也是在疫情阴霾依然挥之难去，保护主义、单边主义严重干扰全球贸易体系的大背景下，中国和主要国际经济组织合力求解全球重大经济问题的国际行动。

始于 2016 年 7 月的 "1+6" 圆桌对话会，是近年来全球经济治理领域的 "新气象"，相关机制安排并不多见。从 2009 年至 2016 年的 8 年间，中国的经济规模以每年 1 万亿美元的台阶跨越式发展，从 4 万亿美元跃上了 11 万亿美元的大台阶，对全球经济增长的贡献率平均超过 30%，中国也因此被称为全球经济的 "稳定之锚"。作为最大的新兴经济体，中国还不断开放并向全球释放发展红利，在这段时期内向全球提供了亚投行等新兴公共产品。

在此背景下，六大国际经济组织的负责人与中国领导人举行定期圆桌对话，既是国际社会了解中国重大经济政策走向与发展规划的窗口，也是中国与主要国际经济组织就全球重大问题交换意见、共同寻找解决方案的重要平台。圆桌对话的开展表明主要国际经济组织越来越看重中国在全球经济治理中边际作用与影响的扩大，而这与2008年国际金融危机爆发之后，中国在应对危机过程中所表现出的负责任大国形象密切相关。

在2008年国际金融危机的应对中，中国不仅通过有效的宏观政策稳住了经济基本面，而且以实际行动稳住了全球金融市场。中国在推动全球经济迈向复苏的过程中发挥着关键作用，并在G20框架内表现出新兴国家的国际担当。众所周知，自从G20作为一种由发达国家和新兴国家共同发挥作用的全球经济治理平台诞生以来，它在应对包括金融危机、新冠疫情等重大危机考验的关键时刻均发挥着稳定器的作用。G20事实上已经取代G7成为全球经济治理的主要力量。这个重要转变，在相当大程度上表明发达国家在技术层面接受了新兴国家参与全球治理的必要性与重要性，也说明自布雷顿森林体系建立以来，超级大国独自负责全球经济金融体系稳定的时代已经结束。

事实上，在IMF、世界银行等多边金融机构的实际运行中，作为实际主导国的美国与中国等发展中国家的合作在加强。例如，中国在世界银行和IMF中的投票权已升至第三位，仅次于美国和日本；IMF份额最大的10个成员中有4个发展中国家（中国、巴西、印度和俄罗斯）。中国在上述两大组织的治理结构中的地位也得到加强。

中国在全球经济治理中的积极引领作用，尤以G20杭州峰会的成功举办为重要里程碑。中国在该届峰会上，确立了"构建创新、活力、联动、包容的世界经济"主题。峰会召开期间，通过习近平主席发表的主旨演讲以及一系列双边或多边行动倡议，首次向全球全面阐释了中国的全球经济治理观；首次把发展议题置于全球宏观政策协调的突出位置，并形成了全球多边投资规则框架；首次发布了关于气候变化问题的主席声明，并把"绿色金融"列入G20议程。这表明，中国在全球经济治理的重要议题上不仅具有设计能力，而且有协调力与行动力，也由此奠定了中国作为全球经济治理的积极主导者地位。此后，各国更加重视与中国的经济政策协调。

"1+6"圆桌对话会不仅有助于中国进一步了解主要国际经济组织的政策走向，提升中国参与国际经济治理的主体意识与协作能力，而且十分有利于主要国际经济组织在进一步了解中国经济政策走向和发展思路的基础上，加强双边或多边的沟通与协调机制建设。

作为重大外部变量，新冠疫情对全球经济带来的巨大冲击导致"萧条经济学"大面积回归，一度将全球宏观经济学家们的智慧供给逼到了墙角。危机可谓考验各国经济体在非常时期的弹性以及全球产业链、供应链的稳定性与韧性的重要标尺。作为率先受到疫情冲击的全球第二大经济体，能够在较短时间内稳住经济基本盘并成为 2020 年全球主要经济体中唯一实现正增长的国家，中国在此过程中所表现出的面对重大危机与风险考验的综合应对能力与相关经验总结，显然是主要国际经济组织的负责人极为关注的。

随着党的十九届五中全会制定"十四五"规划和提出 2035 年远景目标建议，中国将在加快构建"双循环"发展格局过程中，以更加开放的胸怀与气魄推动经济高质量发展，并以广阔的市场空间和持续扩大的服务需求向国内外市场主体释放改革与发展的红利。预计这波红利的释放，将基于制造业的升级与发展、数字技术的不断提升与产业化应用、高标准对外开放，以及"一带一路"建设与金融国际化等陆续展开，进而构成 21 世纪上半叶经济全球化和贸易与投资便利化的新动力。

促进经济增长、贸易便利化和维护金融稳定并引领全球迈向更加均衡、开放包容、互利共赢的治理时代，是负责任的全球参与主体共同面对的历史使命。值此关键时刻，中国领导人与六大国际经济组织负责人共同把脉后疫情时代的中国与世界经济，是点亮全球经济复苏之光的关键之举。

中国与 CPTPP：高标准开放对接与区域繁荣共生

在中国发出积极考虑加入 CPTPP 的重要信号之后，亚太乃至跨太平洋的经济合作前景备受世人关注，乐观预期也随即升温。

作为 CPTPP 的主导国，日本在 2020 年 11 月签署的 RCEP 框架下与中国首次达成了双边关税减免政策，中日之间进出口商品互惠将显著增强两国消费者的获得感。另一方面，日方也在时任中国国务委员王毅到访期间与中方就共同推动 RCEP 早日生效，积极推进中日韩自贸协定谈判以及区域合作进程达成了一致意见；与此同时，CPTPP 另一重要成员澳大利亚的总理对中国经济发展成就及其对澳大利亚乃至全球经济的溢出效应表示高度肯定，该国贸易部长也就中国有意加入 CPTPP 持积极欢迎态度。显见区域有实力参与主体对中国的热切期待，作为全球经济最重要增长动力之源以及全球价值链和供应链的中枢，中国深度融入区域经济贸易一体化必将带来增量红利。

就 CPTPP 及其前身《跨太平洋伙伴关系协定》（TPP）而言，尽管是不乏一定政治色彩的区域贸易集团，但没有人否定二者在订立协定过程中坚持的高标准、严要求。时至今日，CPTPP 已被认为是当今世界最高标准的自由贸易协定。应当指出的是，作为 CPTPP 的主导国，日本在美国退出 TPP 之后较为务实地将一些难以统一执行的条款冻结，不过依然保留了其中 95% 的条款，均衡度掌握得较好。需要指出的是，中国原先认为针对性较强的国有企业和指定垄断、劳工标准、竞争政策、环境保护等方面的标准，其实随着中国近年来在相关领域的深层次改革和高水平开放的推进，已经变得不再是难以对接和实施的严苛标准。哪怕是较为敏感的知识产权保护问题，随着中国近年来在该领域取得的巨大进步也有望迎刃而解。

从十九届五中全会通过的《中共中央关于制定国民经济和社会发展第十四个五年规划和二〇三五年远景目标的建议》中相关重点改革领域的目标设定来看，无论是高标准市场体系建设、产权制度改革和要素市场化配置改革，还是公平竞争制度的建立健全和更高水平开放型经济新体制的构建，乃至生态文明建设的高标准设计与执行时间表的确定，无一不体现出中国以时不我待的精神对标对表，进而推进深层次改革和高水平开放以实现高质量发展的决心。

因此，中国在与最大贸易伙伴东盟以及日本、韩国、澳大利亚、新西兰等重要贸易伙伴达成 RCEP 之后，主动对接以严苛规则准入为显性特征的CPTPP，既是在审慎评估该协定的基础上对本国经济改革与对外开放取得巨

大成就的充分自信，也是基于 RCEP 和 CPTPP 在货物贸易领域零关税覆盖面的高度重合以及对"十四五"及至 2035 年的中长期发展区间内改革进展的乐观预期。

而就区域经贸合作现状以及双边或多边经贸关系而言，CPTPP 成员（包括可能加入的美国）对中国加入该协定的期待可能一点也不低于中国。以 CPTPP 的核心成员日韩两国和中国的经贸关系为例，在中日贸易处于黄金年份的 2012 年，两国双边贸易额达到 3294.5 亿美元，但 2020 年还不及这个水平。至于中韩贸易，两国在 2012 年的双边贸易额为 2151 亿美元，对华贸易占韩国外贸总额的比重为 20.1%；2013 年，中韩双边贸易额更是逼近 3000 亿美元；但是 7 年后的 2020 年，中韩双边贸易额仅为 2855.8 亿美元。（具体见图 14-2）

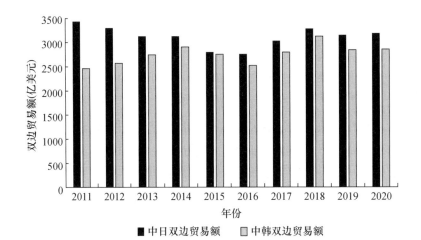

图 14-2　2011—2020 年中日、中韩双边贸易额

数据来源：国家统计局。

日韩财经领袖和市场人士十分清楚，作为全球最具潜力的大市场，中国在未来 10 年里的累计商品进口额有望超过 22 万亿美元。如此巨大的市场购买力对苦于外需不振的日韩两国来说无疑是唾手可得的发展红利。因此，尽管日本在某种程度上还不时憧憬当年提出的东亚经济雁阵结构图景，但面对中国经济规模全面超越日本的事实，面对中国日趋增长的贸易力量和强大的

"买气"，当然希望中国能够择机加入 CPTPP。

从全球产业发展与分工格局变迁以及先行工业化国家产业资本对外输出变化情况来看，中美在 2007 年左右形成的中国生产—美国消费的格局在持续 10 年之后，随着中美经贸摩擦而面临一定程度上的断裂，但中国经济发展和贸易价值链的提升趋势不会因此中断。只要中国经济能够保持年均 5% 左右的有效增长，则中国经济规模将在 2035 年超过美国，届时中国也将成为全球第一大资本输出国和最大的消费市场。

近十余年来，中国一直在全球价值链中扮演着关键核心角色。而最近的研究表明，全球价值链占据了全球贸易将近 3/4 的增长份额，中国则是这一增长的最重要来源，掌握着全球中间品供应将近 1/3 的份额。随着中国近年来致力于迈向全球价值链中高端，中国开始在全球产业链中扮演着承上启下的核心角色：中国不仅在包括信息、高端装备制造等领域逐步攀升至全球价值链的高端环节，而且在全球产业链分工的中低端环节已形成了以中国为上游国、越南等地区性制造中心为下游国的国际分工格局。从历史的经验来看，全球第一大经济体很难长期保持既是最大生产国又是最大消费国的状态，这预示着中国在 21 世纪上半叶的全球贸易格局中很可能作为全球最大进口国长期存在，并持续释放进口红利，这对于 CPTPP 成员而言，无疑是促进其经济发展的巨大机遇。

区域和全球经济发展与繁荣稳定，呼唤富有国际责任感的各国决策者消除分歧，促进商品和资本的自由流通，从便利化和共享中获取利益。而中国若能适时加入 CPTPP，将会产生以高标准开放对接提升区域繁荣，促进共生发展的正外部效应。

中国以开放为加入 CPTPP 清障

据相关媒体报道，中国已经与 CPTPP 多个成员展开技术谈判，并分析认为，美国及其盟友的态度可能成为中国申请获批的关键影响因素。从技术层面看，中国加入 CPTPP 没有根本性障碍。作为 CPTPP 牵头国的日本以及更具影响力的美国的态度固然重要，但中国本身的意志和开放心态才是最重要的。

CPTPP及其前身TPP本质上是基于美日范式特征的区域贸易集团，这与经济全球化过去主要服务于欧美和日本等发达国家或地区资本、技术和资源的全球配置，具有某种共通性。但今天的世界经济、技术和贸易版图已经发生根本性变化，新兴国家和广大发展中国家成为促进全球经济增长和贸易与投资便利化的最重要动力之一。这些国家在深度参与经济全球化进程中，与发达国家形成系统有序的分工体系。

虽然中国在2010年左右已成为在全球制造业中高、中、低三个产业链均比较完整的主要经济体，已占据全球中间品供应将近1/3的份额，并以强劲的出口数据印证着中国在全球产业链和供应链中的核心枢纽地位，但在可预见的将来，中国与美日等发达国家之间高度互补的产业与贸易分工关系仍将保持相对稳定。

业已深度融入国际经济体系尤其是全球价值链体系的中国经济，要想实现产业结构的升级与优化，既离不开本土企业基于自主技术创新的供给能力的提升，也离不开外资的深度参与尤其是高标准市场体系的早日建成。事实上，中国近年来实施"准入前国民待遇加负面清单管理"模式，推动现代服务业、制造业、农业全方位对外开放，并在金融服务业与高端制造业等更多领域允许外资控股或独资经营，正式推行《外商投资法》和《优化营商环境条例》，取消外资逐案审批制等，就是这一开放逻辑的政策表达。

市场准入大幅放宽，营商环境不断优化，知识产权保护力度不断加大，表明在全球经济贸易一体化趋势整体不可逆、全球价值链深度整合的背景下，中国以更加积极和开放的制度安排，继续向国际市场释放红利，也是在以实际行动消除贸易保护主义者鼓噪的所谓"萨缪尔森之忧"。

总而言之，经济与贸易全球化尽管并不完美，却是促进全球经济有效增长和保持产业链、供应链完整的不可替代的路径。致力于不断提升市场体系标准的中国，不会回避包括CPTPP在内的任何高标准自贸协定，并将在深度参与乃至引领全球化的进程中，与主要经济体一道共建美好新世界。

新兴市场"黄金时代"远未结束

英国《经济学人》周刊官网曾于2021年7月发文唱衰新兴市场经济增长前景，称由于新冠疫情冲击、全球经济动荡、保护主义、自身财力不足等因素，新兴市场可能提前告别"黄金时代"，再度失去赶超富裕国家的时间窗口。

如果从善意提醒的角度来理解，这些分析还是有一定参考价值的。客观而言，新兴市场中的巴西、俄罗斯和南非等国近年来确实遭遇了较为严重的经济困难。尤其是2020—2021年在新冠疫情冲击下，巴西国家治理濒临失败，导致经济严重萎缩，货币大幅贬值，赤字、公债以及贫困人口剧增，GDP跌出世界前十。而就在疫情暴发前的2019年上半年，巴西还在WTO中宣布放弃发展中国家身份，进入发达国家行列。可见在新冠疫情这一重大外部变量的冲击下，巴西整体经济体系弹性或曰系统性吸损能力远未达到真正意义上的强国水平。另外，俄罗斯经济由于受到新冠疫情和美国制裁的双重冲击而面临严重困难。不过，油气资源丰富且在区域与全球油气资源供给中占据重要地位的俄罗斯，经济基本面总体而言要明显好过巴西。至于一度自信满满的印度，也在疫情冲击下失去往日光芒，2020年人均GDP更是跌破2000美元，追赶发达国家的势头随之减弱。因此，在全球经济面临不确定性的关键时刻，西方舆论指出新兴市场存在的问题，有利于帮助相关国家理性定位自身发展的坐标。

但它们没有指出的是，新兴市场面临的不少经济困难并非自身独有，而是带有普遍性的国际问题。事实上，美英等G7成员在疫情冲击下整体经济表现也乏善可陈，国家治理同样面临困境甚至一度濒临失败：经济大幅萎缩，货币严重超发，政府举债度日，企业大面积破产，百姓失业率飙升等等。如果套用《经济学人》评论新兴市场的文章标题，完全可以说是"动荡和经济表现不佳困扰发达国家"。何况，不少新兴经济体的经济困难如果从历史与现实的角度来分析，某种程度上还是由过去的宗主国和今天的"教师爷"造

成的，是相关新兴经济体不顾本国国情，生搬硬套发达国家经济模式或一味追随美国的经济政策种下的苦果。

另外，西方类似唱衰论调还有意回避了中国作为全球最大新兴经济体的发展现状以及增长潜力。中国既是金砖国家的重要一员，又更是其中经济实力最强的国家。2020 年，中国 GDP 超过 14.7 万亿美元，占金砖国家 GDP 总量的比重超过 70%。可以说，中国是最有资格代表新兴市场的国家。这从 2021 年《财富》世界 500 强榜单中也可看出，中国共有 143 家企业上榜，上榜企业数量高居世界第一。另外，上榜数量超过 10 家企业的国家，除中国外都是发达国家。值得关注的是，印度、巴西、俄罗斯等新兴经济体，尽管近年来遇到一定经济困难，但仍分别有 7 家、6 家、4 家企业入选世界 500 强，说明这些国家的企业依然保持着相当的国际竞争力。

还需指出的是，今天的新兴市场早已不局限于金砖国家，而是涵盖 G20 成员中的其他新兴经济体以及越南、菲律宾、孟加拉国、尼日利亚等人口基数较大、经济发展势头较好的发展中国家。统计数据显示，2020 年全球 16 个 GDP 超过 1 万亿美元的国家中就有印度尼西亚。作为全球第四人口大国，印度尼西亚的中长期经济发展前景将有可能超过巴西。至于人口接近 1 亿且对外贸易发展迅速的越南，也被广泛视为在全球供应链和产业链中具有重要价值的新兴经济体。越南 2020 年的进出口总额达到 5450 亿美元，已相当于美国的 1/7。依托较为丰裕的人口红利、优越的地理位置以及产业对接能力，越南未来有望在经济发展能级上再上台阶。

从全球产业、技术转移与资本的配置趋势来看，得益于对外开放、人口红利以及不断显现的市场空间与消费潜力，新兴市场将在 21 世纪上半叶继续保持较为乐观的增长态势，尽管波动乃至一定时期的挫折不可避免。在数字化浪潮下，新兴市场的中长期增长将越来越取决于知识、信息、研究开发或创新等带来的规模收益递增、技术进步、人力资本增长等核心内生变量。特别是以中国为代表的新兴经济体，将继续通过高水平改革开放、优质产能的全球化配置以及不断释放的市场与消费红利，引领新一轮经济全球化，并在此过程中进一步带动新兴市场经济的整体发展。

中国以建设高标准市场体系对接 CPTPP

中国申请加入 CPTPP 引起广泛关注，舆论普遍认为，这标志着全球第二大经济体持续推动高水平开放的决心与行动。

全球贸易投资体系正在重塑

2021 年正逢中国加入 WTO 20 周年，这 20 年间，中国大致经历了对国际贸易投资规则的学习适应、理解应用以及深度参与三个阶段。

无论是从国际贸易规则谈判还是国际贸易实践来看，中国在此期间的进步都是举世瞩目的，中国也经由"入世"将本国经济体系塑造成全球经济体系中最为重要的组成部分之一。如今中国不仅是全球第一大货物贸易国，而且在服务贸易领域也取得了长足的进步。

统计数据显示，"十三五"（2016—2020 年）时期，中国服务贸易进出口累计达到了 3.6 万亿美元，比"十二五"（2011—2015 年）时期增长了 29.7%，是全球仅次于美国的服务贸易第二大国，美国也在与中国的服务贸易中长期收获巨额顺差。

不仅如此，中国还是当今世界三大"链"，即产业链、供应链和价值链中最重要的支撑点之一。

当然，全球贸易近年来出现了某种程度上的碎片化、块状化以及国家层面的利己主义倾向，进而阻碍了全球经济一体化进程。主要经济体之间的贸易摩擦频繁出现，在显著增加交易成本的同时，也损害了广大消费者的福利，甚至作为全球商业自由主义最重要基准的 WTO，也一度面临着存续危机。

这使得重塑全球贸易体系，进而推动全球经济治理向开放、包容、有序、非歧视的方向发展尤为必要。近年来，国际贸易与投资规则越来越注重国家间所缔结的区域贸易协定（regional trade agreements，RTAs），如 USMCA、RCEP；另一方面，作为全球自由贸易基石的 WTO，也面临着巨大的改革压力。

CPTTP 不仅要找到成员之间无休止的贸易争端的有效解决机制，更要适应全球贸易的新变化。尤其是近年来，各国数字经济和数字贸易突飞猛进，不少国家或地区已全面推进数字化转型，催生了数字贸易的新业态、新模式、新应用场景等，大大加快了全球贸易的数字化进程，甚至可以说在一定程度上确立了数字贸易在全球贸易中的主导性地位，亟待各国携手建立数字贸易的国际标准。这也是 WTO 需要自我变革，以适应技术进步与贸易发展的原动力和迫切性之所在。

并非简单的第二次"入世"

笔者并不十分认可中国加入 CPTPP 是第二次"入世"之说。尽管从时间上来看，这是中国在"入世"20 年之后所采取的重大国际经贸行动，但就中国经济发展的规律演进而言，此时申请加入 CPTPP，是中国推动高水平开放、建设高标准市场体系的逻辑表达；进一步地说，是中国建设现代化经济体系、完善社会主义市场经济体系，并深度融入全球贸易投资与新一轮产业分工的内生性需要。

根据《中国入世议定书》，中国理应在"入世"15 年后的 2016 年 12 月 11 日被认定为"市场经济国家"，用法律专业术语讲，中国当年的"入世"条款为"落日条款"，也就是说，根据协议，无论发生什么情况，到 2016 年 12 月 11 日，该条款都要自动终止，中国将自动成为市场经济国家。但欧美和日本等发达经济体，却迟迟不愿承认中国的"市场经济地位"，原因很简单，在他们看来，一旦中国被视为市场经济国家，则对中国进行反倾销诉讼的难度将大大增加，中国对主要贸易伙伴的出口将获得更大优势。所谓任何重大的经济问题都是政治问题，说的就是这个道理。

不过，中国扩大对外开放并加快建设高标准市场体系的进程，并未因此止步，中国不仅在"十四五"规划和 2035 年远景目标中，将高标准市场体系建设、公平竞争制度的建立健全、更高水平开放型经济新体制的构建、产权制度改革和要素市场化配置改革等，作为经济改革的重中之重，还发布了《建设高标准市场体系行动方案》，目标是在 2025 年左右，基本建成统一开放、竞争有序、制度完备、治理完善的高标准市场体系。

实际上，市场直觉和国际竞争意识日渐敏锐的中国，越来越将市场有效运转的五个基本要素：信息对称、诚信、完全竞争、对产权有效而适当的保护，以及使第三方的负效用最小化等，作为打造有效市场与有为政府的重要参照系。

迈向成熟市场经济体

而对标 CPTPP 这一被认为是当今世界最高标准的自由贸易协定，包括中国原先认为针对性较强的国有企业和指定垄断、劳工保护、竞争政策、金融监管、环境保护等方面，其实随着中国近年来在相关领域的深层次改革和高水平开放的推进，尤其是有关负面清单、外资准入和市场化进程的深度推进等措施的推出，已经变得不再是难以对接和实施的严苛标准。

哪怕是较为敏感的知识产权保护，随着中国近年来在该领域取得的巨大进步，也有望迎刃而解。

就中国 2021 年 7 月发布的《意见》而言，几乎每一项改革开放政策的出台，都意味着中国与全球最高开放标准的有序对接。根据相关规划，上海浦东将在未来 10 年内在两个维度、两个市场，即在适当借鉴全球美元资产体系的交易与发展路径的基础上，结合上海作为"一带一路"建设的桥头堡和高水平改革开放引领区的定位，将以人民币计价的股票、债券、外汇、期货、保险、票据等标准化金融产品和信托资产、资管资产、债权融资等非标准化金融产品，纳入可交易的国际金融资产范畴，在具备国际通道的平台上或暂不具备但可找到国际接口的平台上进行交易，实现在岸人民币资产和离岸人民币资产的双向对接，境内与境外两个市场的高度联动。

而要顺利实现上述目标，就需要在国家支持下，上海浦东在包括市场准入、市场定价、交易体系与法治安排的国际化对接等方面对标对表。

因此，中国申请加入 CPTPP，不仅标志着全球最具活力的新兴经济体，准备深度融入全球最高标准自由贸易协定的决心，也体现了中国在推动建设高标准市场体系过程中，加快市场准入改革、产业规制与经济升级的逻辑安排。

"入世" 20 年，探求全球繁荣共生的经济逻辑

毋庸置疑，如果要评选 21 世纪上半叶新兴经济体以及对外开放促进经济增长与国家现代化的最佳实践，中国一定是最具代表性的大国样本。

德国前总理默克尔 2021 年在接受本国媒体专访中谈到中国经济成就时称，在她 2005 年刚担任德国总理时，中国的 GDP 是 2.2 万亿美元，略低于德国的 2.8 万亿美元。而到了 2020 年，中国的 GDP 已经达到了 14.7 万亿美元，而德国的 GDP 为 3.8 万亿美元。（2001—2020 年中德两国 GDP 比较见图 14-3）在默克尔看来，尽管德国仍是一个相对富裕的国家，但德国的经济规模与中国相比显然已不在一个量级上，这也是德国必须与中国保持密切经济联系的重要原因。

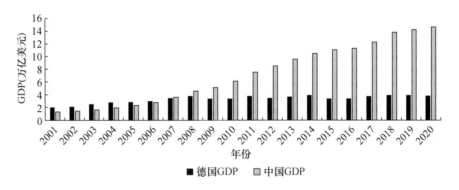

图 14-3 2001—2020 年中德两国 GDP 比较

数据来源：中国国家统计局、德国国家统计局。

作为 21 世纪以来最具国际声望的资深政治家之一，默克尔向来以理性与稳健著称，她在过去 16 年里领导德国取得了举世瞩目的经济成就。对德国来说，中国自 2001 年加入 WTO 以来取得的经济贸易成就，以及不断提升的商品和消费需求，不仅提供了德国商品出口的巨大市场，也成为德国进口优质商品与服务的重要来源。统计数据显示，2020 年中德双边贸易额为 2121 亿欧元，中国已连续 5 年成为德国最重要的贸易伙伴。

笔者之所以将德国及中德贸易作为分析中国"入世"的国别效应与全球价值的重要观察点，是因为德国是全球主要发达国家中，经济结构长期保持相对均衡、体系较为稳健的经济体，也是中国与主要贸易伙伴中双边经贸联系最紧密、关系最稳定且各自获益度最高的国家之一。可以说，德国虽与中国相隔万里，却是超越地理和制度的经济邻居，也是国家之间以贸易和投资促进经济繁荣的典型代表。

众所周知，中国对外开放是在没有现成参照系的背景下启动的，中国"入世"更是经历了 15 年的艰苦谈判，主要谈判者从"黑头发"谈到"白头发"，最终在 2001 年 12 月 11 日正式"入世"，成为其第 143 个成员。而从国家经济实践的角度来看，中国在 1978 年通过改革开放找到了参与全球生产与贸易分工的接口，在 2001 年通过"入世"找到了加快融入全球经济与贸易体系的规则基础，进而大大促进了制度性开放与本国市场体系建设。例如，"入世"以来，基于修改相关法律、法规和政策使之符合 WTO 规则的需要，中国中央政府清理的法规和部门规章超过 2000 件，地方政府清理的地方性政策法规超过 19 万件，覆盖贸易、投资和知识产权保护等各个方面。

"入世"以来，中国在知识产权保护和对待 WTO 争端解决机制方面也堪称发展中国家的样板。中国已完全履行"入世"时作出的承诺，特别是在开放市场方面，中国在 2010 年底就已经履行了所有关税削减承诺，目前的平均关税水平为 7.4%，如果以进口额为权重计算加权平均关税，则平均关税水平只有 3.4%。中国进口关税总水平低于所有发展中国家成员，已经接近美国、日本等发达国家 3% 左右的平均关税水平。之所以仍然略高，是因为中国迄今为止尚未完成工业化，不可能一步将税率降低到脱离本国发展水平与承受能力的程度。事实上，美国贸易代表办公室在《2017 年度报告》和《2018 年度报告》中已承认，中国已经履行了其关税承诺，并取消了进口配额等公开的非关税壁垒。至于中国对待国际公平贸易规则的态度，WTO 前总干事帕斯卡尔·拉米（Pascal Lamy）曾经作出过公正评价，认为中国没有滥用国际贸易规则，也没有通过欺骗规避这些规则。事实表明，中国"入世"以来针对 WTO 争端解决机制此前作出的对具体案件的裁决均已严格执行，未出现一起因不接受裁决而被起诉方申请报复的情况。

随着中国经济的发展和竞争力的提升，中国将来完全有条件适时主动降低关税，在整体性降低关税的基础上，通过对消费领域进行结构性降低关税，实现中国与贸易伙伴的互利共赢。另一方面，在"入世"的推动下，中国通过持续扩大对外开放与不断嵌入全球贸易价值链，推动了由制造业和贸易大国向产业与贸易强国的升级。在 2013 年之后，中国开始探索以深层次改革与高水平开放，通过优质产能的全球化配置，提供可复制的商业模式设计、金融服务的区域和全球化搭建，加之相关国际协调力和动员力的提升，结合人民币国际化，不断对外释放经济开放与对外贸易发展的红利，构建了更具活力的内外经济联动体系。已有研究显示，中国基于自由贸易和比较优势的对外开放实践，与斯密、李嘉图、赫克歇尔和俄林等西方经济学家的一系列经典贸易理论存在着某种程度的吻合。这说明中国的对外开放既遵循经济发展的一般规律，也越来越具有一定意义的国际普适性。

中国以"入世"20 周年为契机，以持续高水平开放提升中国在市场准入、货物贸易、服务贸易、知识产权、劳工保护、国有企业和指定垄断、竞争政策、金融监管、环境保护与气候应对等方面与国际最高标准接轨的能力，并积极推进与区域和全球重要经济体达成双边或多边投资贸易协定，以建立长久稳定的市场准入机制。中国作为全球化、多边贸易和对外开放的重要受益者，本身也肩负着红利释放者的历史使命与角色担当，不断探求着全球繁荣共生的经济逻辑。

中国加入 CPTPP 的障碍在哪？

对于中国正式申请加入 CPTPP，现有成员态度不一。其中，该协定目前的牵头国日本在对待中国加入问题上，显然不如 RCEP 谈判过程中那样积极配合与支持。日本政界一些人士质疑中国是否做好了符合 CPTPP 最高标准或规则的相关准备。

虽然新加坡、越南、马来西亚等已对中国加入 CPTPP 表达支持态度，但 CPTPP 其他成员对申请国都有一票否决权，因此中国最终是否能够顺利加入，不仅取决于中国与现有 11 个成员的双边谈判结果，还取决于所有成员能否最终采取协商一致的态度。细观日本，之所以暂时"婉拒"，一是因为 CPTPP 背后的支配力量美国目前尚未表态是否加入，从而担心过早表态支持中国加入会惹恼美国；二是早已过了贸易影响力巅峰时期的日本，基于"头雁心理"确实不愿中国这个"庞然大物"加入，担心日本在该组织中的权威会被大大稀释，中国很可能取代日本成为规则引领者和最大受益国。日本的算盘是：尽可能拒绝或拖延中国加入时间，同时观察美国态度变化。如果美国排斥中国加入或以此为筹码，日本将和美国一道在对华贸易问题上谋取一定的增量筹码。

笔者认为，美国在拜登政府任内有可能加入 CPTPP，这是拜登政府全球经济战略与政策的基本逻辑延伸。而从预期经济收益来看，美国智库早就算了一笔账，一旦美国加入，则未来十年美国每年将因此增加 1300 亿美元 GDP。何况美国还时刻盯住中国的力量增长与贸易影响力的扩大，假如日本最终无法阻挡中国加入 CPTPP，而美国又迟迟不愿加入，那在美国看来意味着全球贸易领导权的流失，这是美国断然无法接受的。因此，从合作性博弈与非合作性博弈视角来看，中国、美国、日本三大经济体将在 CPTPP 议题上展开多回合博弈，直至达到博弈均衡并拿出三方可接受的方案。

再来分析规则。CPTPP 的 30 个章节内容可归纳为货物贸易、服务贸易、投资、规则、合作与便利化、一般法律条款等六大领域。从其演变历史来看，最为重要的市场准入谈判和新规则制定，主要是由美国领导和推动的。尽管特朗普政府执政时期退出 TPP 谈判，但日本在接手领导缩水版的协定过程中，务实地将 22 项难以统一执行的条款予以冻结，保留了其中超过 95% 的条款，使 CPTPP 依然是当今世界最高标准的贸易协定。

仔细分析这六大领域中与中国现有制度设计和规则执行存在较大差异的部分，如环境保护方面，中国早已向世界承诺"双碳"目标，就是在美国、日本一直"放心不下"的知识产权保护、数据政策、国有企业和指定垄断、劳工权益保护以及打击腐败和商业贿赂等争议领域，随着中国积极推进 WTO 关于知识产权相关协议条款的落实落地，对数据开放的规制改革，加之在国企改革和劳工政策的国际对接与适配性改革，中国完全有底气与国际最高标准实现有序对接。事实上，CPTPP 一些成员在市场开放度和有关规则方面并不比中国领先，他们之所以能率先加入，是因为主导国认为他们的加入并不构成对该组织的支配性力量。

当然，由于 CPTPP 是当今世界公认的灵活度最低、执行标准一致化程度最高的自贸协定，中国既要在全面吃透规则标准的基础上对照国内现行制度进行改革，又要避免削足适履。换句话说，中国当然要通过加入高水平贸易协定来推动国内市场化改革与全球贸易一体化进程，但也要避免被僵化的规则牵着鼻子走。况且，规则问题显然不是中国加入 CPTPP 的真正障碍，部分成员的政治化操作才是。

RCEP 生效：向不确定的世界经济注入稳定预期

2022 年 1 月 1 日，RCEP 正式生效，标志着由占世界人口与经济总量近 3 成的 15 个成员组成的全球最大自贸区，正以务实的姿态和扎实的行动促进区域和全球经济一体化。

RCEP 的生效，确立了区域经济合作与繁荣共生新范式。RCEP 最早由东盟规划并提出，邀请中国、日本、韩国、澳大利亚、新西兰和印度共同参加（"10+6"），旨在通过削减关税及非关税壁垒，最终建立 16 国统一市场。由于该协定涵盖人口最多、成员构成也最多元，各方诉求往往很难统一，因此谈判并不顺利，甚至出现了个别国家中途退出的现象。但在东盟和中国、日本、韩车、澳大利亚、新西兰等的合力推动下，有关缔约方最终通过 31 轮正式谈判和 400 多场反复磋商，于 2020 年 11 月 15 日正式签署了这项全球迄今为止规模最大的自由贸易协定。

RCEP 将给成员带来实实在在的利益，且反映了当今国际经贸规则与高水平开放发展方向，也是在经济发展水平存在显著差异、制度体制迥异的亚太国家间进行合作性博弈的基础上，跨越"合成谬误"，致力于促进贸易与投资便利化，促进商品和资本的自由流通，巩固发展多边贸易体系建立起的高水平制度安排。从协定文本来看，包括货物贸易、原产地规则、服务贸易、投资、知识产权、电子商务、竞争、中小企业、经济与技术合作、政府采购、争端解决等 20 个章节。其核心原则与 WTO 的宗旨与目标高度契合。例如，被称为"纸黄金"的原产地证书，随着 RCEP 的生效，将立即成为成员享受关税减免等优惠待遇的重要凭证。这充分体现了当今世界最主要的出口力量作为自由贸易领域公共产品的新供给者，承担起了推动全球经济发展和贸易与投资便利化的重任。

RCEP 的生效，增强了全球产业链、供应链的稳定性与韧性。在全球经济和贸易高度一体化的时代，保持产业链、供应链的稳定是确保各国正常生产、贸易和生活的重要前提。新冠疫情暴发之前，全球产业链的分工与合作以及供应链中枢的形成，均有其内在的经济逻辑，既具有全球工业生产与产业格局变迁的周期性与阶段性特点，也具有预期确定下的稳定性特征。但是疫情对全球产业链、供应链造成了巨大冲击，加上部分国家聚焦于本国产业链、供应链的安全和稳定而执行国家利己主义的产业与贸易政策，造成了全球产业链的局部断裂，供应链也变得空前脆弱，加剧了全球经济的动荡并影响了经济复苏进程。

新冠疫情暴发之后，中国作为全球产业链、供应链的枢纽，不仅确保了全球抗疫物资供应链的不脱节，而且与日韩、东盟等国一道，尽力恢复经济常态并促进东亚、东南亚乃至全球产业链衔接与供应链顺畅。中国还与有关各方携手推动 RCEP 谈判在货物贸易、服务贸易、投资等重要议题上取得重大进展并最终签署协定，体现出 RCEP 成员的责任担当。

RCEP 生效之后，作为全球第二大、第三大经济体的中国和日本，将与区内其他成员基于投资贸易协定形成更加紧密的产业分工与合作关系，并在新一轮全球产业链重构中获得集体层面的行为空间。而根据 RCEP 原产地规则中的积累规则，成员在确定产品的原产资格时，把产品生产中所使用的自贸协定其他缔约方的原产材料视为产品生产所在缔约方的原产材料，事实上降低了产品获得原产资格的门槛，极大调动了 RCEP 成员中小企业利用原产地积累规则的积极性和主动性，显著促进了区域生产资源的优化配置以及产品内分工与合作，特别是中间品的生产和贸易发展，有利于增强产业链、供应链的稳定性与韧性。

RCEP 的生效，为节约区域市场主体交易成本提供保障。与其他高水平投资贸易协定一样，RCEP 是一个以零关税为基础和目标的国际协定。RCEP 成员之间的关税减让以"立即降至零关税、10 年内降至零关税"的承诺为主，成员间 90%以上的货物贸易将最终实现零关税。目前，东盟已超越欧盟成为中国第一大贸易伙伴，2022 年双边贸易总额达到 6.52 万亿元，占中国外贸总额的 15.5%。日本为中国第五大贸易伙伴，2022 年双边贸易总额为 2.38 万亿元，占中国外贸总额的 5.67%。而根据中日关税减让安排，随着 RCEP 的生效，中国对日本商品平均关税将由目前的 9.76%最终降至 0.04%，日本对中国商品的平均关税将由目前的 7.47%最终降低到接近于零。中国将在 RCEP 协定框架下分阶段对约 86%的日本产品免除进口关税，日本将对中国 85.6%的产品免除进口关税。显然，协定的生效将为节约区内市场主体之间的交易成本提供坚实保障。2021 年，中国对全球进口增长的贡献率高达 13.4%。

至于货物贸易便利化安排，RCEP 各缔约方就海关程序、检验检疫、技术标准等作出了高水平承诺，特别是承诺尽可能在货物抵达后 48 小时内放行，对快件、易腐货物争取在抵达后 6 小时内放行。从节约交易成本和促进贸易发展的角度看，上述统一贸易条款的制度安排将大大提升物流通关效率，使区域贸易更加便捷与透明，也更加公正与可预测，进而显著提振区内成员的相互出口。至于服务贸易领域的开放与便利化，各缔约方也作出了坚定承诺，即在协议生效后的第 5 年（即 2027 年 1 月 1 日），对服务贸易开放实行负面清单管理。

RCEP 的生效，不仅有助于中国出口企业开拓区内成员的出口市场，挖掘出口潜力，更有利于中国主要贸易伙伴基于高水平贸易协定和开放承诺，承接中国经济发展的红利。这批红利的释放，将随着中国市场准入的大幅放宽、投资环境的不断改善以及金融服务业的高水平对外开放，形成以广阔的市场空间和持续扩大的服务需求为基础，以高水平制度开放为动力，以产业链、供应链的稳定与韧性为保障的更多中国机遇。

世界经济"双轨"复苏困局并非无解

世界经济出现"双轨"复苏态势，引起国际组织和分析人士越来越多的担忧。世界银行在2022年1月发布的《全球经济展望》中警告，由于疫苗接种进展缓慢、政策反应更加有限以及大流行的创伤效应，新兴和发展中国家的复苏力度相较发达国家明显更弱，从而加剧不平等现象。世界银行负责人也警告，2021年发达国家人均收入增长5%，但低收入国家人均收入仅增长0.5%。富国和穷国的增长率之间存在"鸿沟"。IMF也在2022年1月的《世界经济展望》中重申半年前的"双轨"复苏警告基调，预测发达国家2022年将恢复到大流行前的趋势，但一些新兴和发展中国家却将在中期出现相当大的经济损失。一些"忧心忡忡"的西方媒体曾开出了避免"双轨"复苏的药方：确保平等获得疫苗以及全球合作以实现更公平的复苏。

充分的信息、准确的数据和科学的分析是理性决策与判断的前提，从新冠疫情暴发以来全球经济的国别与区域的结构性表现来看，由于本次疫情带来的冲击是没有基线场景的超大规模冲击，且是多轮反复冲击，这对一国或地区的体系弹性或吸损能力都是重大考验。在此过程中，发达国家、新兴经济体和发展中国家由于各自的经济基本面、政策工具的丰裕度尤其是国家治理体系与治理能力的差异，导致经济在遭受疫情反复冲击后呈现复苏不同步、结构性分化乃至南北鸿沟拉大等问题，都是真实世界里不可回避的客观现实。

众所周知，尽管世界各国在应对疫情冲击时普遍面临本领不够的困局，但广泛的疫苗接种、检测和治疗以及研发新的抗病毒药物，仍是最优对策。只是所有这一切都有赖于足够的财力和技术支持、可靠的卫生基础设施以及全球范围内的疫苗平等分配。然而，截至2022年初，低收入国家只有约4%的人口完全接种了疫苗，远远低于高收入国家约70%的接种率。

另一个现实是，2021年生活在极端贫困中的人数比疫情暴发前高出7000万人，令全球减贫工作进展倒退好几年。之所以出现上述现象，根本原因在于全球既有的分工格局经由疫情冲击进一步加剧了南北差距。例如，疫情暴发后，美国申请失业救济的人数以千万计，而根据拜登政府2021年3月签署的总额达1.9万亿美元的"美国救助计划"相关规定，个人年收入在75000美元以下的每个成人都可获得1400美元补贴，每名儿童可获额外1400美元补贴；若以家庭计算，夫妇年收入不超过15万美元，可领2800美元，四口之家可领5600美元。换句话说，美国政府救助的"困难群众"，是年收入在

75000 美元以下的"美国式穷人"。他们尽管在疫情冲击下遭遇暂时困难，包括失去工作，但这些美国"困难群众"，与亚非拉一些发展中国家人民在疫情下的处境相比，前者是喊疼，后者才是真苦。

就新兴经济体在遭遇疫情冲击后的经济表现而言，复苏乏力、经济硬着陆、宏观杠杆率高企以及预期不确定等问题，既有自身原因，如经济基本面不扎实、经济结构不合理、经济过于依赖外资、风险敞口较大以及应对疫情失误等因素，更有来自美国在疫情期间祭出的无上限量化宽松政策冲击。梳理疫情在全球蔓延以来美国祭出的货币与财政应对措施，包括为稳住市场情绪而投放流动性、直接援助乃至接管因疫情冲击而面临破产的企业、直接救助底层百姓等，支出总计不下 5 万亿美元。随后，美联储为应对货币严重超发引致的通胀，于 2022 年 3 月结束资产购买计划，启动加息周期。这种基于美国经济利益的大规模放水和抽水行为，在美元依然是全球最主要的计价货币、交易货币与储备货币的背景下，已经并将继续产生严重的负面外溢效应，导致新兴经济体很难走出独立的复苏行情。

不过，尽管新兴经济体的经济复苏形势严峻，但全球经济已经发生一些可喜的变化，包括全球产业链、供应链的稳定性与韧性在经过疫情反复冲击甚至局部断裂之后得到某种程度的修复与加强，全球的供求双中心格局随着中国加快推动内外贸一体化、畅通国内国际双循环而发生有利于提振新兴经济体出口的变化。

再加上 RCEP 生效，也为新兴经济体吸纳中国增长的红利奠定了基石。事实上，新兴经济体云集的东盟已取代欧盟和美国成为中国第一大贸易伙伴，并将随着 RCEP 落地与中国形成更加紧密的产业分工与合作关系。俄罗斯、巴西、印度、南非等主要新兴经济体，在金砖国家框架下，结合中国市场准入的大幅放宽、投资环境的不断改善以及消费需求的不断扩大，将持续承接来自中国经济高水平开放释放的诸多红利。预计上述国家能够短时间内修复遭受疫情冲击的经济基本面，此后有望迎来新一轮增长周期。

后　记

　　如果用一个词来概括 21 世纪以来世界经济的运行特征，"不确定"大概是最好的注脚。最近十年来，在我参加的上百场经济金融论坛或内部研讨中，"不确定"要么是会议的主题，要么就是发言者必提的关键词。总之，这是会议组织者及与会者无法回避的核心话题之一，以至于大家形成了一个共识：这个世界最大的确定性就是不确定。

　　为什么 21 世纪以来的世界变得越来越不确定？特别是在经历了 2008 年的那场百年一遇的金融危机之后更加如此！这大概是包括经济研究者在内的所有市场参与主体都十分感兴趣同时也难以独立破解的经济社会难题。尤其是在大数据高速泛在进而推动人工智能迈向大模型甚至超大模型的今天，人类以往关于经济社会发展的静态假定越来越难以在真实世界里得以实现。从事宏观经济分析与预测的研究者，即便如国际货币基金组织或世界银行的权威经济学家们也越来越感受到自己从事的是世界上最为复杂也最具挑战性的工作之一，以至于有时候不得不每隔一个季度甚至一个月就得修正自己的研究分析结论或预测展望数据。

　　经济学研究喜欢假设，经济学家们喜欢用定理和模型来证明他们对真实世界的经济直觉是对的，但是在全球金融危机爆发 15 年后的今天，如果追问主流经济学家们究竟是否失职，究竟在过去这些年里为全球经济修复并避免下一场金融危机做了哪些工作，恐怕没有一个经济学家能够做出令人信服的回答。事实上，主流经济学对这场金融危机的检讨迄今仍然是不够的，包括世界银行、国际货币基金组织在内的主要国际经济组织迄今为止开出的经济复苏以及所谓更强劲经济增长的药方，基本上是对不准症结，也下不了狠药。

而且谁也不敢说这场金融危机的病毒已经清除，亦不敢断定不会爆发下一场更大规模的金融危机。

记得我在 15 年前曾撰文预测全球经济将迎来困难的 10 年乃至经济寒冬，当时还遭到不少质疑，但细数过去这些年来全球经济的假性复苏与诸多不确定，读者朋友应该有自己的理性判断。我也注意到，如今，国内外各种"首席经济学家"泛滥成灾，夜以继日地发布各种研究报告，个别人甚至语不惊人死不休；而某些经济学家为了博眼球、求关注，更是围绕某个主题展开一轮又一轮的论争，可谓大汗淋漓，青筋暴露，其实是流量经济的另类表达，经济学家不要以为他们一定比市场更聪明，也不要以为他们比一般微观市场主体更懂得政府、市场和法治的内在逻辑。

我还注意到，最近 10 余年来，国际金融资本一直巴望中国成为"明斯基时刻"（Minsky moment）俘获的超级目标，从而锁定中国经济发展主导权，但中国这几年来正以十二分的警惕、敏锐的直觉和高水平的治理来扎紧风险防范篱笆，严防这种"以邻为壑"的策略思维在中国兑现。

这个世界从来都是风险因子充斥各个角落的不确定世界，没有人可以精准锁定未来发展预期，没有一个国家可以确保自己的发展不受外界干扰。正如单一个体在短短几十年最多百十年的人生历程里总会遇到各种各样的挑战与不测，甚至另类意义上的"明斯基时刻"一样，即便再强大的个体也有各自无奈与虚弱。但是，另一方面，这个世界每天都在取得各种进步，每一种进步的背后都凝聚着人类的智慧和汗水。当然，这个过程如今越来越复杂，但本质而言，是各种形式学习集合体的萃取。

本书稿是我在近年来（主要是最近三年来）发表的近百篇论述、时评和访谈的基础上进行适当修改而成的。相关论述、时评和访谈绝大部分为应约撰写，不少文章及其分析观点被人民网、中国共产党新闻网、求是网、中国政府网、新华网、光明网、央视网、中央纪委国家监委网、中国网、中国日报网、中国经济网以及海外英文媒体转载或采用，产生了广泛的社会影响。

本书旨在向读者呈现一名中国经济学人和资深财经专栏作家对"萧条经济学"再度回归的担忧，对求解中国与世界经济发展面临诸多不确定的战略思考。

　　本书与我前些年出版的畅销书《美元的逻辑：货币绑架与战争撕票的背后》《中国经济突围》风格一脉相承，但更强调分析问题的深度与前瞻性。同时在语言表述上兼顾经济学语言的严谨性和可读性，既便于读者的快速阅读，也能够通过对重大现实问题的前瞻性预测与分析启发读者深入思考。

　　在本书编辑出版过程中，我指导的研究生樊书眉、张若雅在数据更新、图表制作、文字整理等方面做了大量建设性工作，在此表示特别感谢！二位同学思维敏捷，理解力强，具备成为出色研究者的潜质。

　　最后，特别感谢本书责任编辑杨丽明女士的精心策划与高水准编辑，杨老师在本书出版过程中多次与我讨论细节问题，力求做到每一个字的表述都精准到位、不落俗套。可以说，没有她的全心付出与亲手打造，本书是不可能如期出版的。